네 정체가 무엇이냐?

강만원

네 정체가 무엇이냐?

지은이 강만원
초판발행 2017년 12월 18일
초판 2쇄 2017년 12월 28일

펴낸이 배용하
본문디자인 윤순하
등록 제364-2008-000013호
펴낸곳 **도서출판 대장간**
www.daejanggan.org
등록한곳 대전광역시 동구 우암로 75-21
편집부 전화 (042) 673-7424
영업부 전화 (042) 673-7424 전송 (042) 623-1424

분류 기독교 | 교회개혁
ISBN 978-89-7071-428-8 03230
CIP제어번호 2017033546

값 15,000원

차례 contents

제2부 그는 목사가 아니다…!

들어가는 글

무척 힘든 작업이었다. 지금까지 적지 않은 글을 썼지만 이번처럼 부담이 큰 작업은 처음인 것 같다. 우선, 의도가 무엇이든 결국 특정한 개인을 비판하는 글로 보일 수 있다는 점에서 심적인 부담이 컸다. 또한, 교회개혁의 뚜렷한 명분이 있음에도 "과연 내가 다른 사람을 비판할 만한 자격이 있는가?", 가만히 자신을 돌이켜보며 마음 깊은 곳에서 솟구치는 도덕적·신앙적인 부담도 적지 않았다.

그러나 '사랑의교회 담임목사 오정현'은 특정한 개인이기 전에 한국교회의 대표적인 공인이다. 스스로 '한국교회의 3위 목사'라고 말했듯이, 오정현은 최소한 한국교회에서는 자타가 인정하는 '메가 처치'의 주역이다. 예컨대, 그가 심혈을 기울였던 사랑의교회 서초예배당SGMC 건축과 더불어, 신앙의 본질에 앞서 겉모습을 중시하는 그의 외형주의적인 목회관은 한국교회를 타락의 수렁에 깊이 빠뜨린 '맘몬이즘'의 구체적인 상징이다.

"기독교 역사상 가장 타락했다"는 참담한 혹평을 듣고 있는 오늘날 한국교회의 근본적인 문제는 흔히 말하듯이 윤리나 신학에서 파생되는 지엽적인 '현상'이 아니다. 그것은 그리스도 신앙의 본질에서 벗어난 거짓신앙, 이를테면 예수께서 '저주의 신앙'으로 무섭게 심판하신 '외식'에 기인한다. 그 점에서, 다시 말해 한국교회의 대표적인 외식, 그리고 외식하는 자의 실체가 바로 '세계에서 가장 비싼 예배당'에 '가장 큰 지하예배당'을 자랑하는 사랑의교회 서초예배당과 오정현 목사를 들 수 있을 것이다.

비단 값비싼 예배당을 지었기 때문이 아니다. '그리스도의 제자를 세우자'는 제자훈련의 순전한 본령을 짓밟고 초대형 건물로 제자훈련의 '물적 인프라'를 삼겠다는 그의 왜곡된 신앙이 결정적인 문제이다. 자신이 살았던 지난 행적들을 숨기고 명문고로 학력을 사칭하는가 하면, 다른 저자의 논문을 훔치는 '지적 도둑질'로 외국에서 두 개의 박사학위를 취득한 그의 허세, 그리고 '귀족목회' 소리를 듣는 재정남용 역시 외식의 전형적인 모습이다.

'두고두고 칭찬할 만한 교회'라던 사랑의교회가, '한국교회의 모범'이라던 사랑의교회가 '시체 썩는 냄새가' 진동하는 오욕의 교회로 추락한 근원이 바로 오정현의 외식에서 비롯되었다. '자기를 높이기 위해' 거짓을 일삼는 그의 외식은 단순한 거짓을 넘어 가증한 탐욕과 교만의 결정체이다.

물론 우리 모두는 너나없이 죄인이다. 그러나 죄인이라는 사실은 회개의 이유일 수 있을망정 결코 죄를 정당화하는 변명의 구실이 될 수 없다. 죄인이 자신의 죄에서 벗어나는 유일한 길은 회개이며, 회개한 죄인을 섣불리 비난·비판하는 것은 정의를 가장한 죄라는 사실을 부인하지 않는다. 문제는, 거짓과 교만으로 교회와 예수 그리스도의 이름을 수욕으로 회칠한 오정현은 말과 행동으로, 그리고 신앙으로도 전혀 회개하지 않았다는 것이다.

이 책에서 내가 오정현을 '외식하는 자'의 대표적인 인물로 등장시킨 분명한 이유가 있다. 학력사칭, 논문표절, 재정남용, 호화건축, 불법안수로 한국교회에 파란을 일으킨 그의 어긋난 행동에 대해 많은 사람들이 '거짓'이라고 비난하지만, 나는 그에게서 '사실의 은폐나 왜곡'이라는 좁은 의미의 거짓이 아닌 교만과 탐욕, 나아가 예수를 믿지 않는 '거짓 신앙'의 참담한 외식을 보았기 때문이다. 외식은 수많은 죄악들 가운데 예수께서 '화禍가 있다'고 엄히 심판하신 가증한 죄악이다. 물론, 오정현이 말했던 것처럼 외식은 그만의 특별한 죄와 허물이 아니라는 지적에 동의한다. 사실인즉, 외식에 대한 심판은 근거 없는 '목사우월주의'에 사로잡힌 한국교회 대다수 목사들에게 전하는 준엄한 메시지이기 때문이다.

오정현을 사랑의교회 후임으로 불렀던 옥한흠 목사가 후임의 간단없는 거짓과 일탈, 교만과 탐욕을 고통스럽게 지켜보다가 뒤늦게 "네 정체가 무엇이냐?"며 안타까운 일성을 남겼다. 그러나 가슴이 저리는 그의 절규는 다만 옥한흠과 오정현 사이의 사적인 문제가 아니다. "네 정체가 무엇이냐?"는 그의 깊은 탄식, 회한이 가득한 그의 절절한 음성에서 우리는 '주의 종'을 자처하는 오늘날 교회사역자들, 그리고 그리스도인을 자처하는 모든 교인들의 외식을 무섭게 꾸짖는 예수의 음성을 들어야 한다. "화있을진저, 너희 외식하는 자여!"

본론에 들어가기 전에 한 마디 덧붙이고 싶다. 생면부지의 오정현 목사를 공개적으로 비난하고 싶은 생각은 전혀 없다. 다만 그가 한국교회에 지대한 영향력을 끼치는 공인이라면 마땅히 자신의 불의한 행동에 대해 공적인 책임을 져야 한다는 것이다. 그럴 리는 없겠지만… 만약에 오 목사가 지금이라도 회개하고 죄에서 돌이킨다면 기꺼이 이 책을 폐기하겠다.

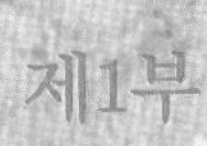

제1부

화있을진저, 외식하는 자여!

Prologue

"화있을진저, 너희 외식하는 자여!"

"기독교 역사상 가장 타락했다"는 참담한 혹평을 듣고 있는 오늘날 한국교회는 교회 밖의 세상은 물론, 내부로부터도 거센 비난을 받고 있다. 세계 선교사에 뚜렷한 족적을 남겼을 만큼 기독교 역사에 찬란한 지평을 열었던 지난날을 돌이켜보면 오늘날 한국교회의 모습은 그야말로 충격이 아닐 수 없다.

불과 한 세대 전만 해도 한국교회는 세계 기독교사에서 유례를 찾기 힘들 만큼 성공한 선교와 목회로 이름을 떨쳤던 '세계 선교의 롤 모델'이었다. 1960년대, 전국을 통틀어 대략 5천 개의 교회와 60만의 교인이었던 한국교회는 한 세대를 넘기면서 외형이 몰라보게 달라졌다. 1960년대를 기점으로 한 세대가 지난 1990년대는 8만의 교회에 900만의 교인으로, 무려 15-16배로 고도성장하며 전대미문의 부흥을 이루었기 때문이다.

60년대, 처절한 가난과 무지의 고통을 신앙의 힘으로 벗어나고자 밤낮을 가리지 않고 기도에 매달리고, 곳곳을 누비며 전도에 열중했던 기독교인들의 뜨거운 열정과 헌신을 바탕으로, 그리고 70년대부터 80년대까지 이어지는 대대적인 경제성장과 교회의 양적 팽창이 맞물리며 한국교회는 폭발적인 성장을 이뤘고, 90년대에 들어 한국교회는 부흥의 절정을 맛보았다.

이처럼 기독교 역사에서 유례가 없는 한국교회의 고도성장을 바라보며 종교학자 '데이빗 마틴'은 '기독교 열풍'Christianity Fever이라고 불렀는가 하면, 세계적인 신학자들도 한국교회의 특별한 성장에 주목했다. 세계 10대 대형교회 가운데 무려 5개가 한국에 있다. 단일교회로 세계 최대인 여의도 순복음교회가 있으며, 금란 교회는 감리교에서 세계 최대를, 명성교회는 '세계 최대 장로교회'의 명성(?)을자랑한다.

또한 한국교회는 전 세계 개신교회를 통틀어 미국 다음으로 많은 선교사를 해외에 파송한 나라로 이름을 떨치고 있다. 그러나 세계 선교사에 화려한 빛을 발휘했던 성장의 이면에는 검은 구름이 서서히 드리워지고 있었다.

한국교회가 특별한 성장을 이룰 수 있는 배경에 '부흥집회', '성령운동', '신유 은사' 같은, 이른바 '거짓 축복신앙'이 중심에 있었다는 사실에 주목해야 한다. 90년대까지 한국교회의 왕성한 부흥에는 '예수의 이름으로' 세상의 성공을 갈망하는 탐욕의 복음이, 그리고 물질숭배의 기복주의 신앙이 바탕에 깔려 있었다.

한국교회가 거침없이 '하나님의 축복'이라고 이름 붙인 거짓 신앙은 이름만 축복일 뿐, 본질상 영적인 그리스도 신앙과는 전혀 상관없는 '기복신앙'이다. 그것은 재물을 '신'으로 섬기는 맘몬이즘의 별칭에 지나지 않으며, 그리스도의 복음에서 완전히 일탈한 '탐욕의 복음'에 다름 아니다.

육신의 건강과 재물의 부요를 은혜의 뚜렷한 증거이며 그리스도 신앙의 알찬 열매로 호도하고, 눈에 보이는 가시적인 가치를 믿음의 결실로 왜곡하는 치명적인 일탈이기 때문이다. 그로 말미암아 한국교회는 미처 깨닫지 못하는 사이에 예수의 참 복음을 뒤로 한 채, '맘몬'을 우상처럼 숭배하는 반성경적인 이교집단으로 변질되었다.

'생명의 구원'이라는 그리스도 신앙의 본질이 철저히 왜곡·변질되면서 한국교회의 영적 의미와 가치는 처참하게 무너졌다. 영석인 '교회'와 물리적인 건물 '교회당'의 차이가 없어지고, 사람들은 교회당을 거리낌 없이 교회라고 부르는 혼돈의 세대가 되었다. 결과적으로 교회의 진정한 가치인 영적 본질은 퇴색했다. 넓고 높은 교회당의 규모와 화려한 시설 따위 외형이 본질에 앞서며 한국교회의 영적 상태는 피폐해지고 가치의 본말이 전도되는 중대한 오류에 빠지고 말았다.

세상에서 '더' 크고, '더' 많고, '더' 높은 가치, 이를테면 '양적·물질적 가치'를 추구하는 외형주의 신앙이 한국교회의 전면에 대두되었다. 그와 동시에 예수께서 말씀하신 더 낮고 더 작은 것에 대한 소중한 영적 가치, 이른바 '가난의 영성'과 더불어 겸손과 섬김을 강조하는 그리스도 신앙의 본질은 오간데 없이 사라지고 말았다. 양적으로 크게 성장한 교회라야 비로소 성공한 목회, 승리한 신앙으로 인정받을 수 있었다. 보란 듯이 외형을 자랑할 수 있는 대형교회의 담임목사라야 비로소 능력 있는 목사로, 권위 있고 은혜로운 목회자로 남다른 지위와 명예, 부와 권력을 한 손에 거머쥘 수 있었다.

이처럼 세속적인 '성공주의'에 빠져들고, 탐욕과 교만의 거짓 복음과 맘몬의 물질주의적 번영신학에 매몰된 한국교회는 너나없이 '메가 처치' 광풍에 휘말렸다. 그리고 메가 처치의 본질인 외형주의에 사로잡히고, 공룡처럼 몸집이 비대해진 교회에서 목사들은 너나없이 교회를 지배하는 막강한 권력자로 군림하게 되었다. 이렇게 변질된 한국교회의 현주소는 하나님 나라의 영적 가치를 소망하는 그리스도인의 진정한 신앙공동체가 아니라, '세상에 속한' 자들이 탐닉하는 물질숭배의 맘몬이즘과 종교주의적인 이익집단으로 변질되고 말았다.

'절대 권력은 절대 부패한다'

재물을 비롯한 지위와 명예 따위, 세상의 '불의한' 가치에 탐닉하는 한국교회는 더 이상 세상의 '빛과 소금'이 아니다. 탐욕과 교만, 그리고 거짓과 외식으로 점철된 한국교회는 타락과 부패의 온상이 되면서 세상의 거센 지탄을 받기에 이르렀다. 한국교회에 대한 날선 비판은 분명 한국교회의 영적 타락에 맞선 '이유 있는 저항'이며, 당연히 정체와 쇠퇴라는 참담한 결과로 이어졌다. 2010년대에 이르러 한국교회에서 '부흥과 성장'이라는 말은 단지 메아리 없는 열띤 구호로만 들릴 뿐이다.

그럼에도 2015년 인구센서스에 따르면 개신교인은 그간의 통설과 달리 오히려 수적으로 증가했다. 하지만 개신교인을 자처하는 수에 비해 실제로 교회에 출석하는 교인들의 수가 뚜렷이 줄었다는 것은 사실상 부흥과 성장이 아니라 역설적으로 한국교회의 총체적인 위기를 말하는 것이다.

한국교회의 전반적인 타락과 목회자의 부정과 불의에 실망한 교인들이 '손에 손을 맞잡고' 한국교회를 떠나면서 100만에서 무려 200만에 이르는 '가나안 성도 시대'가 도래했고, 신천지와 하나님의 교회 따위 이단으로 자리를 옮긴 수가 100만이 넘는 '이단부흥의 시대'로 들어섰다. 이는 교회의 본질에서 벗어난 한국교회의 타락과 변질이 하릴없이 맺은 '썩은 열매'이다. 결국 90년대 절정에 달했던 한국교회의 당당한 위세가 20년에 걸친 정체기를 거쳐 마침내 21세기를 맞아 쇠퇴기에 들어서며 총체적인 위기를 맞은 것이다.

이에 대해 소수 메가 처치의 문제라며, 일부의 특별한 상황을 전체의 모습인 양 섣불리 비난하는 것은 '일반화의 오류'라고 반론을 제기하는 사람들이 있다. 언뜻 보면 일리가 있는 지적처럼 들린다. 그러나 교회의 본질에서 벗어난 메가 처치의 문제는 결코 소수 대형교회에 한정된 문제가 아니라 한국교회의 전반적인 문제라는 점을 분명히 인식해야 한다. 이를테면 메가 처치 열망에 영혼을 잠식당한 한국교회는 '이미' 메가 처치인 소수의 대형교회들과 함께, '아직은' 메가 처치가 아닐망정 마음속 깊이 메가 처치를 갈망하는 다수의 '작은 교회들'로 구성되어 있기 때문이다.

메가 처치의 근본적인 문제는 단순히 교회의 외형이 지나치게 비대하다는 것이 아니다. 공룡처럼 비대해진 외형을 유지, 발전, 성장시키기 위해서 교회가 지켜야 하는 믿음의 본질은 뒷전으로 밀리고, 마치 거대한 공룡에게 막대한 먹이를 주듯이 건물, 제도, 재물, 권력 따위 물질적 가치가 교회를 잠식하는 것이 메가 처치의 치명적인 문제이다.

'성전 되신 그리스도의 육체'라는 말씀이 일컫는 것처럼, 신약시대의 '새 성전'인 교회는 그리스도의 몸이다. 그리고 그리스도의 몸을 이루는 지체는 건물이나 제도, 조직처럼 영혼이 없는 대상이 아니며, 사제나 목사 같은 '소수 권력자'가 아니라 모름지기 성도이다. 요컨대, 신약시대의 교회는 성전중심신앙의 율법시대처럼 웅장한 건물 성전이 아니라 '그리스도와 연합한' 성도이다.

그러나 메가 처치에서 성도는 교회의 비대한 몸집을 떠받치는 보조적인 부품일 뿐 더 이상 '교회'가 아니며, 교회를 섬기는 운영주체 또한 아니다. 메가 처치의 영혼 없는 부속품으로 전락한 교인들은 우주적인 무형교회의 '주'인 예수 그리스도를 따르는 성도일 수 없다. 그들은 다만 건물, 교인, 조직, 제도, 의식 따위로 구성되는 유형교회의 권력자, 이를테면 목사를 우상처럼 따르게 '목사교인'에 지나지 않는다.

"절대 권력은 절대 부패한다"는 영국의 역사가 액튼Acton의 유명한 명제가 있다. 뛰어난 역사가의 명언답게 동서고금의 오랜 역사를 통해 입증된 '사실'이며, 다만 정치에 적용되는 말이 아니라 종교에서도 여지없이 통용되는 '일반론'이다. 목사에게 교회의 모든 권력이 집중되면서 교만과 탐욕에 빠진 목사는 여지없이 타락하고, 타락한 목사와 함께 교회와 교인은 하릴없이 부패하기 때문이다.

결국 교회의 전권을 장악한 목사의 교만과 탐욕, 그리고 거짓과 배역으로 한국교회는 '그리스도의 교회'가 아닌 '목사교회'로 전락하고 말았다. "한국교회에 예수가 없고, 사랑이 없으며, 구원의 복음이 없다"는 말을 듣는 것은 결코 우연이 아니다. 사실인즉 '교회'하면 가장 먼저 떠오르는 것이 목사와 교회의 이름, 그리고 건물이 아닌가.

'예수가 없는' 한국교회, 그리스도의 생명의 복음이 육신의 쾌락을 위한 '탐욕의 복음'으로 변질된 한국교회, 그리고 독점한 권력으로 말미암아 철저히 부패한 목사들에게 실망하고 분노한 교인들이 하나 둘 교회를 떠나면서 한국교회는 성장을 멈추고 마침내 '쇠퇴기'에 들어섰다. 이는 일시적인 반작용이 아니라 한국교회의 타락과 목사의 부패에 뒤따르는 필연적인 현상이다.

세속적인 기복신앙과 혼연일체가 된 한국교회의 어두운 현실은 외형주의, 물질만능주의와 불가분의 관계가 있으며, 그 중심에 부패한 목사권력이 똬리를 틀고 있다.

교회를 떠난 이유를 묻는 설문조사에 이구동성으로 일치하는 답변이 바로 절대권력으로 교회를 장악한 '목사교주'의 타락과 부패이다. 교회의 재정, 인사, 행정의 모든 권력을 장악한 담임목사의 전횡이 한국교회를 부패의 수렁에 빠뜨리고 있으며, 그것이 바로 교인들이 기존 교회를 떠나 가나안 성도가 되거나 이단에 빠지는 가장 큰 원인이라는 것이다.

개혁의 본질

개신교는 종교개혁의 기본정신인 저항정신, 이른바 '프로테스탄티즘'에서 시작되었다. 성추행, 세습, 표절, 학력사칭, 사기와 횡령, 폭행을 비롯해서 이루 말로 형언할 수 없는 목사들의 참담한 비리가 연일 언론 매체를 잿빛으로 물들이는 오늘날, '교회개혁'은 시대의 화두가 되었다.

"부패로 얼룩진 한국교회 목사들의 추악한 행태를 더 이상 지켜볼 수 없다"면서 곳곳에서 개신교회 교인들이 종교개혁운동의 후예답게 프로테스탄트의 깃발을 다시 드높이며 너나없이 교회개혁을 부르짖고 있다. "개혁교회는 끊임없이 개혁돼야 한다"는 종교개혁운동가 칼뱅의 말처럼, 교회개혁을 통해 "성경적인 교회의 원형을 회복하자"는 치열한 외침이 도처에서 울려 퍼지고 있는 것이다.

그렇다. 한국교회의 추악한 실상을 보면 '교회개혁'은 다만 열띤 구호가 아니라 구체적인 실행에 옮겨져야 하는 당위성을 지니고 있다. 그러나 개혁을 외치는 그리스도인들은 진정한 교회 개혁을 이루기 위해서 근본적인 관점에서 '개혁의 본질'을 깊이 성찰해야 한다. 다시 말해 '목사의 윤리적인 타락'에 초점을 맞추는 지금의 타성적인 접근으로는 결코 진정한 개혁을 이룰 수 없다는 점을 명심해야 된다.

물론, 부패한 목회자들의 탐욕과 비리 때문에 교회가 타락하고, 교회가 타락했기 때문에 많은 사람들이 실망해서 교회를 떠나고 있다는 것은 엄연한 사실이다. 따라서 타락한 목사들의 윤리의식을 제고하는 것이 교회개혁의 중요한 방편일 수 있다는 점은 부정하지 않는다.

그러나 단지 목사들의 비루한 윤리의식 때문에 교회가 타락하는 것이 아니다. 율법주의가 율법의 본질을 훼손한 것처럼, 인간의 타락한 '종교이념'으로 그리스도 신앙의 본질을 훼손한 목사의 전횡이, 이를테면 예수의 계명을 저버린 '목사권력'이 교회의 타락을 불렀으며, 교회의 타락이 윤리적인 일탈을 비롯한 제반 문제의 근원이 되었다.

그동안 저서를 비롯해 다양한 지면에서 밝혔지만 이 자리에서 다시 강조한다. 총체적인 타락과 부패의 늪에 깊이 빠진 한국교회의 근본적인 문제는 흔히 말하듯이 '신학의 부재'나 '윤리의식의 결여'가 아니다. 물론 윤리나 신학은 교회의 사역자로서 목사의 자질을 결정짓는 중요한 요인일 수 있다.

그러나 윤리적인 문제는 비단 오늘날 한국교회의 특별한 문제가 아니라 기독교 역사 이래 지금까지 반복되고 지속되는 일반적인 문제이다. 다시 말해 그것은 원인이 아니라 당연한 결과이며 현상이다. 한국교회의 타락과 부패의 원인을 '윤리적인 관점'에서 찾으려는 순간, 마치 다람쥐가 쳇바퀴 돌듯 교회개혁은 사실상 한 걸음도 나아가지 못하고 언제나 같은 궤도를 맴돌 뿐이라는 것이다.

또한 '신학의 부재'는 목사의 핵심사역인 설교를 비롯해서 사역 전반에 걸쳐 심각한 문제를 일으킬 수 있다는 점에서 매우 중요한 지적이다. 그럼에도 신학의 부재가 여러 요인들 가운데 하나일 수 있을망정 한국교회 타락의 근본요인이라고 단정할 수 없다. 신학이 없던 초대교회에서도, 심지어 글을 제대로 배우지 못한 '무식한' 제자들조차도 그리스도의 복음을 올곧게 전파했던 사실을 기억하면 신학의 부재와 교회의 타락을 섣불리 '인과관계'로 결부할 수 없다.

그렇다면 한국교회와 목사의 부패와 타락을 불러들인 결정적인 요인은 무엇인가? 사람에 따라 바라보는 관점에 차이가 있을 수 있겠지만 무엇보다 그리스도 신앙에서 일탈된 '거짓 신앙', 이를테면 예수께서 무섭게 질타하신 '외식'에 있다는 사실을 분명히 지적한다. 요컨대 부패와 타락의 깊은 수렁에 빠진 한국교회의 근본적인 문제는 그리스도 신앙의 본질에서 벗어난 치명적인 일탈과 오류에서 비롯되었다.

신앙의 본질이 아니라 외형을, 영적 가치가 아니라 육적 욕망을, 하나님나라의 구원이 아니라 세상의 물질적인 축복을 탐하는 맘몬이즘과 비루한 기복주의 신앙에 기인하며, 이 모든 것이 진리가 아닌 외식에서 비롯되었기 때문이다.

이전의 저서 '성경해석의 오류와 신앙의 일탈'에서 강조했던 것처럼, '거짓 신앙'이 이처럼 한국교회에서 독버섯처럼 두루 자랄 수 있었던 배경이 있다. 그것은 성경의 메시지를 바르게 깨닫지 못한 무지와 오류에서 비롯된 신앙의 일탈과 왜곡이다. 즉, 한국교회가 타락하고 목회자가 부패한 결정적인 원인은 도덕적인 문제 이전에 그리스도 신앙의 본질에서 벗어난 '거짓 신앙', 이른바 '외식'이라는 영적 문제에 기인한다.

'거짓 신앙' 역시 부패나 타락과 마찬가지로 윤리적인 관점, 도덕적인 차원에서 문제점들을 살펴볼 수 있을 것이다. 그러나 성경에서 말하는 '거짓'은 다만 사실의 왜곡이나 은폐라는 '일반적인 현상'이 아니다. 사탄을 '거짓의 아비'라고 말하는 것은 거짓이 도덕적인 경계를 넘어 뚜렷이 영적 문제라는 것이다.

뒤에서 자세히 밝히겠지만, 예수께서 영적인 타락을 말씀하실 때 일반적인 의미에서의 '거짓'이라는 말 대신에 '외식'이라는 말을 '의도적으로' 사용하신다는 점에 주목해야 한다. 물론 거짓과 외식은 사실과 진리에 반反한다는 점에서 유사한 의미를 지니고 있지만, 예수께서 '반드시 화저주가 있다!'라고 선언하신 외식은 겉외형과 속본질이 다를 뿐 아니라 '하나님을 멀리 하는' 불신앙과 깊은 연관이 있다.

외식은 온유와 겸손을 강조하는 그리스도의 말씀에 맞서 '자기를 높이기' 위한 거짓이며, 이는 그리스도 신앙의 근본인 '겸손'과 대척점에 있는 '교만'에 깊숙이 맞물려있기 때문이다. 모름지기 교회개혁은 윤리나 도덕적인 문제를 제기하기에 앞서 영적인 관점에서 '외식하는 거짓 신앙'을 타파하는 것이 우선이 돼야 한다. 따라서 이 책에서는 교회개혁을 위한 방안으로서 '성경해석의 오류와 신앙의 일탈'이라는 총체적인 관점이 아니라 구체적인 현상으로 드러난 '외식', 그리고 '외식하는 자'에 초점을 맞출 것이다.

1장 • 화있을진저, 외식하는 자여!

거짓과 외식

사전적인 정의에 따르면 거짓은 사실에서 어긋난 것, 또는 사실이 아닌 것을 사실처럼 꾸민 것을 말한다. 이를 모르는 사람이 없지만 정작 중요한 것은 성경적인 관점에서 거짓과 사전적인 정의에서 거짓이 종종 다른 의미로 사용된다는 것이다. 거짓이 '옳지 않다'는 것에는 너나없이 동의하지만 내용을 살펴보면 거짓이라고 모두 같은 거짓이 아니다. 거짓에는 다양한 종류가 있다. 우선, 사실 여부에서는 분명 거짓이지만 그렇다고 섣불리 '악'으로 비난할 수 없는 거짓, 이른바 '착한 거짓말'이 있다.

예를 들면 생명 또는 생존의 위기에 처한 약자를 보호하기 위해서, 또는 자기가 속한 단체나 국가의 공익을 지키기 위해서 부득불 사실을 밝힐 수 없는 경우, 나아가 공의와 진리를 수호하기 위해서 사실을 의도적으로 은폐, 왜곡하는 경우가 있다. 사실이 아니라는 점에서 그것은 분명히 거짓이지만, 사실을 숨기거나 왜곡했음에도 그런 거짓에 대해 우리는 섣불리 비난하지 않는다.

그러나 '있을 수 있는 거짓말'이 되기 위해서는 분명한 전제조건이 있다. 자신의 사사로운 이익 때문이 아니라 공의를 위한 자기희생과 헌신이 전제가 돼야 한다. 분명히 말하면, 성경적인 관점에서 거짓은 무서운 죄악이라는 것이다. 사탄을 일컬어 '거짓의 아비'라고 부르는 이유는 간단하다. 사탄의 속성인 거짓은 가증한 영적 죄악이며, 이에는 준엄한 심판이 뒤따르다는 의미가 아니겠는가.

진리를 추구해야 하는 그리스도인은 무엇보다 거짓에 민감해야 하며, 어떤 경우에도 거짓을 '있을 수 있는 허물' 정도로 간단히 치부해서는 안 된다. 허튼 공명심을 위해서, 그리고 탐욕과 교만을 부추기는 거짓은 어떤 경우에도 '악한 거짓'이며 '영적인 죄악'일 수밖에 없다. 특히 영적인 관점에서 그리스도인은 거짓의 가증한 '마성'에 각별히 주의해야 한다. 교만한 자에게 거짓은 자신을 높이기 위한 도구로서 무서운 힘을 발휘한다. 자신의 치부를 숨기기 위해서, 내면의 열등감을 감추기 위해서, 초라한 모습을 은폐하고 당당한(?) 모습을 연출하기 위해서 거짓을 유용한 도구로 사용하기 때문이다.

한국교회 목사들의 불의를 말할 때 빠뜨릴 수 없는 것이 바로 거짓이다. '타락한 목사'라고 말할 때 무엇보다 거짓에 능수능란한 자들의 모습이 먼저 떠오른다. 많은 예를 들 수 있겠지만, 이 책에서는 그들 가운데 대표적인 인물을 제시한다. 예를 들면, 학력사칭과 논문표절, 부정직한 목사안수를 비롯해서 온갖 의혹들을 숨기기 위해서 거짓말로 교인들을 속이고, 교회와 하나님을 속이면서 세상의 조롱과 비난의 대상이 되었던 사랑의교회 오정현 목사의 경우가 '거짓'의 전형적인 모습일 것이다.

거짓이 반복되면서 타성이 되고 타성이 습관으로 자리 잡는 순간, 거짓은 그 사람의 왜곡된 성품과 신앙을 결정짓는다. 이를테면 어떤 순간에 일시적으로 나타나는 돌발적인 행동이 아니라 거짓이 반복되면서 자발적인 행동으로 굳어지고, 결국 거짓과 진실을 분별하지 못하는 상태로 영혼이 타락하고 만다. 이처럼 거짓은 도덕적인 인성의 문제에 그치지 않고 그리스도인의 영성에 치명적인 영향을 끼친다. 참담한 거짓으로 한국교회를 오욕의 수렁에 빠뜨린 오정현의 경우가 바로 거짓이 내면화되어 신앙 자체가 굴절된 전형적인 경우이다.

불의한 목사들의 원인에 대해 많은 분석과 비판이 있지만, 근본적인 원인은 도덕적인 '행함'의 문제 이전에 영혼과 골수에 박혀 완전히 내면화된 거짓 신앙이다. 성경은 거짓의 아비가 사탄이라고 말한다. 거짓 신앙의 출발은 인간의 감정이나 이성이 아니라 죄의 근원인 사탄의 본성에서 비롯된다는 말이다.

> 너희는 너희 아비 마귀에게서 났으니 너희 아비의 욕심대로 너희도 행하고자 하느니라 그는 처음부터 살인한 자요 진리가 그 속에 없으므로 진리에 서지 못하고 거짓을 말할 때마다 제 것으로 말하나니 이는 그가 거짓말쟁이요 거짓의 아비가 되었음이라 요8:44

이처럼 거짓은 사탄의 근본적인 속성이며 모든 죄의 뿌리로서 근원적인 의미를 지닌다. 예수는 거짓에서 비롯되는 수많은 죄의 열매들 가운데 특히 '외식'을 저주禍의 심판에 이르는 가증한 죄악으로 심판한다. 앞에서 말했지만, 예수께서 말씀하시는 '외식'은 단순히 사실을 숨기는 거짓과 다르다. 외식은 자기를 높이려는 교만과 맞물려 있으며, 탐심과 정욕의 구체적인 모습이 바로 외식이기 때문이다.

외식하는 자는 겉과 속이 다른 자이며, 말로는 하나님을 믿지만 마음은 하나님을 믿지 않는 자이다. 따라서 외식은 하나님을 속이며 '망령되이 하나님의 이름을 부르는' 거짓 신앙이다. 예수께서 말씀하셨듯이 외식하는 자는 저주의 심판을 받는 자로서, 그들은 하나님 나라의 구원을 얻을 수 없을 뿐만 아니라 다른 사람들까지 실족하게 하는 이중의 영적 죄를 범하는 것이다. '겉'과 '속'이 다르며 '입으로는 하나님을 공경하되 마음은 하나님을 멀리 떠나' 외식하는 자에게 반드시 화禍의 심판이 뒤따른다고 하셨다.

화있을진저 외식하는 서기관들과 바리새인들이여 너희는 교인 한 사람을 얻기 위하여 바다와 육지를 두루 다니다가 생기면 너희보다 배나 더 지옥 자식이 되게 하는 도다 마23:15

'외식하는 자'에 대한 예수의 말씀은 다만 유대 율법주의자들이나 예수 시대 제자들에게 전하신 특별한 메시지가 아니다. '그리스도의 말씀'은 특정한 시대에 특정한 사람들에게 전하는 한정된 메시지가 아니라 시대와 공간을 뛰어넘어 '천하 만민'에게 전하는 보편적인 메시지이다. '외식하는 바리새인'이라는 말씀은 오늘날 목사를 비롯해서 사역자들에게 공히 해당되는 메시지이며, 예수는 그를 따르는 모든 그리스도인들에게 '외식하지 말라'고 엄히 명령하신 것이다.

겉과 속이 달라 언행이 일치하지 않으며, 자기 의를 자랑하기 위해서 다른 사람을 멸시하는 유대 종교지도자들의 거짓 신앙을 '외식'이라고 하시면서 예수는 '외식하는 자'에게 '화禍가 있다!'고 선언하셨다. 예수는 하나님 나라의 구원에 이르는 8복福과 구별해서 저주의 심판에 이르는 7화禍를 말씀하신 것이다. 저주의 구체적인 내용을 말하기 전에 우리는 7화禍에 공통적인 수식어가 바로 '외식하는'이라는 사실에 주목해야 된다. 이를테면 외식은 모든 화저주의 공통요소이다.

외식外飾이란 무엇인가?

외식은 '대답하다'라는 일상적인 의미와 더불어, '…인체하다'라는 부정적 의미를 지닌 헬라어 동사 '휘포크리노마이'hypocrinomai에서 유래되었다. 여기서 파생된 헬라어 명사 '휘포크리시스'hypocrisis를 한글로 번역한 것이 '외식'이다. 원래는 '연극배우'가 가면을 쓰고 자기가 아닌 다른 사람의 모습으로 생각하고 말하는 행동을 일컬었다. 이처럼 외식은 '응답', '해설', '연기' 등의 중립적인 의미였지만, 종교적인 용례로 발전해서 겉모습, 가장假裝, 위선, 숨김에 이르기까지 다양한 의미를 지니고 있다. 결국 외식은 일상적인 의미와 달리 종교적인 관점에서는 부정적인 의미로 사용되었다.

성경을 보면 외식은 일차적인 의미에서 종교적·도덕적인 가식이나 위선처럼 다른 사람에게 잘 보이기 위해 거짓으로 행동하는 것을 말한다. 구체적인 예를 들면 구제마6:2, 기도마6:5; 막12:40, 금식마6:16같은 종교행위에서 볼 수 있는 위선이 있다. 의미가 발전하면서 외식은 비판마7:5, 부모공경마15:5-7, 하나님을 섬김마15:8, 율법 준수마23:23에서 겉과 속이 다른 행동, 이른바 표리부동의 거짓 신앙이라는 심층적인 의미를 지닌다.

'외식하는 자'에게 화가 있다고 말씀하신 예수는 외식을 유대인들이 저지른 수많은 죄악들 가운데 하나가 아닌, 저주의 심판이 뒤따르는 죄의 핵심으로 정죄하셨다. 그러나 외식하는 자에 대한 준엄한 심판은 단지 유대율법주의자들에게 국한된 것이 아니다. 바울의 서신서에서 보듯이 초대교회의 그리스도인에게도 외식은 도덕적인 일탈에 머물지 않는 무서운 영적 죄악이었다.

> 그러나 성령이 밝히 말씀하시기를 후일에 어떤 사람들이 믿음에서 떠나 미혹하는 영과 귀신의 가르침을 따르리라 하셨으니 자기 양심이 화인을 맞아서 외식함으로 거짓말하는 자들이라 딤전4:1-2

이처럼 성경은 '외식'을 도덕적인 차원을 넘어 미혹하는 영, 즉 사탄의 영에 사로잡힌 거짓 신앙을 가리킨다. 그렇다면 외식하게 되는 이유는 무엇인가? 하나님보다 사람들의 눈을 먼저 의식하기 때문이며, 타인으로부터 영광과 칭찬을 받으려하기 때문이다. 이는 말과 달리 마음이 하나님으로부터 멀리 떠났기 때문이며마 15:7–8, 하나님을 떠난 자의 마음에 온갖 간사함과 악함과 불의가 충만하기 때문이다.마22:18; 23:25, 28

요컨대 외식은 믿음을 배반한 자가 미혹하는 마귀의 영에 붙잡혔을 때 '반드시' 일어나는 영적인 현상이다.딤전4:1–2 예수께서 외식하는 자의 '7화禍'를 일일이 전하시기 전에 그들의 전형적인 모습을 이렇게 말씀하셨다.

> 그들의 모든 행위를 사람에게 보이고자 하나니 곧 그 경문 띠를 넓게 하며 옷술을 길게 하고 잔치의 윗자리와 회당의 높은 자리와 시장에서 문안 받는 것과 사람에게 랍비라 칭함을 받는 것을 좋아하느니라 마23:5–7

외식하는 자의 구체적인 모습은 이처럼 자기를 높이려는 허세와 교만이다. 오늘날 우리는 '외식하는 자', 이를테면 교만한 자의 모습을 '메가 처치'의 소수 목사들뿐 아니라 '목사우월주의'에 사로잡힌 한국교회 대부분의 목사에게서 뚜렷이 보고 있다. 그들은 자신들이 '소명 받은' 일꾼이자 '하나님의 부르심을 받은 거룩한 성직자'라고 자처하며, 주저 없이 '자기를 의롭다고 믿고 다른 사람을 멸시하는 자들'눅18:9이다.

그들은 말과 달리 마음은 하나님에게서 멀리 떠나있으며, 다만 '사람에게 잘 보이기' 위해서 사실을 숨기거나 왜곡하며 거짓을 일삼는 자들이다. 그들의 공통된 속성은 '잔치의 윗자리'와 예배당의 '높은 자리'를 탐하는 자들이며, '영적 아버지'를 자처하면서 스스로 높아지려는 자들인 동시에 '모세의 자리'에서 군림하려는 자들이다. 이들이 바로 외식하는 자들이며 예수께서 그들에게 "화있을진저, 너희 외식하는 자여!"라고 심판하신 것이다.

외식하는 자는 자기 의를 자랑하며 다른 사람을 무시하는 공통점이 있으며, 그것은 자기를 높이려는 교만에서 비롯된다. 이처럼 외식은 거짓인 동시에 교만과 떨어질 수 없는 불가분의 속성을 지니고 있다. 예수께서 외식하는 자에게 저주가 있다고 말씀하신 것은 단순한 강조가 아니라, 구원과 저주로 갈리는 분명한 심판의 메시지를 담고 있다. 즉, '외식하는 자'는 교만으로 말미암아 다른 사람을 멸시하며, 거짓 신앙으로 인해 하나님으로부터 멀리 떠난 자들이다.마15:7-8 결국 그들은 하나님을 의지하지 않음으로 '패망'에 이르는 자들이기 때문에 구원이 아니라 화가 있다고 말씀하신 것이다. "교만은 패망의 선봉이요 거만한 마음은 넘어짐의 앞잡이니라" 잠16:18

외식하는 자의 실상을 우리는 '성전에서 기도하는 두 사람'의 비유를 통해 뚜렷이 볼 수 있다. 예수께서 비유로 말씀하신 바리새인은 토색, 불의, 간음하지 않고 이레에 두 번 금식하며 소득의 십일조를 드리는 등, 종교적인 면에서 전혀 흠잡을 데가 없었다. 그러나 예수는 이처럼 종교행위로 자기 의를 자랑하는 바리새인에게 '구원이 없다'고 하셨다. 오히려, 유대 사회에서 '죄인'으로 낙인찍혔던 세리를 가리켜 "이 사람이 의롭다 하심을 받고 자기 집으로 돌아갔다"고 말씀하셨다.

이유는, '자기를 의롭다고 믿고 다른 사람을 멸시하는' 바리새인은 외식하는 자이기 때문이다. 그리고 자신의 죄를 깨닫고 겸손히 하나님께 나아가 애통하는 마음으로 용서를 구하는 세리가 진정 하나님을 믿고 의지하는 자이기 때문이다. 이에 대해 예수는 "무릇 자기를 높이는 자는 낮아지고 자기를 낮추는 자는 높아지리라"고 하셨다. 이를테면 외식하는 자에게 구원이 없으며, 그들은 하나님의 자녀가 될 수 없다고 선언하신 것이다.

여기서 우리가 주목할 만한 사실이 있다. '외식하는 자'라는 단어는 성경 전체에서 복음서에만 등장한다는 점, 이를테면 예수께서 특별히 강조하신 핵심 메시지라는 사실이다. 신약시대 예수 신앙에서 '외식하는 자'는 단순히 거짓말을 하는 자가 아니다. '입으로는 하나님을 말하면서 마음은 하나님에게서 멀리 떠난' 그들은 하나님을 열심히 믿되 잘못 믿는 자들이다.

결국 그들은 신자의 이름으로 '다른 하나님', '다른 예수'를 믿는 자들로서, 하나님을 믿지 않는 '이방인'과 본질상 차이가 없다. 앞에서 말했던 것처럼 외식하는 자들은 하나님 나라에 들어가지 못할 뿐 아니라 다른 사람들까지 들어가지 못하게 하는 불의한 자들이다.

> 화있을진저 외식하는 서기관들과 바리새인들이여 회칠한 무덤 같으니 겉으로는 아름답게 보이나 그 안에는 죽은 사람의 뼈와 온갖 더러운 것이 가득하도다. 이와 같이 너희도 겉으로는 사람에게 옳게 보이되 안으로는 외식과 불법이 가득 하도다 마23:27-28

한국교회는 주일예배 외에도 매주 수요일과 금요일마다 공예배가 있고, 주중에는 매일 새벽기도와 수시로 부흥회가 있다. 지금은 지구상에서 거의 사라진 구약시대 십일조를 신약시대인 오늘날에도 여전히 신앙의 절대의무로 강조하며, '봉사'라는 이름으로 교회 일을 가정보다 중시한다.

이처럼 주일성수와 십일조, 그리고 봉사를 신앙의 증거라고 자랑하는 한국교회는 분명히 종교적인 열정이 남다르다. 그러나 십일조와 주일성수, 그리고 전도와 봉사가 있는 한국교회에 정작 예수가 없고, 그의 절대계명인 사랑과 믿음이 없다는 것은 무엇을 의미하는가? 예수께서 엄히 심판하신 그대로, '외식하는 자'의 적나라한 모습이 아닌가.

혹독한 비판, 이를테면 "개신교 역사상 가장 타락했다"는 한국교회의 타락과 영적 침체에는 분명한 이유가 있다. 그것은 거짓 신앙에 사로잡혀 본질보다 외형을, 진리보다 거짓을, 믿음보다 종교의식을 앞세우는 외식 때문이다. '성공주의'의 아류인 번영 신학과 탐욕의 복음에 매몰된 한국교회는 성경의 예수, 진리의 예수가 아닌 '다른 예수'를 믿고, 예수교회가 아닌 '다른 교회'를 섬기는 사이비 신앙에 빠져있다.

예수께서 바리새인과 서기관처럼 외식하는 종교지도자들에게 무서운 심판이 있다고 말씀하신 것은 바로 오늘날 한국교회의 종교지도자인 목사들, 그리고 소위 중직들에게 전하시는 준엄한 선언임을 분명히 알아야 한다.

구원의 8복福과 저주의 7화禍

한국교회를 이토록 극심한 부패와 타락의 수렁에 빠뜨린 결정적인 요인은 무엇일까? 목사를 비롯한 한국교회의 지도자들에게 굳센 믿음과 종교적 열심이 없어서 부패하고 타락한 것이 아니다. 역설적으로, 믿음이 강하고 종교적 열정이 남다른 그들의 왜곡된 신념과 의지와 함께 교회가 타락하지 않을 수 없었다. 이유는 분명하다. 그들의 신앙, 이른바 외식하는 자의 신앙은 예수가 없는 허구이며 진리가 아닌 거짓 신앙이기 때문이다.

그들이 온 몸과 마음과 힘을 다해 믿는 예수는 하나님 나라가 아니라 세상에 속한 예수, 이를테면 '다른 예수'이다. 그들의 뜨거운 종교적 열정은 그리스도를 향한 사랑과 순종의 열정이 아니라 세상에 속한 맘몬의 타락한 영에서 분출하는 탐욕과 교만이다. '겉과 속이 다른' 바리새인들과 율법사들에게 예수께서 화가 있다고 하신 것처럼, 입으로는 예수를 믿는다고 하면서 마음과 행동은 맘몬을 신봉하는 자들의 거짓 신앙이 크면 클수록 한국교회는 더욱 타락하고 변질되지 않을 수 없다.

외식은 거짓에서 비롯된다. 그러나 성경에서 말하는 외식, 특히 예수께서 말씀하신 외식은 거짓의 일반적인 정의에 머물지 않으며, 인간의 그릇된 성품을 가리키는 도덕적 잣대에 멈추지 않는다. 성경적인 관점에서 외식은 윤리와 도덕적인 차원을 넘어 영적인 의미를 지닌다. 진리의 말씀을 전하는 그리스도 신앙에 맞서 거짓을 전파하며, 하나님을 '멀리 하는' 불순종에 불신이라는 점에서 가증한 죄악이다.

예를 들면 "하나님과 재물의 두 주인을 섬길 수 없다"는 말씀은, 말로는 하나님을 믿는다고 주장하면서 정작 마음은 '재물'을 사랑하는 자는 하나님이 아니라 재물을 주인으로 섬기는 자라는 것이다. 그것이 바로 외식이다. 외식하는 자도 너나없이 입술과 종교행위로는 열심히 하나님을 믿고, 세상의 어떤 가치보다 율법과 말씀을 생명처럼 존중한다고 주장한다.

그럼에도 예수께서 그들에게 구원은커녕 도리어 '화가 있다!'며 엄히 심판하신 이유가 무엇인가? 겉과 속이 다른 신앙, 입으로는 공경하되 마음으로는 하나님에게서 멀어진 외식은 하나님을 믿지 않는 거짓 신앙이기 때문이며, 거짓 신앙은 하나님의 이름을 망령되이 부르는 가증한 죄악이기 때문이다.

거짓과 외식은 뿌리가 같지만 성경적인 관점에서, 그리고 의미론적 적용에서 분명한 차이가 있다. 거짓의 뿌리, 이를테면 사탄의 영에서 파생된 외식은 숨김이나 왜곡을 넘어 '교만'과 '탐욕', 그리고 '자기 의'와 깊이 맞물려 있다. 예수께서 제자도의 근본으로 제시하신 온유·겸손과 대척점에 교만과 탐욕, 자기 의가 있다는 사실에 주목해야 된다. 예수께서 일곱 가지 저주로서 7화禍를 말씀하시기 전에 무리와 제자들에게 외식하는 자의 전형적인 모습을 가르쳐주셨다.

> 이에 예수께서 무리와 제자들에게 말씀하여 이르시되 서기관들과 바리새인들이 모세의 자리에 앉았으니 그러므로 무엇이든지 그들이 말하는 바는 행하고 지키되 그들이 하는 행위는 본받지 말라 그들은 말만 하고 행하지 아니하며 또 무거운 짐을 묶어 사람의 어깨에 지우되 자기는 이것을 손가락으로도 움직이려 하지 아니하며 그들의 모든 행위를 사람에게 보이고자

하나니 곧 그 경문 띠를 넓게 하며 옷술을 길게 하고 잔치의 윗자리와 회당의 높은 자리와 시장에서 문안 받는 것과 사람에게 랍비라 칭함을 받는 것을 좋아하느니라 마23:1-7

본문은 유대 종교지도자들을 빗대 예수께서 제자들과 무리에게 전하신 강론이다. 그러나 성경에 기록된 '화자의 메시지'는 과거의 시공時空에 갇힌 서술récit이 아니다. 유대 율법주의자들만이 아니라 중세 가톨릭에 이어 개신교, 나아가 오늘 한국교회도 예외가 아니다. 한국교회의 종교지도자들, 이른바 목사나 신학교수, 또는 중직들에게서 외식하는 자의 전형적인 모습들을 보는 것은 전혀 힘든 일이 아니다.

입으로 말하되 행동으로 지키지 않는 자, 스스로 영적 스승에 영적 아버지를 자처하는 자, 모임에서 상석에 앉기를 즐기는 자들의 모습은 오늘날 우리에게 너무 익숙하지 않은가.

너희는 랍비라 칭함을 받지 말라 너희 선생은 하나요, 너희는 다 형제니라. 땅에 있는 자를 아버지라 하지 말라. 너희의 아버지는 한 분이시니 곧 하늘에 계신이시니라. 또한 지도자라 칭함을 받지 말라. 너희의 지도자는 한 분이시니 곧 그리스도시니라. 너희 중에 큰 자는 너희를 섬기는 자가 되어야 하리라 누구든지 자기를 높이는 자는 낮아지고 누구든지 자기를 낮추는 자는 높아지리라 마23:1-12

예수께서 제자들에게 "자신을 높이려 하지 말라"고 하시면서, 섬기는 자가 되고 자기를 낮추는 자가 되라고 명령하셨다. 그러나 한국교회 대다수 목사들의 모습에서 우리는 제자의 '온유하며 겸손한' 모습은 고사하고, 예수께서 말씀하신 유대 율법주의자들의 '외식'을 판박이처럼 그대로 보고 있는 것이다.

외식은 단순한 거짓과 허세를 넘어 제자도의 전면 부정이라는 점에서 중요한 영적 의미를 지닌다. 예수께서 외식을 말씀하실 때 그 대상이 예외 없이 바리새인과 율법사, 이를테면 당시 종교지도자였다는 점에서 오늘날 한국교회 목사를 비롯한 교회지도자에게 전하는 의미가 매우 크다. 즉, '외식하는 자'의 저주는 그릇된 소명의식으로 무장하고 교만과 자기 의의 수렁에 빠진 종교지도자들, 이를테면 유대 바리새인이나 율법사, 그리고 사제나 목사에게 직간접으로 전하는 '무서운 메시지'이다.

2장 • 구원의 팔복

팔복의 영적 메시지

'외식'이 준엄한 심판의 언어인 반면, 하나님 나라의 구원을 얻는 '팔복'은 은혜와 축복의 언어이다. 이처럼 복과 심판을 동시에 말씀하시는 하나님은 인간의 생사화복에 절대주권을 가지신 분이다. 따라서 8복福과 7화禍는 다른 내용을 담고 있음에도 동전의 앞뒤처럼 의미상 분리되지 않는다. 복을 받은 자는 화가 없으며, 화의 심판을 받는 자는 복을 잃은 자이기 때문이며, 생명과 죽음이 하나의 연장선에 있는 것처럼 복과 화 역시 하나의 축에 공존하며 상대적 의미를 담고 있기 때문이다.

공생애 사역을 시작하시면서 먼저 복을 말씀하신 예수께서 공생애를 마치면서 화를 선언하신 것은 결코 모순이 아니다. 이를테면 복福과 화禍는 '심판'의 두 얼굴이다. 따라서 산상수훈의 팔복을 통해 화의 실제 의미를 보다 분명히 알 수 있으며, 화를 통해서 복의 내용을 보다 구체적으로 파악할 수 있다.

예수는 공생애를 시작하시면서 산상수훈을 전해주셨다. 이는 하나님 나라천국의 구원에 이르는 팔복을 예수시대의 유대인들에게 말씀을 통해 직접적으로, 그리고 오늘날 우리에게 기록을 통해 간접적으로 전해주신 것이다. 모름지기 기독교 신앙의 핵심은 구원이다. 예수께서 세상에 오신 것은 '구원'이라는 분명한 목적이 있다. 하나님은 그의 독생자이신 예수를 세상에 보내셔서 복음을 전하시고, 그를 믿음으로 말미암아 우리를 구원하신다는 것이 그리스도 신앙의 본질이다.

> 하나님이 세상을 이처럼 사랑하사 독생자를 주셨으니 이는 그를 믿는 자마다 멸망하지 않고 영생을 얻게 하려 하심이라. 하나님이 그 아들을 세상에 보내신 것은 세상을 심판하려 하심이 아니요 그로 말미암아 세상이 구원을 얻게 하려 하심이라. 그를 믿는 자는 심판을 받지 아니하는 것이요 믿지 아니하는 자는 하나님의 독생자의 이름을 믿지 아니하므로 벌써 심판을 받은 것이니라 요3:16-18

이처럼 '세상을 구원하기 위해서' 인간의 몸으로 오신 예수께서 하나님 나라의 구원에 이르는 팔복을 전해주셨다. 그리스도인이라면 산상수훈의 '팔복'을 들어보지 않은 사람은 없을 것이다. 그러나 구원의 '영적 자질'을 말하는 팔복은 복음서에 따라 다르게 기록되었기 때문에 그것의 구체적인 의미에 대해서는 해석과 적용이 다를 수 있다. 예를 들면 마태복음에서는 "심령이 가난한 자는 복이 있다"고 기록한 반면에 누가복음에서는 "가난한 자는 복이 있다"고 했다.

따라서 문자적인 해석에 따라 어떤 사람은 누가복음의 '복'을 물질적인 관점에서 바라본다. 반면에 어떤 사람은 마태복음의 팔복을 제시하면서 '복'을 영적인 관점에서 해석한다. 또한 마태복음의 '의에 주리고 목마른 자'가 누가복음에서는 '의에'가 빠진 채 '지금 주린 자'로 기록되었다. 따라서 주린 자 역시 '가난한 자'와 마찬가지로 영적인 의미와 육적인 의미로 각각 달리 해석하면서 자칫 모순된 메시지로 생각할 수 있다.

나아가, '있을 것이다'라는 미래형 동사에 주목해서 "팔복은 이 세상에 사는 동안에 얻는 복이 아니다"라는 주장이 있다. 그들은 하나님 나라의 복은 최후의 심판 이후에 비로소 얻을 수 있다며 종말론적 관점에서 팔복의 의미를 해석한다. 반면에 예수와 함께 '이미'already 하나님 나라가 시작되었다는 관점에서 팔복을 이 세상에 살면서 받는 현세의 복으로 해석하는 사람들이 있다. 이처럼 현세와 내세, 물질적인 가치와 영적 가치로 배치되는 주장들이 있지만 분명한 것은, 예수는 영적, 육적인 두 개의 다른 메시지를 전하신 것이 아니라 산상수훈을 통해 '하나의 동일한 메시지'를 전했다는 것이다.

상충되는 것처럼 보이는 두 구절의 바른 의미를 이해하기 위해서 우리는 그리스도 신앙의 '본질'을 먼저 생각해야 한다. 요컨대 그리스도 신앙에서 구원은 세상의 축복, 이를테면 건강, 재물, 형통을 얻는 것이 아니다. 그리고 사후에 천국에 가는 것으로 의미가 제한되지 않는다. 성경에서 말하는 구원은 하나님 나라에 들어가는 것이며, 하나님 나라에 들어간다는 것은 세상에 속한 자가 하나님 나라에 속한 자로 신분이 변화되는 것을 말한다.

결국 팔복에서 말하는 '복'의 진정한 의미는 세상의 부귀영화를 얻는 것이 아니라 하나님 나라에 속하는 영적인 구원을 말하는 것이다. 물론 영적인 구원이라는 말이 세상에서 사는 동안 우리가 얻을 수 있는 다양한 '구원들', 이를테면 질병, 가난, 죄, 고통에서 해방을 부정하지 않는다. 생명이 있는 한 인간의 영혼과 육신은 결코 이분법적으로 분리되지 않는다. "마음으로 믿어 의에 이르고 입으로 시인하여 구원을 얻는다"는 말씀은 그리스도 신앙에서 마음과 몸, 영혼과 육신이 마치 물과 기름처럼 완전히 배치되는 이질적인 요소가 아니라 서로 영향을 끼치며 깊은 연관성을 지닌다는 것이다.

예컨대 물질을 많이 소유한 자는 이미 세상에서 '위로'를 받은 자로 대부분 재물을 사랑하며 '세상에 속한' 자'이다. 재물을 지닌 자가 세상에서 누리는 온갖 쾌락을 버리고 하나님 나라를 구하는 것이 결코 쉬운 일이 아니다. 그래서 예수는 영생의 구원을 포기하고 예수를 떠나는 부자청년을 보시고, "부자가 하나님 나라에 들어가는 것이 낙타가 바늘구멍에 들어가는 것보다 힘들다"고 말씀하신 것이다. 반면에 세상에서 가진 것이 없는 자는 지금 살고 있는 세상에서 현세적인 소망을 품기보다 지금과 다른 '어떤' 세상을 갈망하게 된다.

물론 이런 주장에 대해 물질적인 궁핍이 구원의 조건인 양 섣불리 단정할 수 없다. 그리스도인의 재물 관은 세상에 속한 자의 그것과 다를망정, 결코 가난과 궁핍이 신앙의 목적인 양 호도될 수 없다. 또한 물질적인 가난을 마치 그리스도인에게 제시되는 구원의 조건처럼 허투루 왜곡할 수 없다. 물질적으로 가난한 자를 불쌍히 여기셔서 그들이 세상에 사는 동안 부자가 되게 하는 것이 팔복의 메시지가 아니다. 그것은 세상의 정치사회적인 이념일 수 있지만 결코 세상과 구별되는 하나님 나라의 영적인 구원일 수 없다.

팔복의 본문에서 정작 중요한 핵심어는 심령이나 물질이 아니라 가난이라는 단어이다. 그것은 영적인 의미로서 자신을 낮추는 '마음의 겸손'을 말한다. 가난이 자신을 낮추는 영적 겸손을 의미한다는 해석은 두 번째, 그리고 나머지 구절들과 결합된 팔복의 문맥적인 해석을 통해 분명히 드러난다. 즉, '애통하는 자', '의에 주리고 목마른 자' … 에게 복이 있다는 말씀은 예외 없이 마음의 겸손을 강조하며, '세상의 지극히 작은 자'에게 하나님 나라의 구원이 있다는 분명한 메시지를 전하기 때문이다.

여기서 각별히 주의할 것은, "가난한 자에게 복이 있다"는 말씀이 부자는 절대로 구원을 얻을 수 없다는 배타적인 의미가 아니라는 것이다. 성경에 '부자요 세리장'이라고 기록된 삭개오에게 예수께서 "오늘 구원이 이 집에 임했다"고 하셨다. 부자이기 때문에 구원을 받을 수 없다는 의미가 아니라 부자이기 때문에 세상에 천착하는 자에게 구원이 없다는 것이다.

재물이 많아서 세상의 쾌락에 연연하는 자는 지금 살고 있는 세상이 이미 '낙원'이기 때문에 간절한 마음으로 하나님 나라를 소망하지 않기 때문에 구원을 받을 수 없다는 말씀이다. 유대 역사를 살펴보아도 실제로 유대 사회에서 부자들은 자신들의 안락을 위해 세상의 권력과 결부되고, 이교도와도 깊은 관계를 맺었다. 구원에 이르지 못하는 죄와 가까이 있다는 것이다.

재물의 욕망은 끝이 없다. 재물을 많이 가졌다고 욕망이 없어지는 것이 아니라 더욱 많은 소유를 탐하는 것이 인간의 본성이다. 하나님과 재물을 동시에 섬길 수 없다는 말씀의 메시지, 그리고 영생의 구원을 바라는 부자 청년이 재물을 포기할 수 없어서 예수를 떠난 사건이 제시하는 메시지는 분명하다. 부자가 하나님 나라에 들어가는 것이 낙타가 바늘구멍을 지나가는 것보다 힘들 만큼, 재물의 무서운 마성은 종종 구원을 방해하는 결정적인 요소가 된다는 것이다.

예수께서 "가난한 자에게 구원이 있다"고 하신 말씀 역시 물질적인 궁핍을 말하지 않으며, 소유가 없기 때문에 복을 받을 수 있다는 말씀 또한 아니다. 만약에 물질적으로 가난해야 구원을 얻을 수 있다면 사실상 구원처럼 쉬운 것이 없을 것이다. 일을 하지 않고 자발적으로 거지가 되면 너나 없이 구원을 받을 수 있기 때문에 하나님을 믿을 이유 또한 없을 것이다.

가난한 자가 하나님 나라의 구원을 받을 수 있다는 것은 단지 가난하기 때문에 구원을 받는다는 것이 아니다. 예수께서 말씀하신 가난한 자의 의미는 분명하다. 가난해서 세상에서 고통을 겪는 자는 하나님에게 버림받은 자가 아니다. 오히려 그들이 온 마음을 다해서 하나님 나라를 소망하면 그들은 믿음으로 말미암아 구원을 받을 수 있다는 말씀이다.

팔복을 말씀하신 예수는 세상에서 지극히 작은 자의 자리에서 오직 하나님께 나아가는 자에게 구원이 있다고 하신 것이다. 그래서 예수는 세상의 작은 자, 겸손한 자의 상징으로 '어린 아이'를 제시하면서 "너희가 어린 아이가 되지 않으면 하나님 나라에 들어갈 수 없다"고 하셨다.

팔복에서 말하는 구원은 하나님 나라의 구원을 말한다는 점에서 반론의 여지없이 영적 메시지이다. 예수는 소유가 없어 고통을 겪는 가난한 자를 '물질적으로' 돕기 위해서 세상에 오신 것이 아니다. 물론 예수는 목마른 자에게 물을 주겠다고 하셨다. 그러나 그 말씀은 영적인 메시지로서, 여기서 말하는 물은 순간적으로 육신의 갈증을 해소하는 물이 아니라 영원한 생명을 상징하는 생수를 의미한다. 또한 예수는 "사람이 떡으로만 살 것이 아니요 하나님의 말씀으로 산다"고 하셨다. 여기서도 예수께서 말씀하신 떡은 주린 배를 순간적으로 채워주는 세상의 떡이 아니다.

> 진실로 진실로 너희에게 이르노니 믿는 자는 영생을 가졌나니 내가 곧 생명의 떡이니라. 너희 조상들은 광야에서 만나를 먹었어도 죽었거니와 이는 하늘에서 내려오는 떡이니 사람으로 하여금 먹고 죽지 않게 하는 것이니라. 나는 하늘에서 내려온 살아 있는 떡이니 사람이 이 떡을 먹으면 영생하리라. 내가 줄 떡은 곧 세상의 생명을 위한 내 살이니라 하시니라 요6:47-51

예수께서 우리에게 주시는 '떡'은 영의 양식인 하나님의 말씀이다. 빌라도의 심문을 받으시면서 예수는 "내 나라는 이 세상에 속한 것이 아니니라"고 하셨다. 예수께서 전하신 산상수훈은 이 세상의 물질적인 복이 아니라 하나님 나라의 구원을 위한 복음으로서 영적인 메시지이다. 이를테면 예수께서 말씀하신 팔복은 세상의 재물과 건강, 장수를 위한 복이 아니라 하나님 나라의 구원, 이른바 영생의 구원을 받을 수 있는 신령한 복이다.

팔복이 하나님 나라의 복을 말하지만, 다만 사후에 누릴 수 있는 종말론적 구원에 머물지 않는다. "받을 것이다"라는 미래형 동사는 미래 시제만을 의미하는 것이 아니라 반드시 이루어진다는 의미의 '확실성'을 나타낸다는 점에 주목해야 한다. 즉, '복을 받을 것이다'라는 말씀은 는 현재 시점에서 주시는 분명한 약속이다.

예수께서 말씀하신 팔복은 이미 시작된 하나님 나라의 복을 말하고 있으며, 구원을 받을 수 있는 자, 이를테면 신약시대 그리스도인의 '영적 자질'을 밝히신 것이다. 예수는 산상수훈의 시작인 '팔복'을 통하여 미래의 예언이 아닌, 구원에 이르는 현재의 신앙을 '지금, 여기에서' 선언하셨다.

팔복의 핵심

팔복에 이르는 영적 자질들을 요약하면, 마음의 가난, 애통, 온유, 의에 주리고 목마름, 긍휼, 마음의 청결, 화평, 박해이다. 성령의 아홉 열매가 각각의 그리스도인에게 주어지는 개별적인 결실이 아니라 모든 그리스도인에게 공통적인 열매인 것처럼, 팔복의 자질들 역시 각각 주어지는 개별적 자질이 아니라 구원을 받는 모든 그리스도인에게 적용되는 공통적인 자질이다.

바울이 9가지 성령의 열매를 말하면서 모든 것의 중심에 사랑이 있으며, 사랑은 영원히 떨어지지 않는다고 강조했다. 마찬가지로 사도요한은 그리스도인 제자들을 일컬어 '사랑하는 자'라고 불렀다. 이처럼 믿는 자에게 주시는 성령의 결실은 사랑으로 시작되고 사랑으로 결실을 맺는다. 그렇다면 팔복을 이루는 '하나의 핵심 자질'은 무엇인가? 이 책의 주제가 아니기 때문에 깊이 들어갈 수 없지만, 팔복의 구체적인 내용들을 간단히 서술하며 핵심 자질을 파악한다.

1) 마음이 가난한 자는 복이 있나니 천국이 그들의 것임이요

'마음이 가난한 자'는 하나님 앞에서 지극히 작은 자로서, 죄인인 자신의 힘으로 도저히 구원을 얻을 수 없다는 것을 인정하고 하나님께 온전히 의지하는 자를 말한다. 신학적인 관점에서 말하면 인간의 '전적인 타락'total deprivation을 오롯이 인정하는 것이다. 이를테면, 전적으로 타락한 인간은 결코 의로운 존재일 수 없기 때문에 하나님의 은혜가 없다면 자신의 힘이나 능력으로 구원을 얻을 수 없다.

예수께서 비유로 말씀하신 '성전에서 기도하는 두 사람', 즉 바리새인과 세리의 기도가 '마음이 가난한 자'의 좋은 예시가 된다. 바리새인이 '자기 의'를 과시하며 자신의 선행으로 말미암아 이미 구원을 얻은 자인 양 행동할 때, 세리는 '가슴을 치며', '하나님이여 불쌍히 여기소서. 나는 죄인이로소이다'라고 눈물을 흘리며 통회의 기도를 했다.

두 사람의 기도를 지켜보신 예수께서 "이에 저 바리새인이 아니라 이 사람세리이 의롭다 하심을 받고 그의 집으로 내려갔다"고 말씀하셨다. 자기 의를 과시하는 바리새인이 아니라 죄인 세리가 구원을 받을 수 있었던 근거는 무엇인가? 자신의 죄를 인정하면서 하나님이 아니면 자신의 죄를 용서받을 수 없기에 겸손히 무릎 꿇은 것이다. 이전 문단의 마지막 구절과 연결해서 '문맥적인 의미'를 파악하면 세리가 구원을 받을 수 있는 결정적인 이유가 밝혀진다. "무릇 자기를 높이는 자는 낮아지고 자기를 낮추는 자는 높아지리라."눅18:9-14

2) 애통하는 자는 복이 있나니 그들이 위로를 받을 것임이요

'애통하는 자'는 죄로 인해 슬퍼하며, 죄에 따른 고통을 절절이 느끼는 자이다. 앞에서 말했지만 '팔복'의 각각 문장은 예외 없이 영적인 메시지이다. 따라서 '애통하는 자'는 사전적인 의미에서 '죽은 사람에 대한 애도'가 가리키는 '사별의 슬픔'을 넘어, 성경적인 의미에서 자신이나 타인의 죄에 대한 결과에 깊이 탄식하는 고통과 슬픔을 말한다.

그러나 진실한 마음으로 애통하는 자의 슬픔과 고통은 복의 관문이며, 결코 절망으로 끝나지 않는다. 자신의 죄를 인정하고, 죄에 대해서 슬퍼하며 가슴을 찢는 고통을 느끼는 자라야 죄에서 돌이켜 회개할 수 있으며, 진실로 회개하는 자는 구원의 복을 얻을 수 있기 때문이다. 결국 회개하는 자의 '애통'은 마음의 상처와 슬픔을 치유하는 과정이며, 하나님의 용서를 받아 마침내 진정한 기쁨과 평안을 얻을 수 있는 소중한 은혜이다.

여기에서도 앞에서 말했던 구원받은 세리가 다시 등장한다. "세리는 멀리 서서 감히 눈을 들어 하늘을 쳐다보지도 못하고 다만 가슴을 치며 이르되 하나님이여 불쌍히 여기소서. 나는 죄인이로소이다 하였느니라" 자신이 결코 용서받을 수 없는 죄인이라는 사실에 가슴을 치며 애통하는 세리에게, 하나님 앞에 겸손히 무릎 꿇고 용서를 구하는 죄인 세리에게 구원의 복이 있다는 것이다.

3) 온유한 자는 복이 있나니 그들이 땅을 기업으로 받을 것임이요

'온유한 자'는 교만하며 강퍅한 자아를 버리고 하나님께 온전히 복종하는 자를 말한다. 성경에서 말하는 온유한 자는 기질적으로 온순한 성품을 지닌 자를 말하는 것이 아니다. 온유는 헬라어 '프라우테스'prautes의 번역이며, 원어적인 의미로는 야생마가 길들여지는 것을 말한다. 다시 말해 원래 유순했던 말이 아니라 거친 야생마가 길들여져 주인의 뜻에 순순히 따를 때 '온유하다'고 한다.

본래의 의미에서 발전하여 성경적인 용례에서 이 단어는 세상에 속해있던 타락하고 거친 인간의 성품이 하나님의 손에 길들여지는 것을 의미한다. 즉, 온유는 태생적인 온순함과 달리 하나님에게 온전히 복종하면서 전혀 새로운 존재로 변화된 겸손을 말한다.

'세상에서 가장 온유한 자'로 성경에 기록된 인물은 전혀 예상하지 못했던 모세이다. "이 사람 모세는 온유함이 지면의 모든 사람보다 더 하더라" 민12:3 온유는커녕, 동족을 괴롭혔다는 이유로 애굽 사람을 때려죽이고 모래더미에 묻어버리고 도망쳤던 살인자 모세를 우리는 오히려 가장 온순하지 않았던 인물로 기억한다. 그럼에도 하나님이 모세를 두고 '세상에서 가장 온유한 자'라고 말씀하신 근거는 그의 '충성'민12:7-8 때문이다.

이처럼 성경에서 말하는 온유한 자는 흔히 생각하듯이 불의에 대해서 좀처럼 비판하지 않고 세상 또는 종교적 관습에 순순히 따르는 자가 아니다. 전혀 유순한 성격이 아님에도 육신의 자아에 이끌리지 않고 다만 하나님의 뜻에 온전히 순종하는 사람을 두고 성경은 '온유한 자'라고 말한다.

'비판하지 말라'는 구절을 곡해한 오늘날 한국교회는 교인들에게 거짓된 온유를 주입하면서 목사교회의 불의, 목사교주의 비리에 다소곳한 침묵과 맹종을 사주한다. 그러나 모세의 경우에서 보듯이 불의에 맞서 치열하게 싸우되 다만 하나님의 계명에 오롯이 순종하는 자가 진정 온유한 자이다. 예수께서 온유한 자에게 복이 있다고 말씀하신 것 역시 '영적인 메시지'로서, 신자의 온전한 순종을 가리키는 것이다.

4) 의에 주리고 목마른 자는 복이 있나니 그들이 배부를 것임이요

'의에 주리고 목마른 자'는 하나님의 의를 갈망하는 자를 말한다. 여기서 말하는 '주리고 목마름'은 세상의 쾌락과 육신의 욕망에 주리고 목마른 육적인 결핍이 아니라 하나님의 의에 주리고 목마름, 이를테면 영적 배고픔과 갈증을 의미한다. '의에 주리고'에서 의는 물론 하나님의 의다.

그리고 하나님의 의는 세상의 가치관을 좇는 이념적인 의나 종교적인 의, 그리고 자기 의와 분명히 구별해야 된다. 세상의 의와 가치를 좇는 자는 세상에 속한 자이다. 그들은 하나님의 의를 갈망하지 않기 때문에 '의에 주리고 목마른 자'가 아니라 '세상의 욕망에 주리고 목마른' 자이다.

반면에 '의에 주리고 목마른 자'는 자신이 용서받을 수 없는 죄인임을 깨닫는 자이다. 그는, 죄로 인해 애통하는 심정으로 하나님께 나아가 생명의 구원을 갈망하는 자이다. 따라서 '의에 주리고 목마른 자'는 먹고 마시며 즐기는 세상의 쾌락을 추구하는 자가 아니다.

진정한 기쁨과 평화의 원천인 하나님의 의를 소망하는 자이며, 하나님의 나라에 들어가기를 갈망하는 자이다. 하나님 나라는 '의와 기쁨과 평화'의 나라이다. 요컨대 주께서 그리스도인에게 주시는 진정한 복은 세상의 재물이나 건강, 명예와 지위가 아니라 하나님 나라에 속한 자가 누리는 참된 기쁨과 평안이다.

예수께서는 '자기 의'를 자랑하는 종교지도자들에게 하나님 나라의 구원이 있다고 말씀하시지 않았다. 반면에 세리나 창녀처럼 오히려 세상에서 버림받은 죄인들에게, 자신의 죄로 애통하는 죄인들에게 하나님 나라의 구원이 있다고 하신 것은 특별한 의미를 지닌다. 자기 의를 자랑하는 자는 '영적 자만'으로 이미 배부른 자이며, 그들은 '스스로' 위로하며 위로를 받은 자로 자력구원의 허구에 빠진 자이다.

그들은 진정한 의미에서 의에 주리고 목마른 자일 수 없으며, 의를 소망하지 않기 때문에 하나님 나라의 구원에 이르는 진정한 복을 받을 수 없다. 자기 의를 과시하며 복을 자랑하는 자들, 이른바 외식하는 자들에게 예수는 도리어 무서운 '화'禍가 있다고 말씀하셨다.

5) 긍휼히 여기는 자는 복이 있나니 그들이 긍휼히 여김을 받을 것임이요

긍휼의 사전적인 정의는 '상대를 불쌍히 여겨 돌보는 것'이다. 따라서 '긍휼히 여긴다'는 말의 일차적 의미는 '다른 사람을 불쌍히 여기는' 것이다. 여기에서부터 의미가 발전해 성경적인 용례에서 긍휼은 자식을 품는 '태'자궁, 모태와 깊은 연관을 지닌다. "여인이 어찌 자기 태에서 난 아들을 긍

휼히 여기지 아니하겠느냐."사49:15 즉, 긍휼은 부모가 자녀에게 품는 근원적인 사랑으로, 죄와 허물을 따지지 않는 순전한 용서와 사랑을 나타낸다. 결국 긍휼히 여기는 자는 상대를 '있는 그대로' 품고 사랑하는 자이다. 우리가 하나님을 아버지라 부르며, 하나님이 우리를 자녀라고 부르는 이유가 바로 이것이다.

"다른 사람을 긍휼히 여기는 자라야 하나님으로부터 긍휼히 여김을 받는다"는 말은 선행에 따른 보상을 의미하지 않는다. 앞에서 말했지만, 팔복은 하나님 나라의 구원에 이르는 영적인 복을 말한다. 자신의 선행으로 구원을 받을 수 있다는 주장, 다시 말해 행위구원론은 사실상 자기가 자기를 구원할 수 있다는 자력구원의 치명적인 모순을 내포하며, 이는 오직 하나님의 은혜로 말미암아 구원을 얻을 수 있다는 성경적인 구원론과 배치된다.

구원에 이르는 다섯 번째 복 "긍휼히 여기는 자는 … 긍휼히 여김을 받을 것이니라"는 구절은 예수께서 제자들에게 말씀하신 "너희가 거저 받았으니 거저 주어라"는 말씀과 깊은 연관이 있다. 긍휼의 복을 받은 자는 '거저' 받은 하나님의 은혜로 말미암아 자신의 힘으로는 도저히 벗어날 수 없는 죄의 굴레에서 벗어난 자이다. 이를테면 자신의 선행이나 의지가 아니라 하나님이 '거저' 주신 은혜로 용서를 받은 것이다.

따라서 그는 '자기 의'로 용서를 받은 것이 아니기 때문에 겸손하지 않을 수 없으며, 다른 사람의 죄에 대해서도 자신이 용서받은 것처럼 '거저' 용서할 수 있어야 한다. 요컨대 팔복에서 말하는 '긍휼히 여기는 자'는 이미 하나님의 은혜를 받은 자이다. '거저' 은혜를 받은 자는 다른 사람의 죄를 '거저' 용서하는 자가 돼야 하며, 그때 비로소 '긍휼히 여김을 받아' 하나님 나라의 구원의 복을 받은 자가 되는 것이다.

6) 마음이 청결한 자는 복이 있나니 그들이 하나님을 볼 것임이요

'마음이 청결한 자'는 문자적인 의미에서 마음이 깨끗한 자를 말하며, 마음을 더럽히는 탐욕과 교만을 멀리하고 거짓이 없는 자이다. '마음'은 헬라어 카르디아kardia의 번역이다. 고대 그리스인들은 이 단어를 이중적인 의미로 사용하였다. 하나는 '신체의 중심기관'으로 심장을 말하며 다른 하나는 비유적인 의미로서, 몸의 중심에서 사유가 비롯된다는 관점에서 '감정이나 사고의 원천'을 가리킨다.

성경적인 의미에서 마음은 인간 내부의 총체, 또는 영적인 본질로서 믿음 자체를 말한다. 예를 들어 예수께서 바리새인들에게 "입으로는 하나님을 공경하나 마음은 하나님에게서 멀다"라고 하실 때 마음은 '본질적인 믿음'을 가리키는 말이다.

그리고 '청결'은 헬라어 카다로스kadaros의 번역이다. 이는 유대인들의 정결예식에 주로 사용되는 단어로서, 도덕적인 의미와 함께 특별히 종교의식의 정결을 나타낸다. 즉, 눈에 보이지 않는 마음의 정결에 앞서 유대인들은 율법이 제시하는 종교의식을 강조한 것이다.

그러나 정작 마음은 탐욕과 방탕으로 더러우면서 단지 종교의식으로 대신하는 외식, 이른바 겉과 속이 다른 바리새인들의 율법주의적인 외식을 비판하며 예수는 마음의 정결을 강조하셨다. 이를테면, 산상수훈의 팔복을 통해 예수께서 말씀하신 청결은 '내적인 청결'로서 물리적·종교의식적인 정결이 아닌 도덕적·영적 의미를 지닌다.

마음이 청결하지 못한 이유, 다시 말해 영적으로 부정不淨한 이유를 성경은 '두 마음'을 품어 마음이 혼탁해지기 때문이라고 설명한다. "두 마음을 품어 모든 일에 정함이 없는 자로다"약1:8 두 마음은 무엇을 말하는가? 예수는 두 마음의 실체를 밝히면서, 사람이 두 마음을 품어 마음이 혼탁해지는 이유를 제자들에게 가르치셨다. 예컨대 하나님과 재물이라는, 결코 양

립할 수 없는 두 주인을 섬기기 때문이며, 재물을 사랑하는 자는 결코 하나님을 온전히 섬기지 못하기 때문이다.

> 한 사람이 두 주인을 섬기지 못할 것이니 혹 이를 미워하고 저를 사랑하거나 혹 이를 중히 여기고 저를 경히 여김이라 너희가 하나님과 재물을 겸하여 섬기지 못하느니라 마6:24

'재물을 섬긴다'는 것은 단지 물질적인 욕망만을 의미하지 않는다. 재물은 세상적인 가치의 총체적인 상징이며, '재물을 사랑한다'는 것은 결국 하나님보다 세상을 사랑하는 것이다. 이 구절은 세상의 물질적인 가치, 가시적인 외형을 사랑하는 자는 하나님을 온전히 사랑할 수 없다는 메시지를 예수께서 비유로 설명한 것이다.

사람은 재물과 세상의 탐욕으로 눈이 어두워질 뿐 아니라 '거짓'으로 마음이 타락하는 불완전한 피조물이다. 따라서 팔복에서 말하는 마음이 청결한 자는 재물의 탐욕을 버린 자인 동시에 마음에 거짓이 없는 자를 말한다. 결국 '마음이 청결한 자'는 하나님 앞에서, 그리고 사람 앞에서 교만하거나 탐욕을 부리지 않으며, 거짓과 숨김이 없이 언제나 깨끗한 영의 눈으로 '하나님을 볼 수 있는' 자이다.

7) "화평하게 하는 자는 복이 있나니 그들이 하나님의 아들이라 일컬음을 받을 것임이요"

'화평하게 하는 자'는 화평평강의 주로서 자신의 생명을 '화목제물'로 바치신 예수 그리스도와 연합하는 자이다. 화평은 성령의 아홉 열매와 구원의 팔복에 병행하는 영적 자질로서, 온유·겸손과 불가분의 속성을 지닌다. 일차적인 의미에서 화평하게 하는 자는 갈등과 불화를 일으키지 않기 위해서 마음이 온유하고 겸손한 자이다.

그러나 팔복에서 말하는 화평의 의미를 제대로 파악하기 위해서 반드시 전제되는 것이 있다. '화평하게 하는 자'는 '화평한 자'와 같지 않다는 것이다. '화평하게 하는 자'는 불화의 상태에서 화평을 이루는 자로서, 이미 화평을 누리고 있는 '화평한 자'와 다르기 때문이다. 화평하게 하는 자가 되기 위해서는 온유하며 겸손한 동시에, 화평을 깨뜨리며 불화를 야기하는 자, 이를테면 하나님의 뜻을 저버리는 불의의 세력과 맞서 반드시 이겨야 한다.

이처럼 화평은 이중적인 의미를 지닌다. 하나는, 자기희생과 겸손으로 화평을 이루는 것이며, 다른 하나는 화평을 이루기 위해서 불의에 결연히 저항하는 것이다. 평강화평의 주이신 예수께서 화평이 아니라 검을 주시기 위해 오셨다고 하신 이유가 바로 그것이다.

> 내가 세상에 화평을 주러 온 줄로 생각하지 말라 화평이 아니요 검을 주러 왔노라. 내가 온 것은 사람이 그 아버지와, 딸이 어머니와, 며느리가 시어머니와 불화하게 하려 함이니 사람의 원수가 자기 집안 식구니라 마10:34-36

산상수훈을 통해 제자들에게 가르치신 화평은 다른 자질들과 마찬가지로 본질상 영적인 메시지이다. 말하자면 구원의 영적 자질인 팔복의 화평은, 죄를 용서하시는 하나님과 죄를 범한 인간 사이의 온전한 화평이다. 그것은 결코 불의한 세상이나 타락한 교회와 적당히 타협하는 것이 아니라 특별한 화평이다. "평안을 너희에게 끼치노니 곧 나의 평안을 너희에게 주노라. 내가 너희에게 주는 것은 세상이 주는 것과 같지 아니하니라." 요14:27

하나님과 화평할 때 비로소 다른 사람과도 화평할 수 있으며, 예수께서 '내가 너희를 사랑한 것처럼'이라고 말씀하신 대로 서로 사랑할 수 있다.

따라서 '화평하게 하는 자'는 무엇보다 하나님과 화평을 이루며, 하나님과 온전히 화평을 이루신 예수와 연합하는 자가 돼야 한다. "아버지여, 아버지께서 내 안에, 내가 아버지 안에 있는 것 같이 그들도 다 하나가 되어 우리 안에 있게 하사…" 요17:21

팔복의 '화평하게 하는 자'가 되기 위해서 우리는 반드시 명심해야 한다. 예수께서 우리에게 주시는 특별한 평안화평, 즉 '세상이 주는 것과 같지 아니한' 평안은 결코 '거저' 주신 것이 아니라는 것이다. 예수는 우리에게 영적인 평안을 주시기 위해서 자신의 생명을 화목제물로 바치셨다. 예수께서 화평을 이루기 위해서 자기 생명을 바쳤듯이, '화평하게 하는 자'는 온유하고 겸손한 자인 동시에 자기희생과 헌신을 아끼지 않는 자이다.

> 이 예수를 하나님이 그의 피로써 믿음으로 말미암는 화목제물로 세우셨으니 이는 하나님께서 길이 참으시는 중에 전에 지은 죄를 간과하심으로 자기의 의로우심을 나타내려 하심이니 롬3:25

하나님과 우리 사이의 화평을 위해서 자기 생명을 '화목제물'로 바치신 분이 바로 하나님의 아들이신 예수 그리스도이다. 따라서 그리스도 신앙의 관점에서 볼 때 예수 없이 진정한 화평은 있을 수 없다. 영적 은사인 화평은 인간의 의지로 얻을 수 있는 보상이 아니라 구원의 은혜이다. '평강의 주'이신 예수와 '하나'로 연합할 때 비로소 그의 은혜로 말미암아 하나님과 화평할 수 있으며, 하나님과 화평할 때 비로소 우리는 하나님 나라의 구원을 받을 수 있는 것이다.

자신의 생명을 바치신 예수 그리스도의 온전한 희생으로 말미암아 하나님과 화평을 이룬 그리스도인들은 하나님과 '화평하게 하는 자가' 되기 위해서 기꺼이 희생하는 자가 돼야 한다. 그로 인해 진정 '화평하게 하는 자'

가 될 때 우리는 하나님의 아들이신 예수처럼 '하나님의 아들이라 일컬음을 받는' 충만한 복, 이를테면 구원의 은혜를 누리는 것이다.

8) "의를 위하여 박해를 받은 자는 복이 있나니 천국이 그들의 것임이라"

본문의 메시지를 바르게 파악하기 위해서 주의할 점이 있다. 여기에서 '박해를 받는다'는 말은 자신이 저지른 잘못 때문에 고난을 당하는 '정당한 처벌'을 의미하지 않는다는 것이다. 팔복의 마지막에 등장하는 박해는 '의를 위하여'라는 분명한 전제가 있다. 다시 말해, 팔복의 박해는 자신의 죄나 육신의 탐욕 때문이 아니라 '하나님의 의'를 위해서 기꺼이 박해를 받으며 고난의 길을 걷는 것이다.

기독교가 세상에 전해진지 2000년이 넘었지만 아직도 그리스도의 복음이 전파되지 않은 나라가 많다. 특히 이슬람을 비롯해서 배타적인 종교국가에서는 기독교인들에 대한 끔찍한 박해가 끊이지 않는다. 심한 경우에는 특정 지역에 거주하는 기독교인들에 대한 집단 처형이 있는가 하면, 강간과 약탈에 이르기까지 가증한 박해가 지금도 계속되고 있다. 이처럼 미전도 종족들에게 그리스도의 복음을 전파하면서 모진 고난을 당하는 자들을 우리는 '의를 위하여 박해를 받는 자'라고 부른다.

그러나 의를 위한 박해는 흔히 생각하듯이 이교도나 불신자처럼 외부에서만 가해지는 것이 아니다. 율법시대에 예수께서 '외식하는 바리새인들'을 비판하시고, 성전을 강도의 소굴로 만든 제사장들을 엄히 질타하셨다는 이유로 예수는 '하나님을 믿는다고 말하는' 유대인들에게 박해를 받았다. 외부의 이교도에 의한 박해가 아니라 내부의 같은 종교인들에 의한 박해이다. 이와 마찬가지로, '전대미문의 타락'이라는 오늘날 한국교회에서도 기득권을 장악하고 있는 교회권력자들에 의해 순전한 교인들이 박해를 받고 있다.

온갖 박해를 무릅쓰며 예수께서 율법주의자들의 거짓 신앙에 맞서 생명을 바치며 싸우셨다. 이처럼 '주'를 본받아 오늘날 그리스도인들은 타락한 한국교회, 아니 목사가 교회의 전권을 장악한 '목사교회'의 거짓과 불의에 당당히 맞서야 한다. 예수 그리스도께서 생명을 바쳐 세우신 '예수교회'를 회복시키기 위하여 '목사교주'를 비롯해 타락한 교회권력자들이 휘두르는 '종교폭력'과 치열하게 싸우는 것이 진정 '의를 위하여 박해를 받는' 것이다.

박해는 고통을 수반한다. 그러나 박해는 결코 모든 것의 종말이 아니다. 처절한 박해를 받아 십자가에서 죽으신 예수께서 '하나님의 뜻에 따라' 부활하시면서 마침내 모든 이름 위에 가장 뛰어난 이름, 곧 예수 그리스도라는 영광의 이름을 얻으셨다. 오직 하나님의 뜻에 복종하신 예수께서 타락한 종교의 불의에 맞서 마침내 승리하신 것이다.

한국교회의 개혁성도 역시 주의 종을 자처하는 종교권력자들의 불의에 저항하며 온갖 조롱과 모욕을 당하고 있지만, 그것이 바로 '의를 위하여 박해를 받는' 그리스도의 아름다운 얼굴이다. 팔복의 마지막에서 예수는 "의를 위하여 박해를 받는 자가 천국을 얻을 것이다"라고 분명히 약속하셨다.

뿐만 아니다. 의를 위하여 박해를 받는 자에게 "기뻐하고 즐거워하라"고 축복하셨다. '의를 위하여 박해를 받는 자'가 천국을 얻고, 그들에게 오히려 '기뻐하고 즐거워하라'는 예수의 말씀을 가슴에 오롯이 새기라. 하나님 나라의 구원은 외식하는 자의 불의에 맞서 싸우며 기꺼이 박해를 받는 진정한 그리스도인에게 주시는 아름다운 은혜이며 축복이다.

예수께서 여덟 가지 복으로 구분했던 팔복 선언에서 우리는 '겸손'이라는 하나의 공통된 영적 자질을 발견할 수 있다. 교만과 탐욕의 거짓신앙인 외식이 저주의 공통요소인 반면, 팔복의 구원은 하나님 앞에서 진실한 인간의 모습, 즉 영적 겸손을 전제하는 것이다. 예수께서 죽기까지 복종하시며 화목제물로 자신의 생명을 바쳤던 것처럼, 그리고 죽음을 이기고 마침내 부활하셔서 '모든 이름 위에 가장 뛰어난 이름'이 되신 것처럼 그리스도인에게 겸손은 하나님 나라의 구원을 얻는 핵심적인 영적 자질이다.

오늘날 한국교회를 오욕의 수렁에 몰아넣은 목사들의 참담한 불의는 흔히 생각하듯이 윤리의식의 결핍이나 신학의 부재가 근원이 아니다. 그에 앞서 거짓 신앙, 다시 말해 그리스도 신앙의 본질을 버리고 종교적인 자기 의를 쫓는 외식이 근본적인 원인이다. 외식은 교만과 탐욕, 나아가 불신앙과 불순종에서 비롯된 본질적이며 영적인 문제라는 점을 간과하지 말아야 한다. 예수께서 제자들에게 말씀하셨던 것처럼, 그리스도 신앙의 출발은 영적인 겸손이며, 겸손의 근본은 예수 그리스도이다.

> 너희 중에 누구든지 으뜸이 되고자 하는 자는 모든 사람의 종이 되어야 하리라. 인자가 온 것은 섬김을 받으려 함이 아니라 도리어 섬기려 하고 자기 목숨을 많은 사람의 대속제물로 주려 함이니라 막10:45

3장 • 7화禍, 외식하는 자…

외식의 영적 의미

1) 겸손과 교만

앞에서 살펴보았던 것처럼 팔복의 공통된 영적 자질은 심령, 곧 마음의 겸손이다. 반면에 예수께서 저주의 심판을 마다하지 않았던 7화의 공통점은 외식外飾이다. 외식이 저주의 심판을 피할 수 없는 이유는 외식이 거짓 신앙인 동시에 자기를 높이려는 교만과 불가분의 속성을 공유하기 때문이다. 이를테면 '패망의 선봉'인 교만이 외식에서 비롯되며, 그것이 화禍의 중심이라는 것이다.

'구원신앙'을 가슴에 품은 그리스도인은 산상수훈의 팔복을 통해 구원을 말씀하신 예수께서 그것의 대척점에서 저주에 이르는 외식을 선포하신 사실에 주목해야 된다. 겸손으로 하나님께 나아가는 자에게 하나님 나라의 구원이 있는 반면에, 교만으로 자기 의에 갇힌 자에게 저주의 심판이 있다는 것이다.

7화禍를 선언하신 예수께서 '외식하는 자에게 화가 있다'고 말씀하실 때, 외식은 단순한 숨김이나 왜곡의 일차적인 의미에 머물지 않는다. 외식은 하나님을 속이는 거짓 신앙이며, 준엄한 영적 심판이 뒤따르는 죄라는 명시적인 선언이다. '외식하는 자'는 헬라어 휘포크리테스hypocrites를 한글로 옮긴 것이다. 구약에서는 전혀 사용되지 않았다가 신약의 복음서에 처음

기록된 '외식하는 자'는 예수께서 처음으로, 그리고 유일하게 사용했다는 점에서 화자의 특별한 의도를 담보하는 문체론적stylistique 특징을 지닌다.

유대인들은 자신들이 '아브라함의 자손'으로 '선민'이라는 사실 때문에 하나님의 구원을 받는다고 믿었다. 또한 그들은 정기적으로 회당에 나가고 소산의 십일조를 바치며 율법을 준수하기 때문에 자신들이 '의롭다'고 믿었다. 그러나 '마음이 하나님에게서 멀어진' 자들의 허튼 선민의식과 종교주의적인 '율법의 의'는 허구에 지나지 않는다. 세례 요한은 아브라함의 자손이라는 것, 다시 말해 유대인이라는 육신의 혈통이 결코 구원의 보장일 수 없다고 외친다.

> 세례를 받으러 나오는 무리에게 이르되 독사의 자식들아 누가 너희에게 일러 장차 올 진노를 피하라 하더냐. 그러므로 회개에 합당한 열매를 맺고 속으로 아브라함이 우리 조상이라 말하지 말라 내가 너희에게 이르노니 하나님이 능히 이 돌들로도 아브라함의 자손이 되게 하시리라 눅3:7-8

오늘날 기독교인도 마찬가지이다. 주일마다 예배당에 다니고, 빠짐없이 종교의식을 지키며, 예수를 믿는다고 입술로 고백했다고 구원을 받을 수 있는 것이 아니다. 예수께서 "입으로 주여, 주여 하는 자마다 다 하나님 나라에 들어가는 것이 아니요, 하나님의 뜻대로 행하는 자라야 들어가리라"고 말씀하셨던 것처럼, '행함'을 통해 믿음의 열매를 맺지 못하는 자는 설령 종교적인 교인일 수는 있을망정 구원을 받는 영적 그리스도인이라고 섣불리 단정할 수 없다.

입술로 신앙을 고백하되 마음은 진정 예수를 따르지 않는 자, 예배당에 열심히 드나들지만 스스로 교회가 되지 못하며 교회에 속하지 않는 자는 그리스도의 신앙, 이른바 구원신앙에서 멀어진 자들이다. 그들은 예수께서 유대인들에게 말씀하셨던 것처럼, '입술로는 하나님을 공경하되 마음은 하나님에게서 멀어진 자들'이다. 겉과 속이 다르고 말과 행동이 다른 자로서, 예수는 그들의 거짓 신앙을 일컬어 외식이라고 말씀하신 것이다.

외식하는 신앙의 일차적인 특징은 다른 사람들에게 자랑하며 자기를 높이려는 교만이다. 예수께서 외식하는 자의 7화를 일일이 말씀하시기 전에 외식의 전형적인 모습을 이렇게 설명하셨다.

> 이에 예수께서 무리와 제자들에게 말씀하여 이르시되 서기관들과 바리새인들이 모세의 자리에 앉았으니 그러므로 무엇이든지 그들이 말하는 바는 행하되 그들이 하는 행위는 본받지 말라. 그들은 말만 하고 행하지 아니하며 또 무거운 짐을 묶어 사람의 어깨에 지우되 자기는 이것을 한 손가락으로도 움직이려 하지 아니하며 그들의 모든 행위를 사람에게 보이고자 하나니 곧 그 경문 띠를 넓게 하며 옷술을 길게 하고 잔치의 윗자리와 회당의 높은 자리와 시장에서 문안 받는 것과 사람에게 랍비라 칭함을 받는 것을 좋아하느니라 마23:1-7

2) 자기 자랑과 외식

외식은 헬라어 휘포크라시스가 어원이다. hypocricy로 번역된 영어에서 보듯이 일반적으로 위선이라는 의미로 사용하지만, 성경적인 용례에서 외식은 '겉으로 착한 체'하는 위선의 의미를 넘어선다. 성경적인 의미에서 외식은 사실이 아니거나 과장된 모습에 머물지 않고 자기 의를 과시하는 교만이며 겉과 속이 다른 거짓 신앙이다. 또한 그리스도 신앙의 중심인 온유와 겸손에서 일탈한 영적 타락이다.

예수께서 다른 무엇보다 외식을 강조하셨지만, 외식은 예수 시대의 바리새인과 율법사들에게 한정된 '옛날이야기'가 아니다. 오늘날 한국교회에서도 외식은 교회 밖에 있는 사람들이 교회에서 멀어지게 만드는 원인인 동시에, 내부에서도 교인들이 크게 실망하며 교회를 떠나게 만드는 심각한 문제이기도 하다. 한국교회에서 두드러지게 나타나는 '외식'의 전형적인 모습은 이른바 가진 자의 '자기 자랑'이다. 다른 사람들과 달리 자기가 '더 많이' 소유한 것들, 이를테면 재물, 지식, 지위, 권력 등을 과시하며 지니지 못한 다른 사람들을 차별하는 불의이다.

한국교회 교인들이라면 익히 알고 있듯이 돈이 있는 자는 실업인선교회로 모이고, 지식이 있는 자는 교수선교회, 권력이 있는 자는 법조인 선교회로 모이면서 유유상종의 '세력'을 결성한다. 선교회만 있는 것이 아니다. '동호회' 형식으로 모이는 교인들의 차별적인 조직은 한국교회에서 흔하디 흔한 일이며, 그리스도 안에서 '하나'가 돼야 하는 교회를 사교회로 분열시키는 중대한 죄악이다.

의도했든 아니든 교회 내부에서 가진 자들의 '사조직'이 힘을 발휘하는 순간, 돈이 없고 지식이 없으며 학벌이나 권력이 없는 교인들은 교회에서조차 여지없이 소외되는 것이 한국교회의 참담한 현실이다. 이처럼 본질을 뒤로 한 채 '외모'를 과시하는 자기 자랑은 마치 암세포처럼 교회를 분열시키는 치명적인 문제이다.

교회의 사역자로서 교인들에게 섬김과 겸손의 본을 보여야 하는 '중직'은 가진 자의 전유물로 변한 지 오래이다. 예컨대 한국교회에서 목사는 말할 것도 없고 장로, 권사, 안수집사가 되는 것은 자신의 신앙이나 은사, 자질에 상관없이 자신의, 심지어 '가문의 명예'를 높이는 '훈장'으로 여겨진지 오래다.

아들이 목사가 되면 부모는 아들을 '목사님'으로 존칭하고, 남편이 장로가 되면 그 아내가 다른 사람들 앞에서 남편을 부르는 호칭이 '우리 장로님'으로 정해진다. 마치 목사와 장로라는 직분이 세상에서 성공했을 뿐만 아니라 교회에서도 하나님의 특별한 선택을 받았다는 은혜?의 증거가 되기 때문이다.

하나님 말씀에 따라 가난한 이웃을 구제해야 하는 데는 인색하기 이를 데 없는 교인들이 교회의 중직이 되기 위해서는 '큰 돈'을 아끼지 않는다. 지역에 따라, 그리고 교회의 규모에 따라 다르지만, 장로가 되기 위해서는 대부분 수 천 만원부터 억대까지, 안수집사의 경우는 수 백 만원부터 수 천 만원, 그리고 권사가 되기 위해서는 수백 만 원의 임직헌금을 내야 한다는 것은 이미 한국교회의 공공연한 비밀이다.

이처럼 신앙과 상관없이, 사명이나 은사와도 상관없이 한국교회에서 중직은 교회의 귀족으로 대접받아 응당 모든 자리에서 '상석'을 차지한다. 예수께서 그것을 외식이라고 말씀하신다. "잔치의 윗자리와 회당의 높은 자리와 시장에서 문안 받는 것과 사람에게 랍비라 칭함을 받는 것을 좋아하느니라."

교회의 중직을 맡는 이들에게 한국교회가 요구하는 것은 디모데전서에 명시한 것처럼, '경건하여 다른 사람의 모범이 되는 자'가 아니다. 경건은 기도와 봉사 따위 종교행위를 통해 '모양'을 내는 것으로 충분하다. 우선 '돈'이 있어야 하며 사회적인 지위와 신분이 있어야 한다. 가난하고 무식한 사람이 중직이 되는 것은 '교회에 덕이 되지 않는다'면서 '항존직 후보자 명단'에 이름조차 올리지 못하는 것이 한국교회 중직 선출에서 나타나는 엄연한 현실이다.

이런 비루한 모습이 우리가 흔히 겪고 있는 실상이며 타락한 한국교회의 적나라한 모습이다. 그러나 한국교회의 일그러진 참상에 대해 중직이 되고자 하는 교인들에게만 책임을 물을 수 없다. 담임목사와 장로들에 의해서 후보자들이 선정되면 교인들은 그들의 재력과 학력, 그리고 사회적인 지위에 먼저 눈을 돌린다. 교인들 사이에서 "아무개는 돈이 없고 배운 것도 별로 없는 사람이다"라는 말이 돌면 탈락은 거의 정해진 수순이다.

세상과 구별돼야 하는 교회에서조차 이처럼 돈과 학벌, 그리고 지위와 권력이 있는 사람이 남다른 영향력을 끼치는 이유가 무엇인가? 어렵게 생각할 것 없다. 물질만능의 천박한 기복신앙에 사로잡힌 한국교회 교인들은 허울만 그리스도인일 뿐, 재물과 사회적인 지위와 신분 따위 외형적인 가치에 집중하는 그들은 너나없이 하나님 나라가 아닌 '세상에 속한 자'이기 때문이다.

유대인들이 잔치의 상석에, 그리고 회당의 높은 자리에 앉으려 하는 것처럼, 오늘날 한국교회에서도 '외식하는 자들'이 교회의 직분으로 교인들을 섬기려 하지 않고 도리어 자기 과시에 급급하다. 야고보 사도의 말은 오늘날 한국교회 교인들에게 주는 무서운 일침이다.

> 내 형제들아 영광의 주 곧 우리 주 예수 그리스도에 대한 믿음을 너희가 가졌으니 사람을 차별하여 대하지 말라. 만일 너희 회당에 금가락지를 끼고 아름다운 옷을 입은 사람이 들어오고 또 남루한 옷을 입은 가난한 사람이 들어올 때에 너희가 아름다운 옷을 입은 자를 눈 여겨 보고 말하되 여기 좋은 자리에 앉으소서 하고 또 가난한 자에게 말하되 너는 거기 서 있든지 내 발등상 아래에 앉으라 하면 너희끼리 서로 차별하며 악한 생각으로 판단하는 자가 되는 것이 아니냐. 내 사랑하는 형제들아 들을지어다. 하나님이 세상에서 가난한 자를 택하사 믿음에 부요하게 하시고 또 자기를 사랑하는 자들에게 약속하신 나라를 상속으로 받게 하지 아니하셨느냐. 너희는 도리어 가난한 자를 업신여겼도다 약2:1-6

예수께서는 재물이 많아 세상의 쾌락과 탐욕에 빠진 자, 이른바 타락한 부자에게 도리어 화가 있다고 하셨다. 반면에, 세상에서는 버림받고 멸시를 당하지만 가난한 자가 마음을 다해 하나님 나라를 소망하면 그들에게 하나님 나라의 구원에 이르는 진정한 복이 있다고 하셨다.

팔복에서 말씀하셨던 것처럼 가난한 자가 복을 받아 그들에게 하나님 나라의 구원이 있다고 하신 것이다. 그러나 재물을 우상으로 섬기며 세상의 욕망과 허튼 교만에 사로잡힌 한국교회에서 가난한 자는 '도리어' 차별받아 마땅한 죄인처럼 조롱과 멸시를 당하고 있다. 요컨대 한국교회에서 가난한 자에 대한 차별은 기본이며 조롱과 멸시는 옵션이다.

예수께서 말씀하신 '어린 아이'는 부모의 도움을 받아야 하는 아이라는 실제 의미를 넘어서, 재물이 없어 가난한 자, 죄인이라고 소외받은 자, 아직 믿음이 약한 자들을 가리키는 '작은 자'의 가시적인 상징이다. 예수께서 "너희가 어린 아이처럼 되지 않는다면 결코 하나님 나라에 들어갈 수 없다"고 하신 것은 어린 아이처럼 착하고 순진해야 구원을 받을 수 있다는 '행위구원'에 관한 말씀이 아니다.

예수께서 말씀하신 어린 아이는 작은 자이며, 작은 자의 성경적 의미는 '마음이 가난한 자'이다. 자기 의나 힘과 능력을 자랑할 수 없는 자이며, 구원을 얻기 위해서 다만 하나님께 온전히 의지하지 않을 수 없는 작은 자이다. 결국 어린 아이처럼 마음이 겸손한 자가 구원을 받는 반면, 자기 의를 자랑하는 교만한 자에게는 구원이 없다는 말씀이다.

3) 종교적인 외식

진실을 외면한 채 자기를 과시하려는 외식은 성령의 열매를 맺지 못하는 병들고 타락한 신앙이다. 성령의 열매를 맺지 못한 자의 거짓 신앙, 이를테면 외식하는 신앙에는 자기 자랑과 교만, 차별과 탐욕의 도덕적·영적인 외식 외에 기도와 구제, 금식에서 드러나는 종교적인 외식이 있다.

사람에게 보이려고 그들 앞에서 너희 의를 행하지 않도록 주의하라. 그리하지 아니하면 하늘에 계신 너희 아버지께 상을 받지 못하리라. 그러므로 구제할 때에 외식하는 자가 사람에게서 영광을 받으려고 회당과 거리에서 하는 것 같이 너희 앞에 나팔을 불지 말라. 진실로 너희에게 이르노니 그들은 자기 상을 이미 받았느니라. 너는 구제할 때에 오른손이 하는 것을 왼손이 모르게 하여 네 구제함을 은밀하게 하라 은밀한 중에 보시는 너의 아버지께서 갚으시리라. 또 너희는 기도할 때에 외식하는 자와 같이 하지 말라 그들은 사람에게 보이려고 회당과 큰 거리 어귀에 서서 기도하기를 좋아하느니라. 내가 진실로 너희에게 이르노니 그들은 자기 상을 이미 받았느니라. 너는 기도할 때에 네 골방에 들어가 문을 닫고 은밀한 중에 계신 네 아버지께 기도하라. 은밀한 중에 보시는 네 아버지께서 갚으시리라. 또 기도할 때에 이방인과 같이 중언부언하지 말라. 그들은 말을 많이 하여야 들으실 줄 생각하느니라. 그러므로 그들을 본받지 말라. 구하기 전에 너희에게 있어야 할 것을 하나님 너희 아버지께서 아시느니라 마6:1-8

겉으로 드러나는 모습은 다를망정, '사람에게 보이려고' 자기를 과시한다는 점에서 구제와 기도, 금식에서 나타나는 종교적인 외식도 도덕적인 외식, 영적인 외식과 별반 차이가 없다. 예수께서도 종교적인 외식을 엄히 책망하셨다. 구체적으로 구제, 기도, 금식 외에도 율법을 앞세워 다른 사람을 비판하거나 고르반을 빌미로 부모를 공경하지 않는 행위, 그리고 하나님을 섬기거나 율법을 준수하는 일에서 겉과 속이 다른 유대인들의 표리부동表裏不同을 외식으로 엄히 질타하셨다.

외식하게 되는 이유는 눈에 보이지 않는 하나님보다 가시적인 세상을 먼저 바라보기 때문이다. 외식하는 자의 공통점은 하나님보다 사람들의 눈과 세상의 칭찬을 먼저 의식하며, 타인으로부터 영광과 칭찬을 받기 원한다. 예수께서 그들에게 "입으로는 하나님을 섬긴다고 말하지만, 마음이 하나님으로부터 멀리 떠났다"고 말씀하셨다. 마15:7-8

이처럼 외식하는 자들은 자신들이 하는 일에 대해 세상에서 이미 상을 받았기 때문에 하나님 나라에서 상을 기대할 수 없다고 하셨다. 마6:2, 5 사실 인즉 세상이 '숨은' 목적이며 하나님이 도구가 되는 그들에게 남은 것은 구원이 아니라 심판이라는 것이다. "화있을진저, 너희 외식하는 자여!"

결론적으로 말해서 외식은 구원에 이르지 못하는 신앙이다. 그리스도 신앙은 타인에 대한 사랑을 계명으로 제시하지만 외식은 '자기 자랑'이 목적이다. 그것은 하나님을 기쁘시게 하는 진실한 믿음이 아니라 사람들에게서 기쁨을 얻고, 기쁘게 하려는 왜곡된 신앙이다. 이에 대해서 바울은 사람을 기쁘게 하는 거짓 신앙과 하나님을 기쁘시게 하는 진실한 신앙을 구별한다.

> 이제 내가 사람들에게 좋게 하랴 하나님께 좋게 하랴 사람들에게 기쁨을 구하랴 내가 지금까지 사람들의 기쁨을 구하였다면 그리스도의 종이 아니니라 갈1:10

'사람에게 좋게 하랴'에서 '좋게 하다'는 말의 본래 의미는 사람의 감정을 고조시켜 자기가 원하는 대로 끌어들이는 것이다. 영적인 감동, 영혼의 진정한 울림이 아니라 심적인 자극과 흥분을 통해 사람의 감정을 즉흥적으로 사로잡는 것이다. 이는 한국교회에서 자주 볼 수 있는 부흥집회나 전도를 강조하는 '복음주의' 교단의 설교강단에서, 그리고 '은사집회'라는 이름의 종교모임에서 자주 접하는 광경이다.

이처럼 외식은 개인의 영적·도덕적인 가치기준에서 일탈한 것뿐 아니라 종교의 본질에서도 크게 벗어난 것이다. 따라서 외식은 하나님을 멀리

하는 전반적인 일탈이며, 그리스도 신앙을 왜곡하는 총체적인 타락을 일컫는다. 이유인즉, 외식하는 신앙은 입으로는 하나님의 거룩한 이름을 내세우며 정작 '마음'은 자신의 타락한 욕망과 세상의 불의한 가치를 섬기는 가증한 죄악이기 때문이다.

외식은 율법주의에 매몰된 유대인들의 거짓 신앙을 가리키는 말인 동시에 오늘날 그리스도 신앙의 본질에서 일탈한 대다수 교인들의 일반적인 모습이기도 하다. 율법을 준수하며 마음과 뜻과 힘을 다해 하나님을 사랑한다고 주장하는 유대인들이 정작 하나님의 뜻을 따르지 않고 인간의 종교이념인 율법주의에 매몰된 것이 예수께서 말씀하신 유대 종교지도자들의 외식이다.

마찬가지로, 예수를 '주'로 영접한다고 외치는 기독교인들이 정작 예수의 계명을 지키지 않고 자신의 욕망을 가치의 중심에 두는 이기적인 신앙이 오늘날 한국교회의 참담한 외식이다. 외식, 다시 말해 하나님의 뜻에 따르는 순종이 없이 다만 입으로 주절대는 거짓 신앙의 특징은 예수께서 말씀하셨듯이 온전한 열매를 맺지 못하는 '불임신앙'이다.

> 그들의 열매로 그들을 알지니 가시나무에서 포도를, 또는 엉겅퀴에서 무화과를 따겠느냐 이와 같이 좋은 나무마다 아름다운 열매를 맺고 못된 나무가 나쁜 열매를 맺나니 좋은 나무가 나쁜 열매를 맺을 수 없고 못된 나무가 좋은 열매를 맺을 수 없느니라. 아름다운 열매를 맺지 못하는 나무마다 찍혀 불에 던져지느니라. 이러므로 그들의 열매로 그들을 알리라. 나더러 주여, 주여 하는 자마다 천국에 들어갈 것이 아니요 다만 하늘에 계신 내 아버지의 뜻대로 행하는 자라야 들어가리라 마7:16-21

예수께서 외식하는 신앙에 대해 "입으로는 하나님을 공경하나 마음은 하나님에게서 멀다"고 하셨다. 마음은 신앙 자체인 동시에 뿌리이다. 뿌리가 썩거나 죽은 나무에서 바른 열매가 맺히지 않는다. 열매를 맺지 못하는 나무는 순종하지 않는 신앙의 비유이다. 따라서 "열매를 맺지 못하는 나무마다 찍혀 불에 던져지리라"는 말씀은 외식하는 신앙에 대한 무서운 심판을 선언하신 것이다. 요컨대 외식하는 자의 거짓 신앙에 하나님 나라의 구원은 없다.

'나의 계명을 지키는 자라야 나를 사랑하는 자'라고 말씀하신 예수의 메시지는 분명하다. 즉, 계명을 지키지 않는 자는 예수를 사랑하지 않는 자이다. 사랑하지 않기에 믿지도, 따르지도 않는 거짓 신앙이다.

반면에 "예수를 믿음으로 말미암아 구원을 얻을 수 있다"는 명제는 예수를 사랑하는 자라야 예수를 믿는 자이며, 예수를 믿는 자라야 구원을 얻을 수 있다는 진리이다. '예수 사랑', '예수 믿음' 없이 구원이 없음에도 외식하는 자는 자기 자랑, 자기 믿음에 사로잡혀 화저주를 받는 것이다.

하나님의 말씀인 율법이 인간의 종교이념인 율법주의로 변질되면서 유대교 신앙이 타락했다. 마찬가지로 오늘날 한국교회 역시 그리스도 복음의 본질인 '영원한 생명의 구원'에서 멀리 벗어났다. 이처럼 인간의 세속적인 교만과 탐욕을 지지하는 종교이념으로 변질되면서 한국교회는 타락하지 않을 수 없었다. 외식과 교만, 탐욕과 부패로 절체절명의 위기에 처한 한국교회가 살 수 있는 유일한 길은 '회개'로 예수 그리스도께 돌아가는 것이며, '행함'으로 그리스도의 계명을 실천하는 것이다.

예수 그리스도의 '예비자'인 세례 요한이 "회개하라, 하나님 나라가 가까이 왔다"고 외쳤다. 그리고 요한의 세례를 받고 공생애를 시작하신 예수의 첫 일성이 바로 "회개하라, 하나님 나라가 가까이 왔다"였다. 여기서 우리는 요한이나 예수 모두, 하나님을 믿지 않는 이교도들에게 '회개하라'고 말하지 않았다는 사실에 주목해야 된다. 하나님이 선택하신 특별한 민족이며, 하나님을 믿고 그의 백성이라는 선민의식으로 영적 자긍심을 가졌던 유대인들에게 전하신 말씀이다.

결국 율법주의에 사로잡힌 유대인들은 '자신들의 방식대로' 하나님을 열심히 믿었지만, 사실은 선민주의의 왜곡된 종교이념을 마치 하나님의 뜻인 양 '잘못' 믿었기 때문에 무서운 심판을 피할 수 없었다. 열심히 믿었지만 잘못 믿었다면 그것은 믿는 것이 아니다. 예수께서 그들에게 '회개하라'고 외치신 것은 인간의 종교이념인 율법주의의 거짓 신앙에서 '돌이키라'는 것이다.

하나님의 뜻이 아닌 인간의 욕망이, 순전한 믿음이 아닌 육신의 탐욕과 교만이 마음의 중심에 있는 신앙, 이른바 외식하는 거짓 신앙에 하나님 나라의 구원은 없다. 가시나무에서 포도를 맺을 수 없듯이 외식하는 신앙에서 구원에 이르는 은혜의 열매, 축복의 열매를 맺을 수 없기 때문이다.

예수께서 팔복을 강론하시면서 겸손을 특별히 강조하신 이유가 있다. 자기를 낮추며 겸손히 하나님께 나아가는 자가 온전히 순종하는 자이다. 이처럼 겸손히 순종하는 자에게 '복'이 있는 반면에, 자기를 높이기 위한 이기심과 교만의 외식으로 하나님과 멀어진 자에게 화가 있기 때문이다. 겸손은 구원으로 나아가는 생명의 길인 반면에 교만은 화, 다시 말해 저주에 이르는 사망의 길이다. 예수께서 외식하는 자에게 "화가 있다!"고 말씀하신 것은, '온유하고 겸손 하라'는 그리스도의 계명을 거역하는 교만한 자에게 전하는 준엄한 심판의 메시지이다.

> 너희 중에 큰 자는 너희를 섬기는 자가 되어야 하리라. 누구든지 자기를 높이는 자는 낮아지고 누구든지 자기를 낮추는 자는 높아지리라 마23:1-12

'외식하는 자'의 특징

예수는 분명 "나는 온유하고 겸손하다"고 말씀하셨다. 앞에서 이미 말했던 것처럼 예수께서 말씀하신 온유와 겸손은 온순한 성격과 태도를 말하지 않는다. 자아의 독선을 버리고 하나님의 뜻에 온전히 따르는 적극적인 순종을 의미하되, 결코 하나님의 뜻을 저버리는 불의에 침묵하거나 우유부단한 태도를 의미하지 않는다.

'회개하라!'는 일성과 함께 시작된 예수의 공생애는 왜곡된 선민의식에 기반을 둔 유대 율법주의의 거짓과 오류에 대한 거센 비판의 역사였다. 특히 예수는 유대인들의 '외식'을 거세게 질책하셨으며, '외식하는 자에게 화가 있다'며 저주의 심판을 선언하셨다. 겉으로는 종교적인 경건을 가장하면서 속은 세속적이며 불경건한 바리새파적 종교인들의 위선적인 태도를 무섭게 심판하신 것이다.

유대인들의 거짓 신앙, 이를테면 겉과 속이 다른 외식휘포크리시스, 그리고 외식하는 자휘포크리테스는 성경에 25번 나온다. 그 가운데 갈라디아서 2장 13절, 디모데전서 4장 2절, 베드로전서 2장 1절의 세 구절을 제외하면 모두 사복음서에 등장하며, 예외 없이 예수께서 친히 발화發話하셨다는 점에서 특별한 '문체론적' 의미를 지닌다.

다시 말해 예수는 유대인들의 외식, 특히 제사장이나 바리새인, 율법사와 같은 유대 종교지도자들의 탐욕과 거짓 신앙을 무섭게 책망하셨다. 겉과 속이 다른 자들, 이른바 '외식하는' 종교인들을 예수는 '거짓 선지자'라고 부르며 그들에 대해 겉은 양의 옷을 입었지만 속은 '노략질하는 이리'라며 엄히 심판하셨다. "거짓 선지자들을 삼가라 양의 옷을 입고 너희에게 나아오나 속에는 노략질하는 이리라."마7:15

예수께서 특히 외식을 책망하신 이유가 있다. 겉과 속이 다른 유대인들의 거짓 신앙, 입으로는 하나님을 공경하면서도 마음은 하나님에게서 멀어진 유대 종교지도자들의 '형식주의'의 영적 특징이 바로 외식이기 때문이다. 외식하는 신앙의 근본적인 문제는 본질에서 벗어난 것이다. 하나님을 사랑하며 하나님이 주인 되시는 본질적인 신앙이 아니라 자신의 이기적인 목적을 이루기 위한 종교주의적인 신앙이라는 것이다. 요컨대 거짓 신앙으로 외식하는 자는 구원이 아니라 저주의 심판을 받는 자이다.

> 나더러 주여, 주여 하는 자마다 다 천국에 들어갈 것이 아니요 다만 하늘에 계신 내 아버지의 뜻대로 행하는 자라야 들어가리라. 그 날에 많은 사람이 나더러 이르되 주여, 주여 우리가 주의 이름으로 선지자 노릇하며 주의 이름으로 귀신을 쫓아내며 주의 이름으로 많은 권능을 행하지 아니하였나이까 하리니 그 때에 내가 그들에게 밝히 말하되 내가 너희를 도무지 알지 못하니 불법을 행하는 자들아 내게서 떠나가라 하리라 마7:21-23

예수께서 말씀하신 기준에 따라 '소극적인 의미'와 '적극적인 의미'로 외식을 구별할 수 있을 것이다. 소극적인 의미에서 외식은 종교적인 열정은 있으나 영적으로 무지해서 성경의 가르침을 바르게 깨닫지 못하는 것으로, 한국교회의 대다수 교인들에게서 보는 '맹신'과 밀접하다. 여기에 해당하는 자는 감정적인 열정은 있지만 영적인 진리를 깨닫지 못해서 결과적으로 하나님의 뜻을 거역하는 것이다.

그리스도 신앙에 무지한 반면, 기복신앙의 종교적인 욕망을 지닌 한국교회 다수의 교인들에게서 종종 보는 경우이다. 그들은 십일조나 주일성수, 그리고 성경공부나 봉사에 열중하면서 종교적인 의무를 지키는 것이 하나님의 뜻에 순종하는 '바른 믿음'이라고 생각한다. 그러나 예수께서는 자비가, 순종이, 긍휼이 제사보다 낫다고 하셨다.

그리스도 신앙의 본질은 형식적인 종교행위가 아니라 계명을 지켜 사랑을 실천하는 것이라는 말씀이다. 소경이 소경을 따라가면 둘 다 구덩이에 빠질 수밖에 없다. 이 말씀은, 자신의 의도적인 잘못이 없음에도 앞을 보지 못하는 소경을 따라가다 결국 자신들도 '구덩이'에 빠지듯이 영적 무지에 의한 맹신에도 반드시 책임이 뒤따른다는 것이다.

적극적인 의미에서 외식은 종교지도자들, 이를테면 유대 사회의 주류인 바리새인이나 율법사들에게서 흔히 볼 수 있다. 물론 외식은 특정한 자들의 거짓 신앙을 일컫는 말이 아니다. 그럼에도 예수께서 외식하는 자에게 저주가 있다고 하실 때, 바리새인이나 율법사 같은 당시 종교지도자들을 특정하셨던 것은 결코 우연이 아니다.

이유는, 그들에게는 '많이 받은 자'의 중한 책임이 있기 때문이다. 어린 아이처럼 작고 순진한 사람들을 바른 길로 이끌어야 하는 책임이 있음에도 '악하고 게으른' 그들은 거짓 신앙과 이기적인 탐욕으로 교인들을 실족시키기 때문이다.

> 주인의 뜻을 알고도 준비하지 아니하고 그 뜻대로 행하지 아니한 종은 많이 맞을 것이요 알지 못하고 맞을 일을 행한 종은 적게 맞으리라. 무릇 많이 받은 자에게는 많이 요구할 것이요 많이 맡은 자에게는 많이 달라 할 것이니라 눅12:47-48

오늘날 개신교, 특히 한국교회의 종교지도자를 자처하는 목사나 신학자들, 그리고 중직들에게서 우리는 유대 종교지도자들의 외식과 동일한 문제를 발견한다. 목사가 되기 위해서 신학을 공부했다면 최소한 구약시대의 십일조, 그리고 종교적인 의무로 제시하는 주일성수가 신약성경에 제시된 그리스도 신앙의 종교규범과 무관하다는 것은 익히 알 수 있다. 그러나 한국교회에서 십일조와 주일성수는 단순한 종교행위를 넘어서 신앙의 절대적인 증거로 제시된다.

이에 대한 구체적인 예로 사랑의교회를 들 수 있다. 오정현 목사가 부임한 뒤에 사랑의교회에서 "십일조를 내지 않는 교인들의 자격을 제한한다"는 내용으로 정관을 개정하려던 시도가 있었다. 물론 신약시대에도 구제나 선교, 봉사 등의 중요한 사역을 위해서 교인들의 헌금은 필요하다.

그러나 십일조를 비롯한 각종 헌금을 거둬들여 마치 율법시대의 성전을 지으려는 듯이 호화예배당을 건축하는 것, 그리고 '돈을 사랑하는' 탐욕스러운 바리새인들처럼 목사들이 자기 배를 불리기 위해서 교인들의 헌금을 마치 그리스도 신앙의 절대의무인 양 호도하는 것은 가증한 외식이 아닐 수 없다.

악화가 양화를 구축하듯이, 눈에 보이는 외형에 마음을 쏟으면 쏟을수록 마음은 본질에서 멀어지기 마련이다. 예수께서 "너희 보물이 있는 곳에 너희 마음이 있다"고 하신 것, 다시 말해 우상을 섬기듯이 가장 소중하게 생각하는 것에 마음을 빼앗기는 것이 이런 경우에 해당된다. 소극적인 경우와 달리 적극적인 의미에서 외식하는 자는 자신의 탐욕을 충족시키는 동시에, 종교적인 기득권을 유지하거나 이기적인 목적에 신앙을 이용하는 것이다.

예를 들면 목사가 '주의 종', 또는 신약시대의 제사장을 자처하는 이유는 교인들에게 '목사의존신앙'을 사주하여 자신이 '성직자'라는 우월한 자리에서 평신도를 지배하기 위한 수단이다. 그리고 십일조를 그리스도인이 반드시 지켜야 하는 계명이라고 주장하는 것은 율법시대 조세 제도인 십일조의 역사적인 진실을 숨기면서 재물을 축적하려는 악의적인 왜곡이다.

물론 유대 율법주의의 일탈과 타락의 모든 책임이 제사장과 바리새인을 비롯한 유대 종교지도자의 외식 때문이라고 단정할 수 없다. 마찬가지로 한국교회의 타락도 목사에게 모든 책임이 있다고 주장할 수 없다. 목사의 교만과 탐욕이 있는 곳에 반드시 어리석은 교인들의 맹신이 있기 마련이다.

그러나 종교지도자들의 적극적인 외식에는 평신도의 그것에 비해 더욱 심각한 문제가 있다는 것은 분명하다. 목사를 비롯한 종교지도자들에 의해 자행되는 외식은 개인 차원에서 신앙을 왜곡하는 수준에 머물지 않기 때문이다. 그들의 외식은 공동체 전체의 영적인 타락을 부추긴다. 따라서 교회의 사역자에게는 그에 걸맞게 준엄한 책임이 뒤따른다.

'외식하는 자'에게서 공히 발견되는 모습이 있다. 우선, 자신의 유익을 추구하는 이기적인 탐욕 외에도 선민의식과 소명의식을 허투루 내세우며 스스로 의롭다고 믿는 '자기 의'를 들 수 있다. 예수께서 비유로 말씀하신 '성전에서 기도하는 두 사람'을 통해서 우리는 자기 의에 사로잡힌 바리새인의 외식이 지니는 영적 의미, 나아가 한국교회 목사를 비롯한 교인들의 외식이 야기하는 영적인 문제를 엿볼 수 있다.

> 또 자기를 의롭다고 믿고 다른 사람을 멸시하는 자들에게 이 비유로 말씀하시되 두 사람이 기도하러 성전에 올라가니 하나는 바리새인이요 하나는 세리라. 바리새인은 따로 서서 기도하여 이르되 하나님이여 나는 다른 사람들 곧 토색, 불의, 간음을 하는 자들과 같지 아니하고 이 세리와도 같지 아니함을 감사하나이다. 나는 이레에 두 번씩 금식하고 또 소득의 십일조를 드리나이다 하고 세리는 멀리 서서 감히 눈을 들어 하늘을 쳐다보지 못하고 다만 가슴을 치며 이르되 하나님이여 불쌍히 여기소서 나는 죄인이로소이다 하였느니라. 내가 너희에게 이르노니 이에 저 바리새인이 아니라 이 사람이 의롭다 하심을 받고 그의 집으로 내려갔느니라. 무릇 자기를 높이는 자는 낮아지고 자기를 낮추는 자는 높아지리라 하시니라 눅18:9-14

'선민' 유대인들에게 세금을 거둬 이방 로마에 바치는 세리는 분명 유대 사회의 죄인이지만, 세리는 자신의 힘으로 도저히 구원을 받을 수 없다는 것을 깨달았기 때문에 가슴을 치며 애통하는 심정으로 하나님께 용서를 구했다. 반면에 바리새인은 소득의 십일조를 바치고 일주일에 두 번을 금식하며 종교행위에 열심이었을 뿐 아니라 토색, 불의, 간음을 저지르지 않으면서 '율법의 의'를 철저히 지켰다.

이처럼 자신의 신앙에 자신만만했던 바리새인은 구원의 확신이 있었기 때문에 하나님 앞에서 기쁘고 들뜬 마음으로 감사기도를 드렸다. 그러나 예수는 의인을 자처하는 바리새인에게 구원이 없으며, 죄인인 세리가 오히려 구원을 받았다고 말씀하셨다. 도무지 이해할 수 없는 상황이 벌어진 것이다. 이유가 무엇일까? 바리새인은 율법주의적인 종교의식을 제대로 준행하는 것이 하나님의 의를 지키는 올바른 믿음이라고 생각했기 때문에 구원을 확신했던 것이다. 그러나 그가 주장하는 의는 하나님의 뜻에 순종하는 본질적인 의가 아니라 종교적인 '자기 의'이다.

이처럼 종교의식의 준수를 통해 스스로 확신하는 구원은 이른바 '자기 구원'에 지나지 않는다. 자기를 의롭다고 믿고 죄인 세리를 멸시하는 바리새인은 '사랑하라!'는 계명과 더불어 겸손의 순전한 계명을 저버린 채 다만 형식주의적인 거짓 신앙의 틀에 갇힌 것이다. 외식은 이와 같이 교만과 탐욕의 뚜렷한 얼굴인 동시에 '자기 의'의 다른 표현이며, 하나님 나라의 구원을 얻을 수 없는 '죽은 믿음'이다.

4장 • 7화禍란 무엇인가?

공생애를 시작하시면서 팔복을 선언하신 예수께서 공생애를 마감하는 시점에는 도리어 '화'를 선포하셨다. 서로 대립되는 복과 화를 이처럼 공생애 사역의 처음과 마지막에 의도적으로 배치한 이유가 무엇일까. 하나님 나라의 구원은 흔히 생각하듯이 그저 믿기만 하면 얻을 수 있는 '값싼 구원'이 아니라 행함에 따른 준엄한 심판이 전제된다는 것을 강조하려는 저자의 특별한 의도 때문이다.

예수께서 말씀하신 7화는 마태복음에서 특별히 강조되었으며, 누가복음에서는 6화의 형식으로 간략히 기록되었다. 따라서 복음서에 따라 형식상 달리 기록된 화의 종류를 밝히는 것은 의미가 없다. 다만 '7화'가 보다 일반적인 이름이기 때문에 편의상 이를 사용할 뿐이다. 팔복이 각각 분리된 영적 자질이 아니라 구원의 복을 받는 모든 신자의 공통 자질인 것처럼, 7화 역시 분리된 개별적 요소들이 아니라 저주에 이르는 심판의 공통적인 요소이다.

예수께서 7화를 통해 구별된 메시지를 전하면서 매 구절마다 공히 '외식하는 자'를 반복하신 것은 심판의 결정적인 요인으로서 외식의 의미를 특히 강조하신 것이다. 따라서 우리는 7화의 구체적인 내용을 살펴보면서 저주에 이르는 신앙과 더불어 화의 근원인 거짓 신앙, 이른바 '외식'의 의미를 보다 분명히 파악할 수 있을 것이다.

제1화禍

화있을진저 외식하는 서기관들과 바리새인들이여 너희는 천국 문을 사람들 앞에서 닫고 너희도 들어가지 않고 들어가려 하는 자도 들어가지 못하게 하는 도다 마23:13

'화있을진저'는 헬라어 '우아이'의 번역으로 '아, 슬프다'라는 탄식, 또는 '저주가 있을지어다'라는 의미로 사용되었다. 본문에서 예수는 단순한 탄식을 넘어 유대 종교지도자들의 타락한 행위와 거짓 신앙을 일일이 지적하시면서 '화있을진저'라고 하셨다. 요컨대 예수께서 사용하신 '화있을진저'라는 단어는 탄식을 넘어 저주의 의미로 사용된 것이다. 이런 이유로 산상수훈의 '팔복 선언'과 비교해서 예수께서 화를 강론하신 마태복음의 문장들을 일컬어 '7화 선언문', 또는 '저주 선언문'이라고 한다.

7화 가운데 가장 먼저 제시되는 예문에서 예수는 "서기관들과 바리새인들의 외식이 자신들만이 아니라 다른 사람들의 구원까지 가로막고 있다"고 말씀하셨다. 당시 유대 주요종파를 살펴보면, 정치권력과 결탁했던 사두개파와 유대인들 사이에서 가장 영향력을 지닌 바리새파가 있었다.

'율법주의적인 경건'을 강조하던 바리새파는 장로의 전통과 시대의 관습, 그리고 자신들의 자의적인 해석을 곁들여 하나님 말씀에 인간의 종교이념을 덧붙였다. 하나님의 순전한 말씀인 '모세의 율법'이 바리새인들에 의해 인간의 종교이념인 '율법주의'로 변질되었다. 스스로 '모세의 자리'에 앉아서 율법을 가르치고 삶과 신앙에 적용하던 바리새인과 서기관들은 자신들이 장악한 종교권위를 앞세워 율법의 기본정신을 왜곡했던 것이다.

율법과 율법주의 사이에 무슨 차이가 있는가? 하나님의 말씀인 율법의 중심에는 '하나님의 의'가 나타나지만, 인간이 제정한 율법주의에는 종교적인 의, 또는 인간의 '자기 의'가 중심이다. 예를 들면, '부모를 공경하라'는 5계명은 율법주의자들에 의해서 "고르반을 드리기만 하면 부모를 공경하지 않아도 된다"로 대체되면서, '하나님의' 의는 종교적인 의에 의해서 왜곡·변질되고 만다.

분깃을 받지 못한 레위 지파, 그리고 가난한 과부와 고아, 나그네를 부양하기 위한 십일조의 기본정신은 오간 데 없이 사라지고 율법주의에 의해 십일조라는 조문 자체가 '법과 기준'이 되어 '과부의 가산을 탕진하는' 반 율법적 악행이 율법주의에서는 오히려 율법의 의로 간주된다. 예수께서 가난한 과부가 바친 두 렙돈의 지극히 작은 헌금을 칭찬하신 것은, '과부의 가산을 탕진하는' 바리새인들의 외식을 우회적으로 질책하신 것이다.

하나님의 말씀이 '영원불변의 진리'라는 것은 말씀의 문자적인 해석, 이를테면 말씀을 기록한 인간의 언어가 영원한 진리라는 의미가 아니다. 언어는 시대적인 상황과 공간적인 배경, 그리고 그 시대에 살고 있는 사람들의 지적, 사회적 상태에 의존하는 인간의 제도이기 때문이다. 예를 들면, '사랑'이라는 단어는 시대에 따라, 그리고 특정한 장소와 문화적인 배경에 따라 의미가 달라질 수 있다. 육체적인, 또는 정신적인 가치를 선택적으로 강조하면서 서로 다른 메시지를 담고 있기 때문이다. 반면에 '사랑하라'고 말씀하신 하나님의 뜻은 영원불변의 의미와 가치를 지니고 있다.

하나님은 분명히 "남자가 부모를 떠나 그의 아내와 한 몸을 이룰 지로다"라고 말씀하셨지만, 후대에 유대인들은 이 말씀을 장로의 전통에 따라 "이혼증서를 써주기만 하면 이혼을 허용한다"는 의미로 자의적으로 해석하면서 오히려 여자들을 집에서 쫓아내는 빌미가 되었다. 유대인들의 잘못된 해석과 적용에 대해 예수는 '이혼하지 말라'는 것이 하나님의 분명한 뜻이라고 말씀하셨다. 덧붙여 예수는 "간음한 이유 외에는 이혼하지 말라"며, 이혼을 간음에 준하는 중죄라고 밝히면서 이혼을 허용하는 '장로의 전통'을 비판한다.

이처럼 율법주의는 하나님의 말씀에 순종하는 온전한 신앙이 아니라 종교가 그 자체로 목적이 되는 종교주의의 단편이다. 예수께서 바리새인과 서기관들에게 "너희는 천국 문을 사람들 앞에서 닫고 너희도 들어가지 않고 들어가려 하는 자도 들어가지 못하게 하는 도다"라며 그들의 외식을 질책하신 것은, 율법주의의 독선과 오류가 하나님의 의를 가리기 때문이다. 이념으로 변질된 종교주의는 '힘을 지닌 자', 다시 말해 자신들의 유익을 위해 이념을 만들 수 있는 종교권력자들의 탐욕과 교만의 산물이다.

마찬가지로 '율법주의' 역시 서기관과 바리새인들처럼 종교적인 권위를 지닌 자들이 자신들의 기득권을 지키기 위해서 자의적으로 제정한 종교이념이다. 예수께서 "그들모세의 자리에 앉은 자은 말만 하고 행하지 아니하며 또 무거운 짐을 묶어 사람의 어깨에 지우되 자기는 이것을 한 손가락으로도 움직이려 하지 아니"한다고 하신 것은 말씀을 빙자한 율법주의자들의 교만과 탐욕, 이를테면 외식을 밝히 지적하신 것이다.

바울이 "율법으로는 아무도 구원을 얻지 못한다"고 주장한 것은 율법을 부정한 것이 아니라 인간의 종교이념인 율법주의로는 구원을 얻을 수 없다는 것이다. 결국 율법주의의 의, 즉 종교주의적인 의는 '하나님의 의'가 아니다.

"너희는 천국 문을 사람들 앞에서 닫고 너희도 들어가지 않고 들어가려 하는 자도 들어가지 못하게 하는 도다" 마태복음의 이 구절에 대응하는 누가복음의 병행문을 읽어보면 의미가 더욱 분명해진다. "너희가 지식의 열쇠를 가져가서 너희도 들어가지 않고 또 들어가고자 하는 자도 막았느니라."

여기서 우리는 '지식의 열쇠'라는 단어에 주목해야 한다. 당시 서기관들과 바리새인들은 자신들의 종교적인 권위로 율법을 가르치고 삶과 신앙생활에 적용하면서 진리에 대한 지식을 독점하고 있었다. 마치 천국열쇠를 지니듯이 '지식의 열쇠'를 소유한 자신들의 말을 들어야 천국 문을 들어갈 수 있다는 독선이다.

예수께서 "너희도 천국 문에 들어가지 않고 들어가려 하는 자도 들어가지 못하게" 한다며 바리새인들을 심판하신 이유는 분명하다. 외식, 또는 종교적인 만용으로 율법을 문자적으로 엄히 적용하면서 율법에 무지한 사람들이 도저히 감당할 수 없는 무거운 짐을 지게 한 것이 바로 외식하는 신앙이기 때문이다. 다른 사람들에게 감당할 수 없는 무거운 짐을 지워 천국 문을 들어가지 못하게 하며, 정작 '그들은 말만 하고 행하지 아니하기' 때문에 그들 또한 천국 문을 들어갈 수 없는 것이다.

이는 고대 유대인들에게 한정된 '옛날이야기'가 아니다. 오늘날 개별교회에서 강단을 독점하며 성경해석과 적용에 관한 전권을 장악하고 있는 목사들에게서 우리는 '열쇠를 독점한' 유대 바리새인들과 유사한 모습을 보게 된다. 예를 들면 금란교회의 김홍도 목사는 설교강단에서 수시로 "십일조를 내지 않는 교인들은 암에 걸린다"고 주장한다. 교인들은 그 말이 마치 '하나님의 뜻'인 양, 목사의 설교를 듣고 잔뜩 겁에 질린 교인들은 빚을 내서라도 매달 십일조를 빠뜨리지 않는다.

그뿐이 아니다. 강단을 독점한 목사의 입을 통해서 한국교회 교인들은 "주의 종인 목사를 잘 섬기는 자라야 복을 받는다", 또는 "목사를 비판하면 신앙의 병에 걸린다"는 말을 심심치 않게 듣는다. 터무니없는 말이지만, 강단에서 말씀을 독점한 목사들이 유대 바리새인들 이상으로 오늘날 교인들에게 무거운 짐을 지우는 것이다.

종교혁명의 후손이며 '개혁주의'를 자처하는 한국교회에서도 종교인의 외식에 따른 탐욕과 교만은 전혀 달라지지 않았다. 한국교회의 교인들은 일주일 내내 힘들게 일하다가 주일이 되면 어김없이 교회에 나가야 하며,

수요일과 금요일에도 '공예배'에 참석해야 한다. 평일에는 매일 새벽기도가 있고, 종종 부흥회를 비롯한 각종 집회가 있다. 소득의 십일조는 어김없이 바쳐야 하는 교인의 절대의무이며, 주일헌금에 더해 감사헌금과 절기헌금을 비롯해서 이름조차 제대로 기억할 수 없는 각종 헌금봉투들이 교인들을 기다리고 있다.

목사의 판단에 따라 예배당을 건축하기로 결정하면 교인들은 너나없이 건축헌금을 '작정'해야 한다. 장로나 권사, 인수집사로 임직하려면 소정의 '임직헌금'을 내야하고, 개업하면 개업감사헌금을 낸다. 목사가 심방을 오면 심방 헌금을, 주례를 부탁하려면 주례감사헌금을 준비해야 한다. 이처럼 교인들은 목사가 주문하는 대로 마치 '현금인출기'에서 돈을 내주듯이 군소리 없이 돈을 바치는 충성스러운 종으로 전락하고 말았다.

반면에 담임목사는 '성직자'라는 허울로 세금을 내지 않고, 사례비 외에 목회활동비, 자녀학자금, 차량유지비, 사택지원비, 도서지원비, 심방비 등의 명목으로 자기 '배를 불리기에' 급급하다. 예수께서 "너희에게 화가 있다!"며 바리새인과 서기관들에게 말씀하셨던 것과 오늘날 목사들의 외식하는 신앙이 도대체 무엇이 다른가. "그들모세의 자리에 앉은 자은 말만 하고 행하지 아니하며 또 무거운 짐을 묶어 사람의 어깨에 지우되 자기는 이것을 한 손가락으로도 움직이려 하지 아니"한다는 말씀은 유대 바리새인에게 했던 특별한 질책이 아니라 오늘날 한국교회의 목사들에게도 그대로 적용된다. 물론 그들에게 '저주가 있다'고 말씀하신 것도 그대로 적용된다.

율법주의의 결정적인 오류는 그것의 엄격함 때문이 아니다. 정확히 말하면 율법주의자들이 '자기 의'로 '천국의 문'인 하나님의 의를 가로막기 때문이다. 안식일에 일을 하지 않아도 먹고 살 수 있는 사람이 안식일에 일하지 않는 것은 '편안한 휴식'이지만, 가난한 사람들이 안식일에 일을 하지 않는 것은 '불편한 고통'일 수 있다. 자기 의로 하나님의 의를 대체하는 것,

그리고 종교권력자들의 '종교적인 의'로 천국 문을 가로막는 것, 그것이 바로 바리새인과 서기관들의 외식이다.

제1화를 전하면서 예수는 하나님의 뜻을 저버린 그들의 외식에 무서운 저주를 선언하신 것이다. 이는 유대 종교지도자들에게 한정된 말씀이 아니다. 오늘날 개신교의 성직자, 또는 제사장을 자처하는 목사들이 바리새인의 외식을 그대로 답습하고 있기 때문이다. 예수께서 제자들에게 "작은 자를 실족하게 하는 자는 차라리 연자 맷돌을 메고 바다에 빠뜨려지는 것이 낫다"고 하셨다. 이 말씀은 소경이 소경을 잘못 인도해서 둘 다 구덩이에 빠지는 것처럼, 교인들을 잘못 인도해서 실족하게 하는 것을 말한다.

'교인들을 실족하게 하는 것'은 무엇을 의미하는가? 하나님 나라의 구원을 얻을 수 있도록 진리를 전하는 것이 아니라, 종교의식이나 전통, 관습에 얽매어서 진리를 보지 못한 채 멸망의 길로 호도하는 것이 아닌가. 하나님을 믿는 자는 하나님의 계명을 지키는 자이다. 그러나 종교주의에서는 종교규범과 의식, 그리고 종교권력자의 말과 주장이 하나님의 계명을 대체한다. 따라서 하나님의 계명을 올곧게 전하지 못하고 마치 율법주의에 따른 인간의 종교적인 해석이 영원불변의 진리인 양, 교인들을 잘못 인도하는 것이다.

예수께서 율법의 강령은 사랑이라고 말씀하셨다. 그렇다면 하나님의 계명을 지키는 순종은 마땅히 사랑을 실천하는 '행함'이 돼야 한다. 유대인들은 율법조문에 얽매어 안식일에는 아무 일도 하지 않는 것이 계명을 지키는 것이라고 주장했지만, 예수께서는 병든 자를 고치고, 죽어가는 자를 살리며, 고통을 겪는 자를 위로하는 것, 이를테면 선을 행하는 것이 안식일을 올곧게 지키는 것이라고 하셨다. "그러므로 안식일에 선을 행하는 것이 옳으니라"마12:12 안식일을 위해서 사람이 있는 것이 아니라 사람을 위해서 안식일이 있는 것이기 때문이다. 그것이 바로 율법의 강령인 '이웃 사랑'의 실천이며, 하나님을 사랑하는 자의 진정한 순종이다.

유대인들, 특히 종교적 경건을 강조하는 바리새인과 율법사들은 '율법의 한 점 한 획도 어기지 않는다'며 조문에 적힌 그대로 실천하는 것이 올바른 순종이라고 믿었다. 그러나 문자는 뜻을 전달하는 도구이며, 그 자체를 '하나님의 뜻'이라고 단정할 수 없다. 이른바 문자주의적인 해석은 '언어의 한계'로 인해서 하나님의 뜻을 온전히 전할 수 없다. 예수께서 서기관들과 바리새인을 일컬어 '외식하는 자'라고 하시며 그들에게 '화가 있다'고 하신 것은 서기관들과 바리새인의 형식주의적인 신앙과 문자주의적인 해석의 오류를 심판하신 것이다.

첫 번째 저주 선언문에서 '서기관들과 바리새인들'을 목사로 대체하면 영락없이 한국교회 목사들에게 적용된다. 요컨대 '사역자'로서 주의 계명을 따라야 하는 목사들이 자신들의 특권의식과 기득권에 연연해서 교인들을 바르게 인도하지 못하는 것이 한국교회가 타락할 수밖에 없는 중대한 이유이다. 그로 인해 수많은 사람들이 한국교회에 등을 돌리고, 심지어 교인들마저 교회를 떠나고 있다.

예수시대 율법주의자들이나 오늘날 한국교회 목사가 사실상 다름이 없다는 말이다. 오랜 교회사를 살펴볼 때 '천국 문을 닫고' 하나님 나라의 구원을 가로막는 자는 교회 밖에 있는 비신자들이 아니다. 교회 안에서 막중한 영향력을 행사하며 교인들을 호도하는 자들, 이를테면 목사교주가 바로 예수께서 저주하신 외식하는 자들이다.

제2화禍

화있을진저 외식하는 서기관들과 바리새인들이여 너희는 교인 한 사람을

얻기 위하여 바다와 육지를 두루 다니다가 생기면 너희보다 배나 더 지옥 자식이 되게 하는 도다 마23:15

두 번째 '저주 선언문'은 처음 선언문과 의미상 큰 차이가 없어 보인다. '천국 문'을 닫고 들어가지 못하게 하는 것, 그리고 '지옥의 자식'이 되게 해서 하나님 나라의 구원을 얻을 수 없게 하는 것이 사실상 같은 의미로 들리기 때문이다. 그럼에도 성경저자가 전하는 메시지에 초점을 맞추면, '지옥 자식'을 직접 언급한 두 번째 선언문에서 저주에 대한 보다 적극적인 의미를 발견할 수 있다.

'교인 한 사람을 얻기 위하여 바다와 육지를 두루 다니다가'는 유대인들의 적극적인 전도활동을 말한다. 선민주의 종교인 유대교에서 전도라는 말이 생경스럽지만, 개역성경에서 '교인'으로 번역한 '프로세뤼토스'를 공동번역의 '개종자'로 읽을 때 의미가 더욱 분명하게 드러난다. 즉, '교인'은 본래 유대인이었던 사람을 말하는 것이 아니라 이교도가 유대교로 개종한 경우이다. 유대교는 분명 이스라엘의 배타적인 선민종교이다. 그럼에도, 요세푸스의 '유대고대사'를 보면 당시 유대인들이 전도에 열중이었다는 기록이 있다. 물론 유대교는 혈통적 선민주의를 앞세우는 '민족종교'이지만, 이방인들도 유대인들처럼 할례를 받고 율법의 제반 계명들을 준행하면 유대교로 개종이 가능했다.

예수께서 전도에 힘쓴 서기관들과 바리새인들의 종교적인 열정을 칭찬하기는커녕 도리어 외식하는 자라고 비난하신 이유는 무엇인가? 두루 다니다가 '개종자'를 만나면 그들은 하나님의 말씀을 '있는 그대로' 전하는 것이 아니라 바리새인들의 종교이념인 율법주의를 전수하기 때문이다. 다시 말해 이교도로서 구습을 완전히 탈피하지 못한 개종자에게 변질된 율법주의를 전수하면서 '배나' 지옥의 자식이 되게 만들었기 때문이다.

여기서 말하는 '교인'은 분명 이교에서 유대교로 옮긴 '개종자'를 말하되, 이 또한 예수 시대의 바리새인이나 서기관들에게 한정된 메시지가 아니다. 심지어 예수의 제자들도 그리스도의 복음을 전한다면서 이방의 개종자들에게 '할례'를 요구했고, 음식물에 관한 규례를 비롯해서 유대 정결예법을 신앙의 의무인 양, 개종의 조건으로 제시했다. 예를 들면 바울이 베드로게바를 비롯한 유대 그리스도인들의 '외식'을 엄히 꾸짖었던 성경기록이 있다.

> 게바가 안디옥에 이르렀을 때에 책망 받을 일이 있기로 내가 그를 대면하여 책망하였노라. 야고보에게서 온 어떤 이들이 이르기 전에 게바가 이방인들과 함께 먹다가 그들이 오매 그가 할례자들을 두려워하여 떠나 물러가매 남은 유대인들도 그와 같이 외식하므로 바나바도 그들의 외식에 유혹되었느니라 갈2:11–13

율법주의의 오류와 함께, 다른 사람들에게 율법을 지키라고 강조하면서도 정작 자신들은 '짐에 손가락도 대지 않고' 모든 짐을 다른 사람들에게 지우는 바리새인들의 외식에 대해서 예수는 그들이 실천하지 않기 때문에 '천국 문'을 들어가지 못한다고 말씀하셨다.

반면에 예수 제자들 또한 율법의 종말완성을 선언하신 예수께서 전하신 새로운 복음, 이른바 그리스도의 복음을 전한다면서도 정작 율법주의 선민의식을 버리지 못하고 '외식하는 자'가 된 것이다. 이처럼 외식은 특정한 종교, 종파에 관한 것이 아니라 이념으로 변질된 종교주의의 일반적인 모습이다. 바울은 구원에 이르는 믿음을 이렇게 말한다.

> 사람이 의롭게 되는 것은 율법의 행위로 말미암음이 아니요 오직 예수 그

리스도를 믿음으로 말미암는 줄 앎으로알므로 우리도 그리스도 예수를 믿나니 이는 우리가 율법의 행위로써가 아니라 그리스도를 믿음으로써 의롭다 함을 얻으려 함이라. 율법의 행위로서는 의롭다 함을 얻을 육체가 없느니라 갈2:16

그리스도 신앙은 유대 율법주의처럼 율법조문이나 종교의식에 의존하는 형식주의 신앙이 아니라 '예수를 믿음으로 말미암아' 구원을 얻는 본질적·영적인 신앙이다. 이 말은 결코 '행함'을 부정하는 것이 아니다. 예수께서 서기관들과 바리새인들의 외식을 정죄하면서 행함이 없는 그들의 거짓 신앙을 질책하셨다는 점에 주목한다. 율법주의의 오류에 못지않게 예수는 행함이 없는 바리새인들의 외식에 '화가 있다'고 선언하신 것이기 때문이다.

'외식'은 다만 유대 율법주의자들, 즉 바리새인들과 율법사들만의 특별한 문제가 아니라 예수 제자들에게서도, 그리고 현대 교회에서 흔히 볼 수 있는 일반적인 오류이다. 한국교회에서도 예수를 믿지 않는 비신자를 전도해서 '더욱 지옥의 자식'이 되게 하는 경우가 허다하다. '기독교 선교사에서 유례를 찾을 수 없을 만큼 기록적인 성장'을 자랑했던 한국교회는 '예수를 믿기만 하면 구원을 받는다'는 거짓 복음과 '거저' 얻을 수 있다는 '값싼 구원'을 전하면서 양적으로 크게 성장했지만, 그와 반비례해서 한국교회의 영적인 상태는 피폐하기 이를 데 없다.

"한국교회에 예수가 없고, 복음이 없으며, 사랑이 없다"고 한다. 이 말은 결국 한국교회에 구원이 없다는 것과 다르지 않다. 물론 기독교 신앙은 '믿음의 의'를 강조한다. 그러나 예수께서 말만 하고 행하지 않는 서기관들과 바리새인들을 외식하는 자라고 저주하셨던 것처럼, 순종의 행함이 없는 한국교회의 종교주의적인 신앙은 '죽은 믿음'이며, 그것 또한 무서운 심판에 이르는 외식이라는 사실을 명심해야 한다.

하나님 나라에 속한 그리스도인과 구별해서 우리는 예수를 믿지 않는 사람들을 '세상에 속한' 사람들이라고 말한다. 그리고 세상에 속한 자의 특징은 세상의 가시적인 복, 이를테면 재물과 건강, 명예의 세속적 가치를 추구하는 자들이다. 그들을 전도해서 교회로 불렀다는 것은 세상에 속한 자를 하나님 나라에 속한 자로 부른 것이며, 옛 사람의 구습을 버리고 새 사람의 옷을 입게 한다는 '변화'의 의미이다.

그러나 맘몬이즘의 타락한 욕망에 함락당한 오늘날 한국교회는 비신자를 불러들여 하나님 나라의 백성으로 만드는 것이 아니라, 세상에 속했던 자를 '하나님의 이름으로' 더욱 맘몬숭배자로 만들면서 배나 더 지옥의 자식이 되게 만들기 때문이다.

성경에 기록된 삼십 배, 육십 배, 백배의 축복은 구약시대뿐 아니라 신약시대에도 통용되는 '하나님의 말씀'이다. 예수께서도 제자들에게 말씀하셨다. "또 내 이름을 위하여 집이나 형제나 자매나 부모나 자식이나 전토를 버린 자마다 여러 배를 받고 또 영생을 상속하리라."마19:29

그러나 하나님 나라의 구원을 전하신 예수께서 말씀하신 여러 배의 축복은 세상의 재물을 일컫는 것이 아니다. 예수 그리스도께서 주시는 마음의 '평안'으로 세상에 대한 근심과 걱정을 버리고, 하나님의 자녀로서 진정한 부요, 이를테면 영적인 평안을 누리라는 말씀이다. 그럼에도 한국교회에서 백배의 축복은 응당 재물의 차고 넘치는 보상을 말한다. 초대형 베스트셀러인 '왕의 재정'에서는 하나님 나라의 금고에 예금하면 30배, 60배, 100배를 패러디해서 3000%, 6000%, 10000%의 이자를 주신다며 어리석은 교인들을 현혹하고 있지 않는가.

유대인들이 율법주의의 오류로 개종자를 타락시킨 것처럼, 오늘날 한국교회는 입으로는 복음을 내세우면서 정작 복음이 제시하는 진정한 가치는 뒷전이다. 대신에 복음주의의 미명으로 선교에 앞장선다며 '맘몬이즘'과 '값싼 복음'을 그리스도의 복음인양 제멋대로 왜곡하고 있다. 복음이 교회의 양적 성장의 유용한 도구로 이용되면서 값싼 복음, 영적 결실이 없는 가짜 복음으로 변질된 것이다.

"지옥의 자식이 되게 한다"는 말씀은 결국 형식적인 개종이나 종교의식의 전수로 구원을 얻을 수 없다는 말씀이다. 행함이 없더라도 다만 "예수를 믿기만 하면 구원을 얻을 수 있다"는 싸구려 복음은 복음을 가장한 맘몬의 유혹이다. 예수를 영접하기만 하면 죄를 용서받을 수 있으며, 기도하기만 하면 재물과 건강을 비롯한 온갖 형통으로 세상의 복을 두루 누릴 수 있다는 거짓 복음, 이를테면 외식이 한국교회의 수많은 교인들을 '지옥자식이 되게' 하는 것이다.

예수께서 죄인들을 심판하기 위해서가 아니라 '구원하기 위해서' 세상에 오셨다. 그리고 그를 믿는 자는 구원을 얻는다고 말씀하셨다.

> 하나님이 세상을 이처럼 사랑하사 독생자를 주셨으니 이는 그를 믿는 자마다 멸망하지 않고 영생을 얻게 하려 하심이라. 하나님이 그 아들을 세상에 보내신 것은 세상을 심판하려 하심이 아니요 그로 말미암아 세상이 구원을 받게 하려 하심이라. 그를 믿는 자는 심판을 받지 아니하는 것이요 믿지 아니하는 자는 하나님의 독생자의 이름을 믿지 아니하므로 이미 심판을 받은 것이니라 요3:16-18

"믿음으로 말미암아 구원을 얻는다"는 '이신칭의' 구원론은 종교개혁의 후손인 개신교회의 제일공리이다. 이는 절대불변의 진리로서 한국교회에서도 결코 예외일 수 없다. 그러나 행함이 없는 믿음은 '죽은 믿음'이며 '외식하는 자'의 거짓 신앙이다. '전적으로 타락한' 인간은 피조물이며 자력구원이 불가능한 존재이다. 이는 어떤 경우에도 자신의 의지나 '행함'으로 구원을 받을 수 없다는 의미이다.

만약에 인간이 자신의 의지에 따른 행함으로 구원을 받을 수 있다면 엄밀히 말해서 인간에게 신앙은 필요하지 않을 수 있다. 그것은 스스로 구원하는 '자기구원'에 다름 아니며, 구속사역에 있어서 하나님의 절대주권을 무시하는 가증한 불신앙일 뿐이다. 행함이 없는 믿음이 죽은 믿음이듯이, 믿음이 없는 행함으로는 결코 구원을 얻지 못한다. 설령 도덕적인 행동일지라도 그것은 그리스도 신앙과 무관한 인간의 의지에 지나지 않기 때문이다.

오직 예수를 믿음으로 말미암아 구원을 받는다는 말씀은 결코 '입으로 주여, 주여 한다고' 구원을 받을 수 있다는 의미가 아니다. 또한 '마음으로 믿어 의에 이르지' 못하면서 다만 입으로 주를 시인하는 '외식으로' 하나님 나라의 구원을 받을 수 있다는 것도 아니다. 따라서 "누구든지 주의 이름을 부르는 자는 구원을 받으리라"롬10:13는 말씀은 마음이 없는 입술의 고백을 말하지 않는다. 행함이 없는 믿음과 마찬가지로 믿음이 없는 행함으로 불완전한 피조물인 인간은 결코 구원에 이를 수 없다. 요컨대 믿음과 행함이 유기적으로 하나가 되지 않는다면 어떤 사람인들 하나님 나라의 구원을 얻을 수 없다.

"믿기만 하면 구원을 얻을 수 있고, 구원을 받은 자는 은혜로 말미암아 세상의 온갖 축복을 누릴 수 있다"는 '거짓 복음'으로 무장한 한국교회는 온 힘을 다해 믿음을 외치고 있다. '주여 삼창'을 힘껏 부르짖음에도 정작 믿음의 열매로서 행함이 없는 한국교회, 이른바 외식하는 한국교회가 타락한 것은 차라리 당연한 결과인지 모른다. 다시 말해 유대 바리새인들의 외식이 오늘날 한국교회에서 '바리새파적인 외식'으로 힘차게 부활한 것이다.

'탐욕의 복음'과 맘몬이즘의 거짓 신앙에 물든 한국교회의 외식은 하나님을 바라보지 않고 사람들을 바라보며, 하나님을 기쁘시게 하는 신앙이 아니라 '사람들의 기쁨을' 자극하는 '거짓 신앙'이다. "이제 내가 사람들에게 좋게 하랴 하나님께 좋게 하랴 사람들에게 기쁨을 구하랴 내가 지금까지 사람들의 기쁨을 구하였다면 나는 그리스도의 종이 아니니라."갈1:10

그렇다면 믿음으로 말미암아 구원을 받을 수 있다는 것은 무엇을 의미하는가? 그것은 인간의 의지에 따른 도덕적인 선행이 아니며, 종교의식을 빠짐없이 준수하는 종교적인 의도 아니다. 우리를 구원하기 위해 세상에 오신 예수 그리스도에게 '돌아가는' 것이며, 세상에 속한 '죄인'의 신분에서 하나님 나라에 속한 '자녀'의 신분으로 거듭나는 것이다.

요컨대 입술로 고백하는 것이 아니라 마음으로 회개하는 것이 진정한 믿음의 고백이며, 진실한 믿음으로 회개하는 자에게 하나님 나라의 구원이 있는 것이다. 우리를 구원하시기 위해서 세상에 오신 예수께서 공생애를 시작하시면서 세상에 던진 첫 일성이 바로 '회개하라!'이다. 믿음으로 천국문을 들어갈 수 있다는 것은 결국 회개의 문을 거쳐야 한다는 것이다.

> 이때부터 예수께서 비로소 전파하여 이르시되 회개하라, 하나님 나라가 가까이 왔느니라 하시더라 마4:17

제3화禍

> 화있을진저 눈 먼 인도자여 너희가 말하되 누구든지 성전으로 맹세하면 아무 일 없거니와 성전의 금으로 맹세하면 지킬 지라 하는 도다. 어리석은 맹인들이여 어느 것이 크냐 그 금이냐 그 금을 거룩하게 하는 성전이냐

세 번째 저주 선언문에서 예수는 '눈 먼 인도자'와 '어리석은 맹인들'의 비유로 외식하는 인도자의 맹신을 무섭게 질타하고 있다. 의미상 동어반복의 강조용법으로 눈 먼 소경과 어리석은 맹인들을 외식하는 자의 무대에 등장시킨 화자의 의도는 분명하다. 즉, 외식하는 서기관들과 바리새인들의 어리석은 맹신을 예수는 앞을 보지 못하는 맹인과 '동격'으로 설명한 것이다. 육신의 맹인이 앞을 보지 못하듯이 외식하는 자는 하나님을 보지 못하는 영적 맹인이라는 날선 비유로, 예수는 외식을 맹신에 빗대며 저주의 메시지를 강조하셨다.

누가복음에서도 예수는 맹인의 비유를 사용해서 어리석은 인도자와 그를 따르는 자들의 실족을 설명한다. "또 비유로 말씀하시되 맹인이 맹인을 인도할 수 있느냐 둘이 다 구덩이에 빠지지 아니하겠느냐"눅6:39 이처럼 예수께서 반복해서 '맹인의 비유'를 사용하신 이유가 무엇일까? 육적인 맹인이 '눈이 있어도' 앞을 보지 못하는 것처럼 영적 맹인들, 이를테면 외식하는 서기관들과 바리새인들은 '율법이 있어도' 하나님의 뜻을 바르게 깨닫지 못한다는 것을 그림언어로 밝히 설명한 것이다.

탐욕에 눈이 어두운 바리새인들은 하나님의 임재를 나타내는 성전과 제단이 영적으로 계시하는 하나님을 보지 못하고, 다만 육신의 눈에 보이는 성전의 금과 제단의 예물에 집착하는 것이다. 본문에서 말하는 '성전의 금'은 성전에 바친 예물을 비유로 말한 것이거나 구체적으로는 성전의 금장식을 말하는 것이라는 해석이 있다. 그것이 예물이든 금장식이든 구체적인 대상이 무엇인지는 사실상 중요하지 않다.

다만, 바리새인들의 외식을 정죄하면서 예수께서 "성전으로 맹세하면 아무 일도 없거니와 성전의 금으로 맹세하면 지킬지라"고 말씀하신 의도, 다시 말해 화자의 영적인 메시지가 중요하다. 예수는 거룩한 성전과 단지 성전에 의해서 부차적으로 거룩해지는 금을 비교하며, 본말이 전도된 유대인들의 왜곡된 신앙을 비판하는 동시에 '돈을 사랑하는' 바리새인들의 외식을 드러내신 것이다.

> 너희가 또 이르되 누구든지 제단으로 맹세하면 아무 일 없거니와 그 위에 있는 예물로 맹세하면 지킬 지라 하는 도다 맹인들이여 어느 것이 크냐 그 예물이야 그 예물을 거룩하게 하는 제단이냐

16절과 17절의 '성전'과 '성전의 금'은 18절과 19절에서는 '제단'과 '제단 위에 있는 예물'로 대체되면서 화자의 메시지가 더욱 뚜렷해진다. 제단이 예물을 거룩하게 하는 것일 뿐 예물 자체는 본질상 거룩할 수 없는 '물질'에 불과하다. 그럼에도 외식하는 자들, 이를테면 영적으로 '눈 먼 인도자'이며 '어리석은 맹인들'에게 신앙의 척도는 예물이며, 그들에게 예물은 신앙을 입증하는 절대적인 가치를 지니는 것이다.

예수께서 "하나님과 재물을 동시에 섬길 수 없다"고 하셨지만 외식하는 자들에게 그 말씀은 허언에 지나지 않는다. 육신의 탐심과 정욕에 사로잡힌 그들은 하나님과 재물을 동시에 섬기는 자들이며, 사실인즉 재물을 얻기 위해서 하나님을 이용하는 자이다. 예수께서 "보물이 있는 곳에 너희 마음이 있다"고 하셨던 것처럼, 세상의 재물이 가장 소중한 '보물'인 그들의 마음은 이미 하나님에게서 멀어진 것이다. "너희가 입으로는 하나님을 공경하나 마음은 하나님에게서 멀도다."

외식하는 자는 성전의 금을 두고 맹세해야 진정한 맹세이며, 제단 위에 예물을 두고 맹세해야 하나님 앞에서 효력이 있는 맹세라며 거짓 신앙을 전한다. 그러나 예수는 그것이 본질을 보지 못하는 눈 먼 인도자들, 그리고 어리석은 맹인들의 '외식'이라고 지적하신다. 그리고 올바른 맹세는 우상을 섬기듯이 물질적인 대상을 두고 맹세하는 것이 아니라 오직 하나님과

친밀한 관계 안에서 이루어진다고 말씀하신다.

> 그러므로 제단으로 맹세하는 자는 제단과 그 위에 있는 모든 것으로 맹세함이요 또 성전으로 맹세하는 자는 성전과 그 안에 계신 이로 맹세함이요 또 하늘로 맹세하는 자는 하나님의 보좌와 그 위에 앉으신 이로 맹세함이니라 마23:16

예수께서 외식하는 자를 앞을 보지 못하는 맹인에 빗대신 비유는 '화자의 특별한 메시지'를 담고 있다. 외식은 다만 감추고 치장하는 것이 아니다. 외식하는 자는 거짓과 탐욕, 교만과 이기심에 영적인 눈이 가려져 하나님을 보지 못한다. 앞의 '팔복'에서 말했지만, '하나님을 바라본다'는 의미를 다시 되새긴다. "마음이 청결한 자는 복이 있나니 그들이 하나님을 볼 것임이요."마5:8

외식하는 자가 하나님을 볼 수 없다는 것은 요컨대 그들이 하나님과 재물이라는 두 마음을 품었고, 두 마음을 품은 그들의 마음이 더러워졌기 때문이다. "두 마음을 품어 모든 일에 정淨함이 없는 자로다"약1:8 그리고 예수는 앞을 보지 못하는 맹인을 뒤따라가는 맹인들도 구덩이에 빠질 수밖에 없다며 '실족'을 강조하셨다. 다시 말해 외식하는 자의 맹신, 이를테면 구원을 얻을 수 없는 어리석은 거짓 신앙을 맹인의 실족에 비유하며 '화禍의 메시지'를 전한 것이다.

제단보다 제단의 예물을 중시하며 믿음보다 '돈'을 신앙의 척도로 삼는 거짓 신앙은 유대 바리새인들만의 특별한 문제가 아니다. 물질을 우상처럼, '보물'처럼 숭배하는 맘몬이즘이 세상을 지배하는 오늘날, 우리는 율법시대에 보았던 물질적인 탐욕과 비교조차 할 수 없는 참담한 타락을 가까이에서 보고 있다. '항상 기도하라'고 강조하고 '모이기에 힘쓰며' 예배에 빠짐없이 참석해서 하나님의 은혜를 받으라고 말하지만, 한국교회에서 교인들의 신앙을 가늠하는 으뜸 기준은 모름지기 '예물'이다.

"빈손으로 교회에 오는 자는 믿음이 없는 자이며, 그런 자에게 하나님의 축복이 없다"는 목사의 말을 설교강단에서 종종 듣지 않는가. 심지어 "빈손으로 와서 예배를 드리는 것은 하나님을 무시하는 불경이다"는 말까지 서슴지 않는다. 한국교회의 현실에서 장로나 안수집사, 권사 등 이른바 '중직'이 되기 위해서 무엇보다 십일조를 비롯해 헌금에서 남다른 '공적'이 있어야 하며, 헌금에서 '타의 모범'이 되지 못하는 교인은 후보 명단에 이름조차 올리지 못한다.

돈 많은 실업인 선교회가 교회의 중추가 되고, 부자 교인이라야 은혜가 넘치는 교인인 동시에 중직으로 대접받는 한국교회, "가난한 교인은 교회에 덕이 되지 않기 때문에 중직으로 마땅하지 않다"며 가차 없이 배척하는 한국교회는 제단보다 제단 위의 예물을 중시하는 타락한 교회이다. 그것은 바로 예수께서 엄히 심판하신 '외식하는' 교회이며, 저주받는 교회이다.

> 너희를 위하여 보물을 땅에 쌓아 두지 말라. 거기는 좀과 동록이 해하며 도둑이 구멍을 뚫고 도둑질하느니라. 오직 너희를 위하여 보물을 하늘에 쌓아 두라 거기는 좀이나 동록이 해하지 못하며 도둑이 구멍을 뚫지도 못하고 도둑질도 못하느니라. 네 보물이 있는 그 곳에는 네 마음도 있느니라 마6:19-21

"보물을 하늘에 쌓아두라"는 말씀은 예수께서 그리스도인의 바른 재물 관을 그림언어로 가르치신 것이다. 그것은 세상의 쾌락을 위해서 재물을 축적하려들지 말고 하나님의 뜻에 따라 재물을 바르게 사용하라는 뜻이 분명하지만, 한국교회는 이 말씀을 마치 "자신을 위해서 돈을 쓰지 말고 교회에 헌금하라"는 것인 양 의미를 왜곡한다. 이는 성경구절에 대한 자의적인 해석의 전형이다.

성경에서 말하는 하늘은 천상의 어떤 특정한 장소로서 천당天堂이 아니다. 예수 그리스도와 함께 세상에서 이루어지고 있는 하나님 나라이며, 하나님의 뜻이 실현되는 '거룩한 통치'를 의미한다. 그렇다면, 한국교회의 주문처럼 교회에 헌금하는 것이 하늘에 재물을 쌓아두는 것이 되기 위해서 교회는 모름지기 하나님의 계명을 지키며, '그의 의'에 합당하게 재물을 사용해야 한다. 그러나 한국교회에서 하나님의 뜻에 따라 가난한 이웃을 위한 구제에 사용하는 비율은 전체 헌금의 5%에 미치지 못하며, 특히 대형교회의 경우는 1%에 미치지 못한다고 한다.

반면에 대부분의 재정을 분에 넘치는 예배당 건축이나 첨단 시설과 장비, 그리고 목사들의 사례비와 활동비, 품위유지비 등 외형과 종교인들의 '배를 위해서' 허투루 사용하고 있다. 이렇듯 '보물을 하늘에 쌓아두라'는 말씀을 들이대며 한국교회에서 교인들에게 헌금을 사주하는 것이 '과부의 가산을 탕진하는' 바리새인들의 가증한 외식과 무엇이 다른가.

성전의 금과 제단 위에 있는 예물을 두고 맹세를 해야 비로소 효력이 있다는 영적 맹인들의 천박한 신앙은 하나님을 보지 못하는 자의 어리석은 맹신이다. 그것이 바로 외식하는 자의 거짓 신앙이며, 오늘날 한국교회에서 공공연히 일어나는 일탈의 일반적인 '현상'이다. 재물을 두고 맹세하는 자는 마음속에 하나님이 아닌 재물의 능력을 믿는 자이며, 재물의 힘에 종속하는 자는 결국 재물을 섬기는 자이다. 다시 말해 그들은 외식하는 자로서 하나님을 멀리 하며 맘몬을 숭배하는 이교도이다.

제4화禍

화있을진저 외식하는 서기관들과 바리새인들이여 너희가 박하와 회향과 근채의 십일조는 드리되 율법의 더 중한 바 정의와 긍휼과 믿음은 버렸도다. 그러나 이것도 행하고 저것도 버리지 말아야 할지니라 마23:23

외식하는 자에게 주어지는 '화'의 네 번째 소재는 십일조이다. '십일조'를 예로 들며 예수께서 서기관들과 바리새인들을 외식하는 자라고 비판하셨지만, 사실 십일조는 모세의 율법에 명시된 '종교적인 의무'이다. 유대인들이 율법을 지키는 것은 엄연한 '순종'이다.

말은 하되 실천하지 않는 언행불일치와, 자기는 하지 않으면서 다른 사람에게 무거운 짐을 지우는 가식적인 행위가 외식이라는 점은 간단히 이해할 수 있다. 그러나 본문에서처럼 십일조를 드리며 율법에 순종하는 그들을 외식하는 자라고 예수께서 거세게 비판하는 이유가 무엇일까?

다시 강조하지만 십일조는 율법에 명시된 유대인들의 종교적인 의무이다. 따라서 "율법을 완성하기 위해 세상에 오셨다"고 말씀하신 예수는 율법에 따라 십일조를 지킨 서기관들과 바리새인들의 '순종'을 비판하신 것이 아니다. 십일조를 드리며 종교적인 의무는 지키면서 정작 '더 중한 바' 정의와 긍휼, 그리고 믿음으로 하나님의 뜻에 순종하지 않았기 때문에 그들을 외식하는 자라고 비판하셨고, 그들에게 '화가 있다'고 선언하신 것이다.

'더 중한 바'라는 말은 더욱 중요한 가치를 의미한다. 율법들 가운데 더욱 중요한 것이 있다는 것이며, 그것은 정의와 긍휼, 그리고 믿음과 순종 같은 신앙의 본질적인 가치이다. 다시 말해 '율법의 조문'이 아니라 예수께서 말씀하신 '율법의 강령'을 오롯이 지켜 하나님을 사랑하며 이웃을 사랑하라는 것이다.

본문에서 성경독자들이 종종 오해하는 부분을 지적한다. 예수께서 '박하와 회향과 근채'를 일일이 언급한 것은 흔히 생각하듯이 유대인들의 십일조의 실제 항목들을 나열한 것이 아니다. 박하는 독특한 향내를 내는 채소이다. 회향은 양념에 사용되는 식물로 약품과 향료에도 쓰이고, 근채는 그 열매를 양념이나 약품으로 사용한다.

예수가 '의도적으로' 인용한 세 가지 식물의 공통점은 이스라엘의 농작물 가운데 수확이 매우 적은 식물이라는 것이다. 게다가 세 식물은 밭이 아니라 정원에서 자라는 식물들이기 때문에 원래 십일조에 해당하는 농작물도 아니다.레27:30

예수는 율법 조문에서, 심지어 더 나아가 조문에도 없는 박하와 회향과 근채의 십일조까지 드리는 열성적인 종교행위를 '하루살이'에 비유하셨다. 반면에 율법 정신에 따라 반드시 지켜야 하는 '정의와 긍휼과 믿음'을 낙타에 비유하며, 본질이 아닌 것에 연연하며 정작 '더욱 중한' 가치를 오히려 소홀히 여기는 거짓 신앙을 예수께서 엄히 비판한 것이다. "맹인 된 인도자여 하루살이는 걸러 내고 낙타는 삼키는 도다."

오늘날 가타부타 논란이 많지만 십일조가 창세기부터 이미 성경에 기록된 '사실'이라는 것은 분명하다. "아브람이 그 얻은 것에서 십분의 일을 멜기세덱에게 주었더라."창14:20 "내가 기둥으로 세운 이 돌이 하나님의 집이 될 것이요 하나님께서 내게 주신 모든 것에서 십분의 일을 내가 반드시 하나님께 드리겠나이다."창28:22 이처럼 창세기에 기록된 구절을 근거로 십일조의 기원은 고대 이스라엘의 족장시대라고 주장하는 사람들이 있다. 그리고 레위기와 신명기의 기록을 토대로 모세의 율법에서 십일조가 모든 이스라엘 백성에게 적용되는 사회제도로 법제화되었다고 주장한다.

그리고 그 땅의 십분의 일 곧 그 땅의 곡식이나 나무의 열매는 여호와의 것이니 여호와의 성물이라 레27:30

너는 마땅히 매 년 토지소산의 십일조를 드릴 것이니 네 하나님 여호와 곧 여호와께서 그의 이름을 두시려고 택하신 곳에서 네 곡식과 포도주와 기름의 십일조를 먹으며 또 네 소와 양의 처음 난 것을 먹고 네 하나님 경외하기를 항상 배울 것이니라 신14:22-23

매 삼 년 끝에 그 해 소산의 십분의 일을 다 내어 너희 중에 분깃이나 기업이 없는 레위인과 네 백성 중에 거류하는 객과 및 고아와 과부들이 와서 먹고 배부르게 하라. 그리하면 네 하나님 여호와께서 네 손으로 하는 범사에 네게 복을 주시리라 신14:28-29

결론부터 말하면, 창세기에 기록된 것은 엄밀히 말해서 조세로서 십일조가 아니라 자발적인 '십분의 일'이다. 그것은 신정국가 이스라엘의 조세인 십일조가 아니며, 한국교회 목사들이 그토록 목매는 헌금으로서 십일조도 아니다. 형태상 동일하게 '십분의 일'로 기록되었지만, 내용을 보면 창세기에 기록된 십분의 일과 모세 율법에 명시된 십분의 일, 또는 '십일조'는 성격이 엄연히 다르다.

우선, 아브람이 멜기세덱에게 주었던 십분의 일은 '토지소산'이 아니라 전쟁에서 승리하고 얻은 노획물의 십분의 일이다. 또한 야곱이 서원한 십분의 일도 토지소산이 아니다. 하나님의 은혜로 야곱이 하란에서 다시 가나안으로 돌아올 때까지 그가 하란에서 얻은 것, 이를테면 '하나님께서 내게 주신 모든 것'의 십분의 일이다.

더욱 중요한 것은, 아브람과 야곱의 십분의 일은 매년 반복되는 정기적인 것이 아니라 '일회성'이라는 것이다. 결국 창세기의 '십분의 일'은 우리가 알고 있는 소득소산의 십일조와 전혀 상관이 없다.

간단히 정리하면, 모세 율법에 기록된 십일조는 고대 이스라엘에 제한적으로 적용되는 제도이며, 분깃을 받지 못한 레위 지파에게 주기위해서 토지를 소유한 다른 지파들이 '토지소산'의 십분의 일을 거둔 것이다. 요약하면, 법제화된 이스라엘의 십일조는 1)토지소산이며 2)매년 소출이 있을 때마다 반복해서 바치는 정기적인 조세제도이다.

따라서 율법의 십일조와 오늘날 한국교회가 주장하는 십일조의 기원이 '족장시대'라는 주장은 성경적인 사실이 아니다. 신정국가 고대 이스라엘의 조세제도인 '십일조'의 구체적인 내용과 의미를 살펴볼 때 오늘날 십일조의 내용과 뚜렷이 다르기 때문이다.

창세기에 기록된 '십분의 일'과 율법에 기록된 '십일조'가 다르다는 사실은 오늘날 한국교회에서 논란이 되고 있는 십일조의 정당성을 가름하는 중요한 잣대가 된다. 이를테면, '믿음의 아버지'라 불리는 아브라함은 유대민족뿐 아니라 '천하 만민'을 위한 믿음의 조상이다. 그런 관점에서 볼 때 마태복음의 시작이 '아브라함과 다윗의 자손 예수 그리스도의 계보라'는 것은 중요한 의미를 지닌다. 만약에 아브라함의 십일조가 '천하 만민'에게 해당하는 하나님의 명령이라면 아브라함의 후손인 예수 그리스도를 믿는 오늘날 기독교인들도 반드시 지켜야 하는 '의무'이기 때문이다.

그러나 아브라함의 '십분의 일'은 하나님의 명령인 율법이 아니라 전쟁에 승리한 그의 자발적인 행동이었다. 그것은 또한 토지를 분깃으로 받은 자가 받지 못한 자를 위해서 '마땅히' 내야하는 토지소산도 아니다. 고대 이스라엘의 십일조처럼 매년, 그리고 삼 년에 한 번씩 별도로 바치는 정기적인 '조세' 또한 아니다. 따라서 모세 율법의 십일조는 이스라엘의 민족종교인 '유대교'에 적용되는 종교적인 의무일망정, 오늘날 세계의 '보편종교'

로 자리 잡은 기독교에 해당되는 '종교적인 의무'가 아니다.

기원의 오류만이 아니라 십일조의 폐해를 지적하지 않을 수 없다. 한국교회의 십일조는 사실상 한국교회와 목사들을 부패와 타락의 수렁에 빠뜨린 주요 원인들 가운데 하나이다. 한국 교회는 십일조를 거두는 데 혈안이 되었을 뿐 정작 "이웃을 사랑하라"는 계명, 그리고 "세상의 지극히 작은 자를 섬기는 것이 나를 섬기는 것이다"는 예수 그리스도의 교훈을 외면하기 때문이다.

또한, 헌금의 주된 사용목적이 돼야 하는 구제에는 거의 사용하지 않으면서 '개교회주의'에 사로잡힌 한국교회, 이른바 목사교회의 외형과 양적 성장, 그리고 목사교주의 '부'를 축적하는 데 십일조를 대부분 사용하기 때문이다.

교회마다 차이가 있지만, 헌금에 대부분 의존하는 한국교회의 전체 재정수입 가운데 십일조가 차지하는 비율이 대략 70%라고 한다. 신약시대의 십일조에 대한 논란에서 중요한 것은 십일조의 존속여부가 아니라 율법에서 제시한 정신, 이를테면 하나님의 계명에 따라 과연 가난한 이웃을 위해서 십일조를 사용하는가 하는 점이다.

예를 들면, 사랑의교회오정현 목사는 십일조와 기타 헌금으로 축적한 600억을 교회의 곳간에 쌓았다가, 그것을 '종자돈'으로 건축 부지를 사들였다. 그리고 '성전건축'을 빌미로 교인들에게 헌금을 거둬들이고 거액의 대출을 받아 3000억이 넘는 초대형예배당을 지었다. 뒤에서 다시 밝히겠지만, 사랑의교회 SGMC 건축은 하나님의 영광은커녕 분명 한국교회사의 참담한 수치로 기록될 것이다.

또한 명성교회 김삼환 목사는 교인들, 심지어 대부분의 장로들조차 모르게 1000억에 달하는 '비자금'을 몰래 숨겨두었다가 돈을 관리했던 장로의 자살로 실체가 발각되면서 한국교회와 사회 전반에 커다란 파란을 일으켰다. 만약에 십일조가 없었다면, 또는 십일조를 본래 목적에 맞게 가난한 이웃을 위한 구제에 사용했다면 이런 참담한 비극은 일어나지 않았을 것이 아닌가.

물론 십일조 폐해는 그들만의 특별한 문제가 아니라 한국 대형교회들의 전반적인 문제이다. 예수께서 "보물을 땅에 쌓아두지 말라"고 하셨음에도, 곳간에 돈을 켜켜이 쌓아두며 '자기 배를 불리기에' 급급한 한국교회는 마치 '좀과 동록이 해하는 것처럼' 필연적으로 교회를 해치며, 마침내 돌이킬 수 없는 타락의 길을 걷게 되는 것이다.

교회는 즉각 곳간을 열어 가난한 이웃에게 나눠주어야 한다. 십일조를 드리되 하나님의 정의, 긍휼, 자비를 실천하지 않는 서기관들과 바리새인들에게 "화있을진저, 너희 외식하는 자여!"라고 저주하신 무서운 외침에 한국교회는 귀를 기울여야 한다. 십일조를 이용해서 맘몬의 신전을 짓는 것은, 그리고 담임목사라는 이름으로 맘몬의 사제가 교회의 이름을 더럽히는 것은 하나님의 이름을 '망령되이 부르는' 가증한 신성모독이 아닐 수 없다.

개혁이 시대의 화두로 부상한 한국교회의 회복을 위해서 십일조의 오류는 결코 간단한 문제가 아니다. '근채' 같은 작은 수확물까지 빠뜨리지 않을 정도로 십일조는 철저히 지키면서 정작 '더 중한 바' 사랑과 정의를 실천하지 않는 유대인들에게 '화가 있다'고 하신 말씀은 비단 유대인들에게 주는 메시지로 끝나지 않는다.

한국교회를 타락의 수렁에 빠뜨린 배경에는 여러 요인들이 있지만 여기에서는 십일조에 제한해서 말한다. 요컨대 한국교회에서 십일조는 그리스도 신앙의 본질에서 벗어나 교인들의 외식을 부추기는가 하면, '돈 내고 돈 먹기'하듯이 기복 신앙을 살찌우는 빌미가 되었다. 십일조로 재물을 축적한 한국교회가 외형주의에 사로잡히면서 목사들은 맘몬의 사제로 타락하고, 교인들은 재물을 숭배하는 맘몬이즘의 희생물로 전락했기 때문이다.

예수 시대의 바리새인들 이상으로 '돈을 사랑하는' 오늘날 한국교회 목사들의 외식은 참담하기 이를 데 없다. 한국의 대형교회 목사들, 그들이 바로 '외식하는 자'이며, 예수는 그들에게 가차 없이 말씀하신다. "화있을진저, 너희 외식하는 자여!"

제5화禍

> 화있을진저 외식하는 서기관들과 바리새인들이여 잔과 대접의 겉은 깨끗이 하되 그 안에는 탐욕과 방탕으로 가득하게 하는 도다. 눈 먼 바리새인이여 너는 먼저 안을 깨끗이 하라. 그리하면 겉도 깨끗하리라 마23:25

잔과 대접은 사람이 마시고 먹는 그릇을 통칭한 낱말이다. 따라서 잔과 대접은 음식이 닿는 '안'이 우선 깨끗해야 한다. 그럼에도 정작 깨끗해야 되는 안은 더러운 채로 내버려두고 눈에 보이는 겉에 연연하는 태도는 분명 본말이 뒤집힌 것이다.

이는, 본질은 뒤로 한 채 외형에 혈안이 된 종교인들의 외식을 예수께서 겉과 속의 비유로 밝히 설명하신 것이다. 요컨대 외식하는 자들은 다른 사람들의 눈을 속이기 위해서, 또는 눈길을 끌기 위해서 종교적인 의와 자기 의에 천착할 뿐, 정작 마음은 더러운 탐욕과 방탕으로 오염된 채 내버려 두었다.

여기서 말하는 잔과 대접의 겉은 외식하는 자들이 유난히 강조하는 종교의식과 행위를 빗대서 예수께서 비유로 설명한 것이다. 유대인들은 율법의 조문에 따라 안식일에 아무 것도 하지 않는 것이 거룩하게 지키는 것이라고 주장했다. 또한 그들은 음식에 관한 규례나 정결예법을 준수하면서 경건의 흉내를 내고자 하였다.

그러나 정결의식은 인간이 제정한 종교의식이며, 그 자체가 신앙의 본질이 아니다. 종교의식을 준수한 것이 종교의 '속'인 신앙을 바르게 지킨 것이 아니라는 말이다. 종교행위로 경건을 주장하면서 정작 마음과 행동은 탐욕과 방탕으로 속속들이 타락했다면 그것이 바로 경건을 가장한 '외식'이다. 예수는 이처럼 경건의 모양은 있으나 경건의 진정한 능력이 없는 서기관들과 바리새인들의 외식에 대해 '화禍가 있다'며 저주의 심판을 하신 것이다.

탐욕과 방탕은 둘 다 '더러움'을 가리키는 낱말이지만, 각 단어가 제시하는 내용에 차이가 있다. 탐욕은 헬라어 '하르파게'의 번역으로 '강탈'이나 '도둑질'의 의미를 지니며, 다른 사람의 소유를 부당하게 빼앗는 물리적인 관점에서의 죄악을 나타낸다.

반면에 '방탕'은 헬라어 '아크라시아'의 번역으로 '자제력 상실'이나 '무절제'를 가리키는 낱말로, 윤리적인 타락을 의미한다. 따라서 탐욕과 방탕이 가득한 자, 이른바 '외식하는 자'는 영혼과 육신이 모두 거짓 신앙에 물들어 속속들이 타락한 자들을 일컫는 명사이다. 특히 이 단어는 예수께서 의미를 강조하기 위해서 의도적으로 지으신 '신조어'라는 점에 주목할 필요가 있다.

예수께서 바리새인들의 탐욕을 지적하면서 '과부의 가산을 탕진'한다고 하신 구절은 외식의 전형적인 예문이다. '가난한 과부를 도와주라'는 것이 율법의 정신이기 때문에 마땅히 과부를 물질적으로 도와주어야 한다. 그러나 바리새인들은 가난한 과부에게 '율법'의 이름으로 도리어 무거운 짐을 지웠기 때문에 예수는 그들에게 과부의 가산을 탕진하는 악한 자로서 외식하는 자라고 비난하신 것이다.

탐욕과 방탕이 가득한 속은 숨기고, 겉이 상징하는 정결의식에 치중하는 거짓 신앙이 바로 외식이다. 그럼에도 속을 먼저 깨끗이 하라는 예수의 말씀이 제반 종교의식을 무시하라는 것도, 외적인 정결이나 종교적인 정결의식이 무의미하다는 것도 아니다. "눈 먼 바리새인이여 너는 먼저 안을 깨끗이 하라. 그리하면 겉도 깨끗해지리라." 마23:26

예수께서 말씀하셨듯이 잔과 대접의 겉과 속을 깨끗이 하는 것이 진정한 '정결'이며, 속을 깨끗이 하는 진정한 믿음이 우선순위가 돼야 한다는 것이다. 그것이 종교의식의 준행과 외적 정결에 연연하는 외식에서 벗어나 마음의 정결, 곧 영적 정결을 지키는 방법이기 때문이다.

종교지도자들의 겉과 속이 다른 표리부동, 말과 행동이 다른 언행불일치는 율법시대를 넘어 오늘날 한국교회의 목사들에게서 흔히 볼 수 있는 모습이다. 이는 어제오늘의 돌발적인 일이 아니라 한국교회를 타락시키는 타성적인 행태이다.

세상의 거센 지탄을 받고 있는 한국교회, 특히 목회자들의 거짓과 교만에 실망을 이기지 못하고 교회를 떠난 '가나안 성도'의 가슴 저린 탄식에 귀를 기울여야 한다. 그들은 마음을 다해 섬겼던 교회를 떠난 이유가 바로 담임목사를 위시해서 대다수 교인들의 겉과 속이 다른 표리부동과 언행불일치라고 말한다.

'간음하지 말라'며 강단에서 힘주어 설교하던 삼일교회 전병욱 목사가 다수의 청년 여신도들을 상대로 지속적인 성범죄를 저질렀는가 하면, '순복음'을 주장하는 여의도 순복음교회 조용기 목사와 그 일가는 '순전한 복음'은커녕 수백, 수천억의 헌금을 횡령하며 교회의 이름을 한껏 더럽혔다. '교회의 본질은 건물이 아니라 그리스도의 제자'라는 기치를 내걸고 제자훈련을 한국교회에 전파한 사랑의교회라고 예외가 아니다.

한 때 '한국교회의 희망'이며, '두고두고 자랑할 만한 교회'라던 사랑의교회가 '한 세대'는커녕 오 목사가 오자마자 제자훈련의 본질은 오간데 없이 사라지고, 그 대신에 '세계에서 가장 비싼 예배당'으로 불후의 명성(?)을 날리고 있다. 교회는 건물이 아니라며 그리스도의 영성을 부르짖던 사랑의 교회 서초예배당이 가톨릭을 포함하여 세계에서 '가장 큰 지하예배당'으로 기네스북에 오를 정도라면 더 이상 무슨 말이 필요하겠는가.

목사 직분의 성경적인 근거에 논란이 있을망정, 말씀을 전담하는 교회의 전문사역자라는 점에서 목사는 교인들의 신앙 성장과 성숙을 이끄는 '영적 리더'가 돼야 한다. 그리고 어떤 분야이든 리더의 제일 덕목은 정직과 성실이다. 특히 진리의 말씀을 올곧게 전해야 하는 영적 리더의 경우에 진실의 중요성은 더 말할 나위가 없다.

그럼에도 한국교회 목사들에게서 줄곧 드러나는 문제가 바로 강단의 설교와 일상의 삶에서 드러나는 행동이 전혀 다른 '표리부동'이라면 이는 한국교회의 현재, 그리고 앞날을 위해서도 매우 심각한 문제가 아닐 수 없다.

의혹으로 떠돌던 '박사학위 논문표절'이 사실로 밝혀지면서 6개월 동안 사랑의 교회 강단을 떠났던 오정현이 복귀하면서 교인들에게 가장 먼저 전한 설교주제가 '용서'였다. 교인들에게 용서를 구해야 하는 오정현의 입장에서 죄 없는 교인들에게 도리어 용서를 요구하는 것도 도무지 앞뒤가 맞지 않지만, 더욱 심각한 건 오정현의 언행불일치이다.

"제자의 발을 씻어주었던 예수의 사랑으로 서로 용서하자"던 그는 강단에 복귀한지 얼마 지나지 않아 기다렸다는 듯이 반대쪽 교인들을 상대로 제명, 출교에 더해 무더기로 고소까지 하면서 그가 말하는 용서의 본색을 여지없이 드러내고 말았다. 강단에서 말한 용서는 말에 그치고, 그는 행동을 통해 갱신위원회 교인들에게 보복한 것이다. 뿐만 아니다. 사랑의 교회에 부임해서 '정감정직과 감사운동'을 펼쳤던 오정현의 삶과 신앙이 학력사칭에 논문표절, 강도사 사칭에 불법안수에 이르기까지 온통 거짓으로 점철되었다는 것은 외식하는 목사의 웃픈 얼굴이 아닐 수 없다.

한국교회 목사들이 이처럼 스스럼없이 표리부동과 이율배반의 가증한 불의를 저지르는 근본적인 이유가 있다. 교만하고 탐욕스러운 '속'을 숨기고 종교의식과 종교주의로 가장한 '겉'을 자랑하는 외식이 목사우월주의에 사로잡힌 교인들의 거짓 신앙을 지배하고 있기 때문이다.

목사의 외식이 그에 맹종하는 교인들에게 전염되면서 한국교회 전반에 외식의 악순환이 일어나는 것이다. 겉과 속이 다른 신앙의 외식은 예수께서 말씀하신 '외식하는 자'의 교만과 탐욕에서, 그리고 소경이 소경을 따라가듯이 허투루 맹종하는 교인들의 거짓 신앙이 낳은 '타락한 열매'이다.

> 거짓 선지자들을 삼가라 양의 옷을 입고 너희에게 나아오나 속에는 노략질하는 이리라 마7:15

제6화禍

> 화있을진저 외식하는 서기관들과 바리새인들이여 회칠한 무덤 같으니 겉으로는 아름답게 보이나 그 안에는 죽은 사람의 뼈와 모든 더러운 것이 가득하도다. 이와 같이 너희도 겉으로는 사람에게 옳게 보이되 안으로는 외식과 불법이 가득하도다 마23:27

방금 보았던 것처럼, 겉과 속이 다른 외식에 대해 예수께서 다섯 번째로 제시하신 저주 선언은 정결에 초점을 맞추었다. 겉은 깨끗하지만 정작 속은 여전히 더러운 잔과 그릇의 비유를 통해 예수는 마음의 정결이 아닌 종교의식적인 정결에 연연하는 행위를 외식이라고 비판하셨다.

반면에 여섯 번째로 제시하신 '저주 선언'에서도 겉과 속을 말씀하시지만, 6화禍에서는 다른 주제를 일깨운다. '겉은 깨끗이 하되'의 구절에서 보듯이 5화禍에서는 화자가 의도적으로 유대 정결의식에서 드러나는 외식을 강조한 반면, 6화禍의 '겉으로 아름답게 보이나'는 '외형주의'를 비판하는 화자의 의도가 엿보인다.

회칠한 무덤의 비유로 예수는 겉으로는 아름답게 보이지만 그 안에 썩은 시체의 더러운 뼈와 온갖 오물이 있는 회칠한 무덤의 외식을 강조한 것이다. 요컨대 '회칠한 무덤'의 비유는 종교적인 정결의식의 오류를 넘어 유대 율법주의 신앙의 특징 가운데 하나인 '외형주의'의 오류를 밝히신 것이다.

유대인들은 하나님이 그들에게 제시한 준엄한 명령, 이를테면 "내가 거룩하니 너희도 거룩하라"는 말씀에 따라 하나님이 선택하신 거룩한 민족이라는 '성민의식'을 지니고 있었다. 부정한 이방인들, 말하자면 유대인들이 거침없이 '개나 돼지'라고 불렀던 이교도들과 자신들을 구별하기 위해서 '정결'을 무엇보다 중요한 가치로 여겼다.

그러나 외적인 정결에 치우치면서 정작 내면의 정결이 가리키는 순전한 믿음을 지키지 못하는 치명적인 오류를 범했다. 마치 '악화가 양화를 구축하듯이' 외형이 본질에 앞선 것이다. 음식을 먹기 전에 유대 정결예법에 따라 손을 씻지 않았다며 제자들을 비난하는 바리새인들에게 예수께서 '장로의 전통'을 하나님의 계명보다 중시한다며 그들의 외식을 비판하신 이유이다.

그 때에 바리새인과 서기관들이 예루살렘으로부터 예수께 나아와 이르되 당신의 제자들이 어찌하여 장로들의 전통을 범하나이까. 떡 먹을 때에 손을 씻지 아니하나이다. 대답하여 이르시되 너희는 어찌하여 너희의 전통으로

하나님의 계명을 범하느냐 마15:1-3

장로의 전통에 따라 정결의식을 앞세운 것이 거짓 신앙이라면, 눈에 보이는 외형을 강조하면서 보이지 않는 하나님의 계명을 소홀히 하는 것이 바로 외형주의 신앙의 결정적인 오류이다. 유대인들의 외형주의 신앙은 다양한 모습들을 지니고 있지만, 그 절정은 '성전중심주의 신앙'이다. 예수의 제자들마저 예루살렘 성전의 위용에 감탄하며 유대인의 특별한 종교적인 자부심을 숨기지 않았다. 그러나 예수는 성전의 붕괴를 예언하며 외형주의의 오류를 지적하셨다.

어떤 사람들이 성전을 가리켜 그 아름다운 돌과 헌물로 꾸민 것을 말하매 예수께서 이르시되 너희 보는 이것들이 날이 이르면 돌 하나도 돌 위에 남지 않고 모두 무너뜨려지리라 눅21:5-6

예수께서 "모두 무너뜨려지리라"고 말씀하신 것, 나아가 "내가 사흘 동안에 다시 일으키겠다"고 선언하신 것은 유대인들에게 결코 간단한 문제가 아니다. 예루살렘 성전을 하나님이 임재하시는 거룩한 성소라고 믿는 유대인들에게 성전붕괴를 입에 담는 것은 그 자체로 '신성모독'이기 때문이다. 십자가 처형을 앞두고 대제사장이 심문할 때 예수를 고발하는 유일한 증언이 바로 예수께서 성전붕괴를 예언하신 것이었다.

그만큼 유대인들에게 성전은 하나님과 분리할 수 없는 신성불가침의 성역이다. 심지어 눈에 보이지 않는 하나님의 현존現存으로 여길 만큼 유대인들은 예루살렘 성전을 '눈에 보이는 하나님의 임재'로 받아들였다. 구약시대, 이를테면 이스라엘을 선민으로 택하시고 특별한 언약을 주셨던 율법시대에 성전은 유대인들에게 분명 중요한 의미와 가치를 지닌다.

우선, 이교의 신전을 짓고 다른 우상들을 숭배하는 이교도와 하나님의 성민 이스라엘을 구별해야 하는 종교적인 이유가 있다. 이스라엘 백성이 하나님께 예배드리는 거룩한 성소로서 성전이 특별한 의미와 가치를 지니기 때문이다. 그러나 예수시대는 더 이상 성전의 제단에 제물을 바치며 하나님께 제사 드리는 율법시대가 아니다. 하나님께 예배할 거룩한 장소가 어디인지 묻는 사마리아 여인의 질문에 예수께서 대답하시면서 신약시대 성전과 예배의 의미를 분명히 말씀하셨다.

> 우리 조상들은 이 산에서 예배하였는데 당신들의 말은 예배할 곳이 예루살렘에 있다 하더이다. 예수께서 이르시되 여자여 내 말을 믿어라. 이 산에서도 말고 예루살렘에서도 말고 너희가 아버지께 예배할 때가 이르리라. … 아버지께 참되게 예배하는 자들은 영과 진리로 예배할 때가 오나니 곧 이때라. 아버지께서는 자기에게 이렇게 예배하는 자들을 찾으시느니라. 하나님은 영이시니 예배하는 자가 영과 진리로 예배할지니라 요4:20-21, 23-24

'하나님은 영이시니 예배하는 자가 영과 진리로 예배할지니라'는 말씀은 각별한 의미를 지닌다. 다른 종교들처럼 성전의 제단에 짐승제물을 바쳐 제사를 드리는 것이 진정한 예배가 아니라, 영이신 하나님에게 성령과 진리로 예배하는 것이 하나님이 원하시는 진정한 예배라는 것이다. 하나님은 인간을 창조하시면서 영적인 존재로 지었다. 따라서 인간은 하나님과 소통할 수 있는 '마음'을 지녔으며, 마음을 다해 하나님을 섬기는 것이 예배의 본질이다.

돌로 지은 성전은 유대 율법시대에 이교도들과 구별하기 위해서 만들어진 한시적인 '성소'이며, 하나님과 만날 수 있는 진정한 성소는 하나님과 소통하며 가까이 다가설 수 있는 우리의 '마음'영혼이다. "너희는 너희의 몸이 성령이 거하시는 성전임을 알지 못하느냐" 여기서 말하는 '몸'은 뼈와 살의 육신 flesh and bones을 가리키는 것이 아니라 마음과 육신이 어우러진 몸body이다.

"아버지께 참되게 예배하는 자들은 영과 진리로 예배할 때가 오나니 곧 이 때라" 본문의 '이 때'는 모세의 율법이 지배하는 구약시대가 지나고 예수 그리스도의 복음이 통치하는 신약시대의 새로운 시작을 말한다. 영과 진리로 예배드리는 신약시대는 더 이상 율법주의 시대처럼 성전중심주의 신앙이 지배하는 때가 아니다. 사실인즉 예루살렘 성전은 선민 이스라엘 백성의 종교적인 이유에서는 분명 정당성을 지니되, 원래부터 하나님이 배타적으로 임재하시는 유일한 장소가 아니었다.

> 다윗이 하나님 앞에서 은혜를 받아 야곱의 집을 위하여 하나님의 처소를 준비하게 하여 달라고 하더니 솔로몬이 그를 위하여 집을 지었느니라. 그러나 지극히 높으신 이는 손으로 지은 곳에 계시지 아니하나니 선지자가 말한 바 주께서 이르시되 하늘은 나의 보좌요 땅은 나의 발등상이니 너희가 나를 위하여 무슨 집을 짓겠으며 나의 안식할 처소가 어디냐. 이 모든 것이 내 손으로 지은 것이 아니냐 함과 같으니라 행7:46-50

'성전중심주의' 신앙으로 밝히 드러나는 종교적인 외식은 다만 고대 이스라엘의 오랜 이야기가 아니다. 정치권력과 결탁하며 교회가 막강한 힘을 장악했던 중세가톨릭의 암흑시대를 거쳐 오늘날 개신교에서, 특히 메가 처치를 향한 욕망의 불길에 휩싸인 현대 한국교회에서도 초대형, 호화예배당 건축은 매우 흔한 일이다. 기독교인이라야 세계 기독교인구의 1%에도 미치지 못하지만 한국에는 세계 10대 대형교회 가운데 무려 5개가 운집했다.

예컨대 사랑의교회는 교인 수에 있어서는 세계적인 교회는 아니지만, 오정현이 부임하면서 예배당의 외형적인 면에서는 세계적인 '메가 처치의 상징'으로 굳건히 자리 잡았다. 무려 3000억이 넘는 돈을 들인 초호화 예배당에 세계에서 가장 규모가 큰 지하예배당이라면 그 위세는 가히 짐작하고도 남는다.

오정현은 '사랑 글로벌 미니스트리 센터'SGMC라는 거창한 이름의 초현대식 예배당을 준공하면서 '하나님이 다 하셨습니다'라고 적은 대형 플랭카드를 내걸었다. '성전건축'에 관한 모든 과정과 결말이 하나님의 특별한 은혜이며, 세계적인 호화예배당을 지어서 마침내 하나님의 영광을 온 세상에 드러내게 되었다는 '자화자찬'이다.

공공도로 지하 불법점용에 불법대출 의혹 등 온갖 탈법과 특혜 시비로 얼룩진 상처투성이 건물을 지은 것이, 그리고 언론매체에 온갖 의혹이 보도되면서 세상의 조롱과 비난을 받았던 호화예배당 건축이 과연 하나님이 '다' 하신 은혜의 결실이며, 정녕 하나님의 찬란한 영광을 온 세상에 드러낸 아름다운 순종의 열매인가.

초호화예배당 건축이 정녕 '하나님을 기쁘시게' 하는 것이라면 예루살렘 성전의 붕괴를 예언하시면서 성전주의 신앙의 종말을 선언하신 예수의 말씀은 무엇이며, 예수 시대는 영과 진리로 '참되게' 예배드리는 때라고 말씀하신 것은 모두 허언인가?

호화예배당을 짓기 위해서 교인들에게 일일이 건축헌금을 요구하고, 헌금을 하고 싶어도 할 수 없는 가난한 교인들의 마음에 깊은 상처를 주는 것도 모자라서 수 백 억의 은행대출까지 끌어들여 예배당을 건축하는 것은 결코 가난한 이웃을 사랑하라는 하나님의 뜻일 수 없다. 그것은 다만 인간의 타락한 욕망이며, 타락한 욕망의 끝은 '바벨탑의 붕괴'처럼 무서운 결과를 낳을 뿐이다.

세계적인 메가 처치의 상징이었던 '크리스탈 처치'의 몰락이 무엇을 말하는가. 교인들의 건축헌금에 수 백 억의 대출까지 곁들여 대형예배당을 지었던 판교 충성교회는 이자를 감당하지 못하고 빚에 허덕이다가 결국 경매로 이단 '하나님의 교회'에 넘어갔다. 대형예배당 건축이 '성전 봉헌'이며 진정 하나님의 영광이라면 어떻게 이런 참담한 일이 있을 수 있는가.

예배당을 '더' 크게 짓는 것을 하나님이 특별히 주신 은혜이며 '성공한 목회'의 증거로 자랑하는 한국교회의 타락한 성장주의 종교이념이 오늘날 한국교회를 이토록 처참하게 무너뜨리고 있는 것이다. 요컨대 예배당을 크게 짓고 허튼 자기 의를 과시하는 것은 율법시대 성전중심주의로 회귀하는 구시대적인 퇴행인 동시에 그리스도 신앙의 본질을 파괴하는 불의일 뿐이다.

한국교회의 치명적인 병폐는 단지 화려한 예배당을 지으면서 겉을 아름답게 꾸미듯이 외형을 치장하는 외식만이 아니다. '자기를 옳게 보이려고' 온갖 미사여구를 늘어놓으면서 정작 속은 맘몬과 기복의 불법과 불의로 가득한 거짓 신앙이 더욱 문제인 것이다. '기독교 역사상 가장 타락한 한국교회'라고 하지만 한국교회치고 강단에서 '예수'와 '사랑', 그리고 '믿음'과 '순종'을 강조하지 않는 교회가 없다.

그러나 오늘날 한국교회는 예배당과 목사, 그리고 십일조와 주일성수의 의무는 있지만 진정 예수와 사랑, 그리고 참된 믿음이 없다는 혹독한 비판을 듣고 있다. 그것이 바로 한국교회의 가증한 외식이 낳은 썩은 열매이다. 그리스도 신앙의 본질을 외면한 채 외형주의의 허튼 과시에 사로잡힌 한국교회 목사들은 '외식하는 자에게 무서운 화가 있다'고 말씀하신 예수의 무서운 음성에 귀를 기울여야 한다.

이와 같이 너희도 겉으로는 옳게 보이되 안으로는 외식과 불법이 가득하도다 마23:28

제7화禍

> 화있을진저 외식하는 서기관들과 바리새인들이여 너희는 선지자들의 무덤을 만들고 의인들의 비석을 꾸미며 이르되 만일 우리가 조상의 때에 있었더라면 우리는 그들이 선지자의 피를 흘리는 데 참여하지 아니하였으리라 하니 그러면 너희가 선지자를 죽인 자의 자손임을 스스로 증명함이로다. 너희가 너희 조상의 분량을 채우라 마23:29

본문은 7화禍의 마지막 문장으로, 선지자들을 박해하는 유대인들의 외식을 말하고 있다. 성경적인 의미에서 선지자는 '말하도록 부르심을 받은 자'라는 뜻을 지닌 히브리어 '나비'nabi에서 파생되었으며, 일차적인 의미는 '하나님의 말씀을 대언하는 사람'이다. 즉, 선지자는 개인의 초월적인 능력으로 미래나 운명을 예견하는 점술가나 이방 '예언자'가 아니며, 자신의 주관적인 신앙이나 종교적인 신념을 전하는 자도 아니다.

이른바 '참 선지자'는 성령을 통해, 또는 꿈이나 환상을 통해 하나님의 계시를 받는 자이다. 이를테면 하나님의 말씀을 나름대로 해석하는 자가 아니라 다양한 방법을 통해 하나님이 주신 말씀을 자신의 주관에 따라 가감하지 않고 있는 그대로 선포하는 자이다.

하나님은 말씀하시는 분이시며, 선지자는 영이신 하나님의 말씀을 육적인 언어로 전달하는 '대언자'로서 그가 하는 말이 곧 하나님의 말씀이었다. 따라서 성경은 '완전히 하나님께 속한 자'라는 의미에서 선지자를 '하나님의 사람'삼상9:6, 또는 '하나님의 종'왕상14:18이라고 불렀다.

하나님의 선택을 받은 유대인들은 하나님의 '자녀'이며 특별히 사랑하는 백성이지만, 하나님의 뜻을 저버리고 불의를 저지르는 외식을 멈추지 않았다. 심지어 그들은 유일신 하나님을 믿는다면서 이방신과 우상을 숭배하는 '영적 간음'까지 서슴지 않았다.

하나님을 배역한 가증한 죄로 말미암아 하나님에게서 멀어진 그들에게 전하는 선지자의 '대언'은 종종 무서운 심판의 메시지와 더불어, 죄에서 돌이켜 하나님에게로 즉각 돌아오라는 회개의 메시지였다. 그러나 죄로 인해, 그리고 죄로 타락하여 마음이 이미 강퍅해진 유대인들은 선지자가 전하는 하나님의 말씀을 듣지 않았을 뿐 아니라 선지자들을 박해하고 죽이는 악행을 마다하지 않았다.

고대 이스라엘부터 초기 기독교시대까지 선지자의 개념에 반드시 '순교'가 뒤따랐던 이유이다. 하나님의 말씀을 있는 그대로 전하는 선지자들의 공통점은 '박해'와 '순교'이다. 구약시대의 4대 선지자로 알려진 이사야, 예레미야, 에스겔, 다니엘의 경우가 그랬으며, 특히 후대에 '눈물의 선지자'로 널리 알려진 예레미야는 선지자인 자신의 고통스러운 삶을 저주할 정도로 심한 멸시와 박해를 받았다. "어찌하여 내 머리는 물이 되고 내 눈은 눈물의 근원이 될꼬."렘9:1

자신들의 생각과 입장에 따라 말씀을 왜곡하는 거짓 선지자들과 달리 진정한 선지자들은 '하나님의 입'이 되었으며, 하나님의 뜻과 상관없이 다만 왕이 듣기 원하는 예언만 전하는 거짓 선지자들과 자주 충돌했다. 그 결과 선지자들은 정치권력에 야합한 궁중의 거짓 선지자들에게 모진 박해를 당하기 일쑤였다. 예레미야의 경우가 대표적이다.

대언자로서 예레미야는 오랫동안 하나님을 배반하고 율법을 무시했던 이스라엘을 향하여 회개하라고 외쳤다. 회개하고 하나님께로 돌아오지 않으면 무서운 심판을 받아 나라가 멸망하고 백성들은 이방에 포로로 끌려갈 것이라고 경고했다. 하지만 왕실에서 호사를 누리던 거짓 선지자들은 기득권에 취해 예레미야의 경고를 무시했다. 도리어 '평안하다, 평안하다'를 읊조리며 하나님에게 돌아오기를 거부했다.

얼마 지나지 않아 그의 예언대로 예루살렘이 점령당하고, 유대 백성들은 포로가 되어 바빌로니아로 끌려갔다. 북 이스라엘의 패망에 이어 남 유다까지 바빌로니아에게 정복당하면서 마침내 하나님의 백성으로 선택받았던 이스라엘 왕국은 고대 역사에서 자취를 감추고 말았다.

예루살렘 성전의 함락과 유다 왕국의 멸망을 통해 유대인들은 예레미야의 예언이 하나님의 무서운 경고였다는 사실을 뒤늦게 깨달았다. 그리고 조상들이 박해했던 선지자들이 도리어 하나님의 뜻을 거짓 없이 전달한 참 선지자라는 사실을 알았던 후손들은 '무덤을 만들고 비석을 세우면서' 박해받았던 선지자들을 위대한 '하나님의 사람'으로 추앙했다.

하지만 그들이 선지자들을 기리는 근본적인 동기는 선지자들의 발자취를 좇아 자신들의 타락한 신앙을 반성하며 잘못된 신앙을 바로잡으려는 순수한 마음이 아니었다. 한편으로 선지자의 뒤를 잇는다는 명분을 앞세우며 '자기 의'를 과시하고, 다른 한편으로 선지자들을 박해했던 조상들의 책임에서 벗어나려는 저의였기 때문에 예수께서 그들을 '화있을진저, 외식하는 자여!'라며 저주를 퍼부은 것이다.

> 만일 우리가 조상의 때에 있었더라면 우리는 그들이 선지자의 피를 흘리는 데 참여하지 아니하였으리라 하니 그러면 너희가 선지자를 죽인 자의 자손임을 스스로 증명함이로다 마23:30-31

유대인들에게 '자손'이라는 말은 혈통적인 후손의 의미를 넘어, '조상과 본질적으로 일치한다'는 함의를 지닌다. 예컨대 '아브라함과 다윗의 자손 예수 그리스도의 계보'라는 말의 심층적인 의미는 예수가 '천하 만민을 위한' 믿음의 조상 아브라함을 계승한다는 의미인 동시에 다윗의 왕위를 잇는 새로운 이스라엘의 왕이라는 의미를 지닌다.

예수께서 서기관들과 바리새인들에게 '선지자를 죽인 자의 자손'이라고 말씀하신 것은 선지자를 죽인 것에 대해 유대인 전체의 공동책임을 묻는 것이다. 물론 이것은 조상의 개인적인 죄에 대해 무고한 자손들에게까지 연대적인 책임이 있다는 말이 아니며, 가계의 저주가 대를 이어 계승된다는 것도 아니다. "너희가 이스라엘 땅에 관한 속담에 이르기를 아버지가 신 포도를 먹었으므로 그의 아들의 이가 시다고 함은 어찌 됨이냐." 겔18:2 다만, 옛날에 조상들이 저질렀던 공적인 죄에 대하여 '자손'은 조상의 죄를 인정하고, 자신들은 반복하지 않도록 죄에서 돌이켜 회개해야 하는 책임과 의무가 있는 것이다.

조상들이 선지자를 박해하는 가증한 죄를 범했다면 후손들은 그와 같은 죄악이 반복되지 않도록 선지자의 대언에 귀를 기울여야 했다. 그러나 외식하는 서기관들과 바리새인들은 옛 선지자들의 무덤을 만들고 의인들의 비석을 세웠을망정, 그들의 '때'에 이르러서도 하나님의 말씀을 오롯이 전하는 선지자를 알아보지 못했다. 다시 말해 예수 시대의 유대인들 역시 '선지자'를 박해하고, 모욕하며, 십자가에 매달아 죽이는 참람한 죄를 되풀이 한 것이다. 이처럼 선지자를 박해하는 유대인들의 악행은 구약시대 선지자들이 활동하던 옛날, 그들이 말하는 '조상의 때'로 끝나지 않았다.

"말라기 이후에 선지자는 더 이상 존재하지 않는다"는 주장이 있기 때문에 예수께서 말씀하신 선지자에 대한 박해를 설명하기 위해서 잠깐 선지자의 유래를 살펴본다. 성경에서 "그는 선지자라" 창20:7 고 일컬었던 아브라함을 '최초의 선지자'로, '너와 같은 선지자' 신18:18 로 말씀하신 모세를 선지자의 본으로서 '탁월한 선지자'로 부르기도 하지만, 말씀의 대언자라는 관점에서 선지자 직분은 사실상 사무엘에서부터 시작해서 말라기까지 이어진 것으로 본다.

그리고 신약시대에도 예언의 특징과 형태, 사역을 볼 때 구약의 선지자와 같은 사명을 감당한 자들이 있다. 말라기 선지자 이후 400여 년 만에 등장한 세례 요한을 예수께서 '선지자보다 큰 이'라고 말씀하신 것이 대표적이다.

하지만 하나님과 '하나'이신 예수 그리스도야말로 말씀의 대언자라는 의미에서 진정한 '선지자'이며, 선지자 중의 선지자이다. "내가 아무 것도 스스로 할 수 없노라 듣는 대로 심판하노니 나는 나의 뜻대로 하려 하지 않고 나를 보내신 이의 뜻대로 하려 하므로 내 심판은 의로우니라." 요5:30

그럼에도 유대인들은 세상을 구원하기 위해서 하나님의 말씀을 있는 그대로 전하신 '선지자' 예수의 본성을 알아보지 못하고 '배척'한 것이다.

> 예수를 배척한지라 예수께서 그들에게 말씀하시되 선지자가 자기 고향과 자기 집 외에서는 존경을 받지 않음이 없느니라 하시고 그들이 믿지 않음으로 거기서 많은 능력을 행하지 아니하시니라 마13:57-58

예수께서 말씀하셨듯이 안식일에 병자를 고치는 것은 하나님의 뜻, 곧 말씀에 따라 '선'을 행하는 온전한 순종이다. 따라서 예수는 하나님의 계명에 순종하며 안식일에 손 마른 자의 손을 주저 없이 고쳐주셨다. 그러나 제사보다 자비, 사랑, 긍휼을 원하시는 하나님의 진정한 뜻을 깨닫지 못하고 다만 율법 조문에 얽매인 바리새인들은 '율법을 범했다'는 이유로 예수를 죽이려고 하였다. 율법주의의 맹신에 사로잡힌 바리새인들은 옛날에 선지자를 죽인 조상들의 죄를 그대로 반복하고 있는 것이다.

> 예수께서 이르시되 너희 중에 어떤 사람이 양 한 마리가 있어 안식일에 구덩이에 빠졌으면 끌어내지 않겠느냐. 사람이 양보다 얼마나 더 귀하냐. 그러므로 안식일에 선을 행하는 것이 옳으니라 하시고 이에 그 사람에게 이

르시되 손을 내밀라 하시니 그가 내밀매 다른 손과 같이 회복되어 성하더라. 바리새인들이 나가서 예수를 어떻게 죽일까 의논하거늘 예수께서 아시고 거기를 떠나가시니 많은 사람이 따르는지라 마12:11-15

성경에 '선지자'라는 이름으로 기록된 전체 인물들 가운데 예수는 '가장 위대한 선지자', 또는 '선지자보다 큰 선지자'였다. 선지자들이 이스라엘에 구원을 전파한 '하나님의 종'이라면, 예수 그리스도는 세상에 구원을 가져온 '하나님의 아들'이기 때문이다. 선지자를 박해한 자들에게 저주의 심판이 주어졌다면, 선지자보다 크며 하나님의 유일한 아들이신 예수를 박해한 자들에게 주어지는 심판은 더 말할 나위가 없다.

예수를 배신하고 끝내 회개하지 못한 채 처참한 죽음을 맞은 가룟 유다에게 예수께서 "차라리 태어나지 않는 것이 나을 뻔하였다"고 말씀하셨던 것은 그가 받을 참혹한 심판의 예언이다.

구약시대에 선지자들을 박해했던 유대 종교지도자들의 끔찍한 악행은 예수 시대라고 다르지 않았다. 하나님의 말씀을 전하는 선지자를 박해하는 근본적인 이유가 영적인 진리에 맞서 자신들의 종교적·경제적 기득권을 지키기 위한 것이기 때문이다.

시대를 막론하고 외식하는 자의 불의는 반복된다. "너희가 너희 조상의 분량을 채우라"는 말씀은, 구약시대에 선지자를 박해했던 자들의 불의가 예수 시대의 외식하는 서기관들과 바리새인들로 이어진다는 것이다.

예수는 외식하는 자들에 의한 박해가 자신에게, 그리고 제자들에게 이어진다는 것을 미리 말씀하셨다. 또한, "뱀들아 독사의 새끼들아 너희가 어떻게 지옥의 판결을 피하겠느냐"마23:33라고 말씀하시면서 그들에게 무서운 저주가 있다고 선언하셨다.

> 내가 너희에게 선지자들과 지혜 있는 자들과 서기관들을 보내매 너희가 그 중에 더러는 죽이거나 십자가에 못 박고 그 중에서 더러는 너희 회당에서 채찍질하고 이 동네에서 저 동네로 따라다니며 박해하리라. 그러므로 의인 아벨의 피로부터 성전과 제단 사이에서 죽인 바라갸의 아들 사가랴의 피까지 땅 위에서 흘린 의로운 피가 다 너희에게 돌아가리라 마23:34

'더러는 죽이거나'라고 예수께서 말씀하신 대로 스데반행7:59과 야고보행12:2가 죽임을 당했다. 베드로요21:18는 십자가에 거꾸로 매달려 죽었다고 전해지며, 많은 사도들행5:40, 22:19, 26:11, 고후1:24,25이 회당에서 채찍질을 당하고 돌에 맞는 등 온갖 박해를 받다가 마침내 생명을 잃었다. 유대인들은 자기들이 조상의 때에 함께 있었다면 결코 선지자를 죽이지 않았을 것이라고 말했지만, 그들은 더욱 처참하게 선지자들을 박해한 것이다.

이처럼 종교지도자들은 자신들의 종교적·사회적 기득권을 지키기 위해서 율법주의의 오류와 외식을 비판하는 예수 시대의 선지자들을 무참하게 짓밟았다. 이는 비단 율법 시대 종교지도자들만의 문제가 아니다.

예수께서 보내신 새로운 선지자 시대가 주후 1C에 끝나지만 예수 그리스도의 복음을, 그리고 그리스도 신앙의 본질을 세상에 전하는 참 사역자들에 대한 박해는 지금 이 순간에도 끝나지 않았다. 오늘날 개신교의 목사를 비롯해서 소위 '평신도' 역시 탐욕의 복음에 취한 채, 회개를 요구하는 그리스도의 진정한 복음을 멀리 배척하고 있다.

예수와 동고동락하며 공동체적 삶과 신앙을 공유했던 사도들이 복음을 전하고 기적을 베풀며 전도했던 초대교회 이후 '선지자'는 더 이상 존재하지 않는다는 것이 기독교의 정설이다. 따라서 현 시점에서 선지자의 박해를 말하며 외식의 주제를 전개하는 것이 이치에 맞지 않는다고 생각할 수 있다.

그러나 오늘날 한국교회 안에서도 진리를 전하는 자들에 대한 종교권력자들의 박해는 여전히 '현재진행형'이다. 또한 '세상의 지극히 작은 자를 사랑하는 것이 곧 나를 사랑하는 것이다"라고 말씀하신 예수 그리스도의 계명을 저버린 채 작은 자에 대한 차별과 멸시의 박해 또한 좀처럼 끊이지 않는다.

교회 안에서 가진 자가 없는 자를, 부자가 가난한 자를, 주류에 속한 자가 비주류에 속한 자에 대해서 차별하는 것은 비록 모양은 다를망정 엄연한 박해이다. 그리고 탐욕과 교만의 '종교폭력'을 일삼는 한국교회의 불의한 목사들에 맞서 그리스도 신앙을 올곧게 세우고자 분투하는 이들에 대한 종교 기득권자들의 억압 역시 분명한 박해이다. 이는 입으로는 예수를 믿고 그의 계명을 지킨다고 하면서 말과 행동으로는 예수를 배역하는 가증한 외식이 아닐 수 없다.

구약시대부터 오늘날에 이르기까지 변함없이 반복되는 종교인의 외식은 어디에서 비롯되는 것일까? 기득권을 움켜쥐고 세상과 교회에서마저 힘없는 자를, 가난한 자를, 병들고 늙은 자를 차별하고 멸시하는 참담한 교만은 어디에서 비롯되는 것일까? 예수께서 말씀하신 대로 모든 화의 근원은 교만과 탐욕의 외식에서 비롯되었다. 그리고 외식은 그리스도인으로서 자신의 정체성을 망각하고 신앙의 본질에서 일탈한 무서운 죄악이다.

그리스도인은 예수의 제자이다. 그렇다면 그리스도인은 모름지기 예수께서 말씀하신 '제자도'를 지키는 자가 돼야 한다. 제자들 사이에서 서로 높은 자가 되려고 다툼이 일자 예수께서 이렇게 말씀하셨다.

예수께서 제자들을 불러다가 이르시되 이방인의 집권자들이 그들을이방인들을 임의로 주관하고 그 고관들이 그들에게 권세를 부리는 줄을 너희가 알거니와 너희 중에는 그렇지 않아야 하나니 너희 중에 누구든지 으뜸이 되고

자 하는 자는 너희의 종이 되어야 하리라 마20:25-27

한국교회의 심각한 위기에 대해 다양한 원인분석과 더불어 수많은 대안들이 제시된다. 그러나 한국교회의 핵심적인 문제는 눈에 보이는 현상들 이전에 '본질'에서 해법을 찾아야 한다. 교회와 목사의 외식이, 예수를 믿는다고 말하면서 '다른 예수'를 추종하는 거짓 신앙이 한국교회를 망치는 주범이며 타락의 질긴 뿌리이다. 물론 한국교회의 타락은 목사들만의 잘못이 아니다. 교회의 중직이며, 교회의 어른인 장로들의 영적 무지와 무책임, 그리고 교인들의 맹종이 뒤얽힌 합작품이라는 데 사실상 반론이 있을 수 없다.

예컨대 사랑의교회 오정현의 경우를 보면, 그를 담임목사로 청빙하면서 장로들이 이른바 '충성서약서'를 바쳤다. 내용인즉, 오정현이 목회하는 데 전혀 부족함이 없도록 충분한 재정지원을 하겠다는 내용과 더불어 장로들이 앞장서서 오정현을 깍듯이 섬기겠다는 것이다.

생명을 바쳐 교회를 섬겨야 하는 사역자 목사를 오히려 교회에서 제왕 목사로 섬기겠다는 비루한 맹종 선언이다. 뿐만 아니다. 마치 용비어천가를 읊조리듯, '오정현 찬가'를 지어 여러 교인들이 입을 맞춰 연습했다. 장로를 비롯해서 교인들까지 앞장서서 목사를 왕처럼, 우상처럼 떠받드는 음울한 영적 분위기에서 오정현이 '외식하는 자'가 되는 것이 차라리 당연한 결과인지 모른다.

한국교회를 이토록 더러운 타락의 수렁에 빠뜨린 목사들, 그리고 신학자와 중직을 비롯한 교회지도자들의 신앙에 근본적인 문제가 있다. 온유와 겸손의 멍에를 매고 제자도의 길을 가라는 예수의 계명은 그들에게 다만 멋진 수사修辭에 지나지 않는다. 교만과 타락의 영이 골수까지 침식한 그들은 이미 '외식하는 자'가 되어 입으로는 섬김을 말하되 마음은 교만한 자의 자리에서 온갖 불의를 스스럼없이 저지르고 있다.

참담한 한국교회의 실상을 보며 너나없이 개혁을 외치지만 정작 개혁의 발걸음은 내딛지 못한 채, 틀에 갇힌 다람쥐처럼 쉴 새 없이 쳇바퀴를 돌고 있을 뿐이다. 진정한 개혁을 위해서 우리는 예수께서 말씀하신 7화禍를 가슴에 새겨야 한다. 한국교회를 죽음의 길로 내몰고 있는 자는 다름 아닌 '외식하는 자'이며, 외식하는 자는 교만한 자인 동시에 자기 의와 거짓 신앙으로 교회를 무너뜨리려는 '사탄의 종'이다.

제2부

그는 목사가 아니다…!

1장 • 오정현은 '목사'인가?

'목사'의 자격기준

장로교회, 감리교회, 침례교회를 비롯한 한국의 개신교회에서 '목사'가 되기 위해서는 교단이 정한 소정의 절차를 거쳐야 한다. 교단에 따라 세부적인 내용과 명칭에 다소 차이가 있지만, 개신교회에서 부여하는 목사안수 자격에 사실상 차이가 없다. 목사가 되려면 우선, 교단 직영이나 교단에서 인정하는 신학교신학대학원를 마치고 소정의 '시험'에 합격한 뒤, 일정한 기간의 수련과정을 거쳐야 비로소 목사안수를 받을 수 있다.

예를 들면 예장대한예수교장로회 합동교단은 4년제 신학대학교나 일반대학교를 졸업하고 '총신대' 신학대학원을 마친 뒤에 '강도사' 시험을 치러야 하며, 시험에 합격한 자에 한해 2년 이상의 목회 수련과정을 거쳐 안수자격을 부여받는다. 같은 예장이면서 강도사가 없는 통합교단은 '전도사'라는 이름으로 합동교단과 사실상 동일한 과정을 밟게 된다.

감리교단에서는 장로교회의 강도사를 수련목회자수련목이라고 부르며, 수련목회자 시험에 합격한 자에 한해서 1년의 예비자 과정과 2년의 수련과정을 거친 다음에 목사안수 자격이 주어진다.

반면에 '회중정치'를 표방하는 침례교회는 자기가 다니던 소속 교회에서 추천되고, 소정의 신학교육을 이수한 목회자 후보생전도사이 소속 교회에서 3년 이상의 수련과정을 마쳐야 한다. 그 다음에 담임목사와 소속교회 성도의 추천과 인준과정을 거쳐 목사 안수자격을 부여받는다.

결국 한국 개신교회에서 목사가 되기 위해서는 일정한 조건을 충족해야 된다. 안수를 받기 전에 반드시 신학교육을 마치고 '시험'에 합격해야 하며, 시험에 합격한 자에 한해서 각 교단에 따라 강도사, 수련목회자, 전도사, 준목사의 이름으로 수련과정을 거친 뒤에 비로소 목사안수를 받게 된다. 이것이 이른바 '정규 과정'으로 개신교회에서 목사가 되는 합법적인 절차이다.

법 앞에 만인 평등이 세상의 정의이며 공의인 것처럼 기독교 교인들은 마땅히 기독교의 법과 질서에 따르는 것이 교회의 정의이며 공의이다. 미국 장로교회PCA소속 '남가주 사랑의교회' 담임목사였다가 한국의 예장대한예수교장로회 합동 교단 소속의 사랑의교회 담임목사로 자리를 옮긴 오정현 목사 역시 이런 기준에서 예외일 수 없다.

그는 "1986년에 미국 바이올라 대학교 탈봇 신학대학원에서 목회학 석사과정M. Div.을 졸업하고, 그해 10월에 PCA 한인서남노회에 소속된 '하이데저트 한인교회'에서 목사 안수를 받았다"고 주장한다. 미국에 있는 한인교회일망정 그의 주장이 사실이라면 장로교회 목사로서 전혀 문제될 게 없을 것 같은데, 유독 그의 '목사자격'에 대한 논란이 끊이지 않는다.

"오정현 목사가 사실은 미국 PCA미국장로교회교단에서 안수를 받지 않았다"는 주장부터, "안수는 받았지만 절차상 명백한 하자가 있기 때문에 '원인무효'이며, 따라서 목사자격을 인정할 수 없다"는 주장이 있다. 양쪽의 주장이 다른 것 같지만 결국 같은 내용이다. 교단 소속 교회에서 시무할 목사의 안수자격은 마땅히 교단헌법이 정한 규정에 따라야 한다. 그런데 '교단헌법'의 객관적인 기준에서 볼 때 안수자격이 없었던 오정현은 미국장로교회 소속 목사가 아니라는 점에서 사실상 동일한 내용이기 때문이다.

물론 수많은 교단과 개별교회들이 운집한 개신교에서 개별교단에 따라, 그리고 특별한 경우에 교단이 인정하는 테두리 안에서 목사자격을 부여하는 기준에 차이가 있을 수 있다. 이를테면, '대형교단'에서는 교단이 자체적으로 정한 '헌법'에 따라 목사자격을 인정하는 일반과정정규과정 외에, 군소교단에서 흔히 보듯이 통신강좌나 사이버 신학교, 심지어 비인가 신학교를 거쳐 단기간에 목사안수를 받을 수 있는 특별과정비정규과정이 있다.

예를 들면, '단일교회 규모로 세계 최대'라는 여의도 순복음교회의 조용기 목사는 심한 질병으로 고등학교에서 학업을 중단했기 때문에 신학대학교에 들어갈 수 없었다. 그럼에도 그는 고등학교를 중퇴한 학력으로 2년제 '순복음신학교'를 마치고 목사안수를 받았을 뿐 아니라 어쨌든 세계적인(?) 목사가 되었다.

이처럼 비정규 과정을 거쳐 목사안수를 받고 목회를 하는 사람들도 적지 않기 때문에 일방적인 기준으로 목사자격 여부를 섣불리 판단할 수 없다. 군소교단에서 종종 보듯이 비인가 신학교를 다녔어도 일단 안수를 받으면 목사자격에 대해 원칙상 문제를 제기할 수 없기 때문이다. 이것이 이른바 종교의 자유, 또는 자율성을 보장하는 헌법적 판단이다.

반면에, 오정현은 비정규 과정이 아닌 소위 '정통교단'에서 목사안수과정을 이수했다고 주장한다. 그의 말을 달리 표현하면 "PCA 교단헌법이 규정한 대로 '정상적인 절차'를 거쳐 목사안수를 받았다"는 것이다. 따라서 오정현의 목사자격에 대한 쟁점은 단지 목사안수 여부가 아니라, PCA 교단헌법이 정한 자격기준에 적합한가에 대한 판단이 선행돼야 한다.

문제의 본질은 목사안수 여부가 아니며, 교단에 상관없이 주어지는 관행적인 목사자격에 대한 문제제기가 아니다. 그의 입으로 직접 "PCA 교단에서 목사안수를 받았다"고 주장했기 때문에 당연히 PCA 교단에서 제시하는 기준에 부합하는지 여부가 그의 목사자격에 대한 판단기준이 돼야 한다.

만약에 PCA라는 특정 교단이 정한 기준과 자격에 부합하지 못한다면 그는 해당 교단의 목사일 수 없다. 해당 교단에 속한 목사가 아니라면 교단 소속 노회에서 파견하는 '위임목사'로서 교단에 소속된 개별교회의 담임목사가 될 수 없다.

미국에서 탈봇 신학대학원을, 그리고 서울에서 총신대 신학대학원을 졸업했다는 오정현은 소위 '스펙'이 남다름에도 그의 목사자격 자체에 논란이 끊이지 않는 이유가 무엇인가? 결론부터 말하면 그의 목사자격에 중대한 문제가 있기 때문이다. "신학교를 졸업하고 안수를 받았다"는 점에서 그는 '외견상' 분명히 목사이지만, 안수에 이르는 과정에서 중대한 하자가 드러났기 때문에 '사실상' 목사로 인정할 수 없다는 것이다.

요컨대 교단에서 정한 자격기준에 위배되는 중대한 결격사유가 있다면 그를 교단에 소속된 목사로 인정할 수 없는 것이 목사자격을 가름하는 원칙이며 상식이다. 오정현은 분명히 신학교를 마치고 목사안수를 받았기 때문에 '형식적인 관점'에서 보면 목사임에 틀림없다. 그러나 특정한 교단에 소속된 개교회의 담임목사로 인정할 수 없는 중대한 하자가 있다. 이를테면 교단의 규정을 따라야 하는 목사자격에 결정적인 하자가 있기 때문에 그는 당연히 '무자격 목사'이다.

결국, 오정현의 목사자격에 문제를 제기하는 사람들은 그가 불법과 편법으로 목사안수를 받았기 때문에 교단 소속목사로 인정할 수 없다는 것이다. '장로교회'의 교단헌법을 위반하고 속임수로 목사안수를 받은 오정현은 장로교회 소속인 남가주 사랑의교회, 그리고 서울사랑의교회의 '위임목사'일 수 없다. 오정현의 목사안수와 자격여부에 의혹들이 불거지자 마침내 오정현은 사랑의교회 소식지 '우리'에 다음과 같이 자신의 입장을 밝혔다.

미국에서 신학교를 졸업한 후 PCA 교단에서 안수를 받고 목회했다. 이것은

PCA 교단 사무국에 연락하면 언제든지 알 수 있는 일이다

그의 주장처럼 "신학교를 졸업한 후 PCA 교단에서 목사안수를 받고 목회했다"면 그것만으로 충분한 답변이 됨직하다. 오정현은 여기서 더 나아가 "미국에 있는 한인들이 200만 명이 넘고 미국 전역이 한인 교회 네트워크로 촘촘히 연결되어 있는데, 정식으로 목사 안수를 받지 않고 어떻게 20년이 넘는 세월 동안 교회 개척과 부흥을 주도할 수 있었겠느냐?"고 반문하며, 의혹을 제기한 사람들에 대한 공세를 멈추지 않았다.

언뜻 보기에 그의 주장은 논리적·법적으로 전혀 오류가 없다. 따라서 비난받을 사람은 그가 아니라 오히려 의혹을 제기한 사람들이라는 생각이 들 수 있다. 실제로 오정현과 그의 측근들은 의혹을 제기한 교인들을 향해 '교회를 흔드는 불순한 세력'이라거나, 심지어 '사마귀사탄, 마귀, 귀신'라며 원색적인 비난을 마다하지 않는다. 그러나 오정현은 논점을 흐리면서 자신의 목사안수에 관한 '숨겨진 사실들'을 의도적으로 왜곡하며 문제의 본질을 호도하고 있다.

가려진 진실을 파악하기 위해서는 무엇보다 '사실관계'를 먼저 알아야 한다. 이런저런 주장들이 있지만 정작 중요한 것은 그가 신학교를 졸업하지 않았다거나 PCA 교단 한인서남노회에서 목사안수를 받지 않았다는 것이 아니다. 학적부를 보면 오정현이 신학교를 졸업한 것은 엄연한 사실이다. 그리고 비록 다른 의견들이 있다 해도 어쨌든 '하이데저트 한인교회'에서 안수를 받았다는 유력한 증언이 있기 때문에 오정현의 목사자격을 무턱대고 부정할 수 없다.

그러나 문제의 본질은 전혀 다른 데 있다. 신학교를 졸업했고 안수를 받았지만, 오정현의 신학교 졸업과 그가 목사안수를 받았던 일련의 과정들이 대부분 거짓과 불법이라는 것이다. 다시 말해 오정현의 목사안수는 '결

정적인 하자'가 있기 때문에 목사자격을 인정할 수 없는, 이른바 '원인무효'에 해당한다.

간단히 설명하면, 고등학교 졸업학력을 인정받지 못한 사람이 대학학부에 들어갈 수 없는 것과 같은 이치이다. 만약에 무자격자가 속임수로, 또는 불법과 부당한 특혜로 대학에 입학하고 졸업했더라도 추후에 그런 사실이 밝혀지면 입학과 졸업이 모두 취소되기 마련이다. 이화여대에 불법과 특혜로 입학했다가 나중에 비리가 밝혀지면서 입학과 졸업 자격을 모두 상실했던 정유라의 경우가 구체적인 실례實例가 된다.

그것이 법과 절차의 중요성이며 또한 당위성이다. 이와 마찬가지로 PCA 교단에서 목사 안수를 받기 위해서는 안수에 앞서 '강도사 인허'를 받아야 하며, 일정 기간 사역이 반드시 전제돼야 한다. 그러나 오정현의 목사안수 의혹의 중심에 다름 아닌 '강도사 사칭'이 있다. 사칭이 사실이라면 이는 결과를 뒤집을 수 있는 '결정적인 하자'이며, 목사안수라는 결과를 무효로 만들 수 있는 '원인'에 해당되기 때문에 결코 가벼이 지나칠 수 없다.

만약에 '강도사 인허'를 받지 못했다면 그는 '미국장로교회'의 교단헌법에 따라 PCA 교단에서 목사안수를 받을 수 없다. 그럼에도 오정현의 경우처럼 강도사 인허를 받지 않은 자가 목사안수를 받았다면 그것은 명백한 거짓이며 불법이다.

또한, 안수를 받지 않았거나 불법으로 안수를 받았다면 그는 PCA교단 소속의 지역교회에서, 이를테면 '남가주 사랑의교회'에서 위임목사로 시무할 수 없는 것이다. 따라서 오정현이 "분명히 받았다"고 주장하는 강도사 인허의 사실여부를 파악하는 것이 그에 대한 목사자격논란을 결정짓는 열쇠이다.

오정현의 '강도사 인허'는 거짓이다

"1985년에 강도사 인허를 받았다"는 오정현은 1986년에 탈봇 신학대학원을 졸업하고, 그 해 10월에 PCA 한인서남노회에서 목사안수를 받았다고 주장한다. 그의 주장대로 강도사 인허, 신학교 졸업, 목사안수가 모두 사실이라면 오정현의 목사안수와 자격에 전혀 문제가 없다. 그럼에도 그의 목사안수와 자격에 좀처럼 의혹이 가시지 않는 이유는 무엇인가? 끊임없이 터져 나오는 의혹들과, 그에 대처하는 오정현의 변론을 들으면서 느낀 바가 있다. 오정현의 '개인적인' 주장을 제대로 검증하기 위해서는 그가 하는 말을 곧추 듣기 전에 '행간의 의미'를 먼저 파악해야 한다는 것이다.

오정현의 주장에 대한 진위 파악을 일단 뒤로 하고 사실에 입각해서 말하면 그는 분명히 미국에서 신학대학원을 졸업했고 목사안수를 받았다. 그럼에도 그는 PCA 교단의 '목사'일 수 없으며, PCA 소속목사가 아니라면 PCA에 속한 '남가주 사랑의교회'의 담임목사일 수 없다. 이유는, PCA 교단에서 목사가 되기 위해서는 신학대학원을 졸업하는 것 외에, 졸업한 뒤에 강도사 인허를 받고 일정한 수련 기간을 거쳐야 하며, 그 뒤에 목사고시에 합격한 자에 한해서 비로소 안수를 받을 수 있기 때문이다.

이것은 PCA 교단헌법에 명시된 '의무규정'이며, 이런 절차를 따르지 않는다면 목사안수를 받을 수 없다. 교단헌법에 명시된 자격조건은 선택할 수 있는 옵션이 아니라 교단에 속한 자라면 반드시 따라야 하는 '필수조건'이기 때문이다. 여기에 덧붙여, 오정현이 안수를 받았다는 PCA 한인서남노회 총칙을 보면, "강도사 인허를 받은 후에 1년 이상 경과된 자만이 목사고시에 응시할 수 있다"고 기록되었다.

지금까지 서술한 내용을 정리하면 다음과 같다. PCA 교단에서 목사가 되려는 자는 반드시 1)신학대학원을 마치고 2)'강도사 인허'를 받은 후에 3)교단에 소속된 교회에서 1년 이상 강도사로 사역하고 4)목사고시에 응시해서 시험에 합격해야 비로소 목사안수 자격을 부여받는다. 따라서 오정현이 PCA 교단에서 목사안수를 받고 정식으로 목회를 시작했다는 주장이 '사실'이 되려면 오정현은 당연히 '목사고시'에 합격했어야 한다. 그리고 목사고시에 응시하려면 반드시 '강도사 인허'를 사전에 받았어야 한다.

오정현은 PCA 한인서남노회에서 목사안수를 받고 정식으로 목회를 시작했다고 주장한다. 하지만 그의 말을 주의 깊게 들어보면 어딘가 탐탁하지 않은 점을 발견할 수 있다. 신학대학원을 졸업했다는 말은 애써 강조하면서도 그의 입에서 '강도사 인허'에 관한 말은 전혀 나오지 않기 때문이다.

PCA 교단에서 강도사 인허는 목사안수를 받기 전에 반드시 거쳐야 하는 필수과정이다. 만약에 강도사 인허를 받지 않았다면, 또는 그가 받았다는 강도사 인허가 거짓이라면 당연히 그는 목사고시에 응시할 수도 없고 목사안수를 받을 수도 없는 것이다. 목사안수를 위한 '필수과정'이며 전제조건으로서 그토록 중요한 '강도사 인허'를 떳떳이 밝히지 않는 이유가 무엇일까? 이유는, 자발적으로 사실을 밝힐 수 없는 '중대한 사유'가 있기 때문이다.

PCA 교단에서 목사안수를 받았다고 당당히 주장했던 오정현은 정작 PCA 교단 어디에서도 강도사 인허를 받은 적이 없다. 이를 간파한 사랑의교회 '안수집사회'에서 문제를 제기했다. 오정현이 1984년 9월부터 1986년 9월까지 사역했던 '오렌지 한인교회'에 문의한 결과, "1985년 2월에 오렌지 한인교회에서 강도사 인허를 받았다"는 대답을 들었다고 한다. 그런데, 답변은 들었지만 의혹이 걷히기는커녕 더욱 심각한 문제들이 불거졌다.

우선, 강도사 인허를 받았다는 시점이 그의 주장처럼 1985년 2월이라면 심각한 문제가 대두된다. 그때는 오정현이 탈봇 신학대학원을 졸업하기 전이라 "신학대학원을 마쳐야 한다"는 규정을 지키지 못한 절차상 하자로 강도사 인허를 받을 수 없기 때문이다. 또한 '오렌지 한인교회'는 PCA 소속이 아니라 CRC북미주개혁교회로, PCA와 교류는 있을망정 엄연히 다른 교단이다. PCA에서 목사안수를 받고 목회하려는 자가 다른 교단인 CRC에서 강도사 인허를 받았다고 주장하는 것부터 석연치가 않다.

더욱이 CRC에는 PCA와 달리 '강도사'라는 호칭이 없으며, '강도사 인허'라는 제도 자체가 없다. 그럼에도 오정현은 CRC에 존재하지도 않는 강도사 인허를 들먹이며 "CRC에서 강도사 인허를 받았다"고 주장한 것이다. 명백한 허위가 아닐 수 없다. 나아가 CRC에는 강도사라는 제도가 없음에도 "CRC에서 강도사 인허를 받았기 때문에 PCA에서 목사안수를 받는 데 아무런 문제가 없다"고 주장하는 것은 강도사를 '사칭'한 거짓이며 엄연한 범행이다. 결국 오정현은 PCA 교단을 속인 동시에 교회와 성도, 나아가 하나님을 기망하는 가증한 불의를 저질렀다. 목사가 정녕 주의 종이라면 목사에게서 이런 거짓과 불법은 상상조차 할 수 없는 죄가 아닌가.

이에 대해 우리는 분명히 거짓이며 불법이라고 말하지만, 그럼에도 여전히 의문이 가시지 않는다. 오정현과 '오렌지 한인교회'에서 망설임 없이 "강도사 인허를 받았다"고 주장했던 이유가 무엇일까? 여기에 바로 오정현의 치밀한 '꼼수'가 있다. 의문에 답하기 위해서 CRC 제도에 정통한 전문가의 말을 인용한다.

CRC 교단에서 목사안수를 받고 CRC 소속 '시애틀 드림교회' 담임목사로 시무하고 있는 김범수 목사는 "CRC에는 강도사 제도가 없다"고 단언한다. 오정현이 "CRC 소속 오렌지 한인교회에서 강도사 인허를 받았다"며, 이를 근거로 "PCA 한인서남노회에서 목사안수를 받았기 때문에 적법하다"고 주장한 것에 대해 김범수 목사는 "CRC에는 강도사 인허라는 제도가 없으며, 강도사라는 용어 자체를 사용하지 않는다"고 밝혔다.

덧붙여 그는 "오정현 목사와 PCA교단, 그리고 한국 장로교회가 CRC 개혁교회에서만 채택하는 전혀 다른 제도를 장로교회에서 사용하는 제도로 잘못 이해하고 적용하면서 이런 혼란이 발생했다"고 주장했다.

개혁교회CRC에서 내부적으로 사용하는 제도를 장로교회PCA의 제도로 잘못 이해하고 적용했다는 말인데, 김범수 목사가 미처 깨닫지 못한 것이 있다. 오정현이 CRC 제도를 잘못 이해해서 발생한 우발적인 실수가 아니다. 제도의 명백한 차이를 알면서도 고의로 사칭한 중대한 문제, 이를테면 의도적인 범행이다. CRC에 강도사 인허나 강도사 호칭은 없지만, PCA의 강도사로 오해할 수 있는 CRC의 유사한 제도, 이를테면 목사가 되기 전에 '설교할 수 있는 자격'을 허락하는 제도가 있다는 점에 주목해야 된다. 요컨대 오정현은 CRC의 다른 제도인 설교권을 교묘하게 이용해서 PCA의 '강도사 인허'로 사칭하고, 사칭한 강도사 인허로 PCA에서 목사안수를 받은 것이다.

"CRC의 설교권과 PCA의 강도사 인허가 명칭은 다르지만 사실상 내용은 같은 것이 아니냐?"는 반문이 있을 수 있다. 이에 제대로 답하기 위해서는 CRC의 설교권에 대한 바른 이해가 우선이다. 질문에 대한 대답부터 먼저 한다면 두 제도는 명칭만 다른 것이 아니라 내용 자체가 완전히 다르다. CRC에서 '설교권'을 부여하는 제도는 교단헌법 6조, 7조, 그리고 43조에 명시되었다. 여기서 중요한 것은 6조, 7조, 43조는 내용과 성격이 각각 다르기 때문에 CRC에서는 별개 사안으로 다룬다는 사실이다.

사용하는 용어부터 분명히 차이가 있다. 6,7조는 'Preaching License'이며, 목회자 후보생에게 자격을 부여하는 정식 설교권으로 PCA 교단소속이라면 지역과 상관없이 어떤 교회에서도 필요할 때 수시로 사용할 수 있다. 반면에 평신도에게 특정한 지역에서, 그리고 임시로 설교권바른 번역은 '권면할 수 있는 자격'이다을 부여하는 43조는 'License to Exhort'로, 6조·7조와 분명히 구별된다.

CRC에서 설교권을 'Preaching License'와 'License to Exhort'라는 용어

로 각각 구별했다면 거기에는 그럴만한 이유가 있기 때문이다. PCA교단이나 한국의 장로교회는 다른 교단인 CRC의 특별한 제도를 자신들의 교단에 적용하려면 세심한 주의를 기울였어야 했다. 다시 말해 두 제도의 유사한 명칭에 현혹되기 전에 엄연히 다른 내용과 성격의 차이에 주목했어야 한다. 이를테면, 서로 다른 두 제도를 각각 '목사후보생 정식설교권'과 '평신도 임시설교권'으로 분명히 구별했다면 어떤 사람도 CRC 교단 43조의 임시설교권을 PCA의 강도사 인허에 해당한다고 섣불리 주장할 수 없었을 것이다.

문제의 핵심이 바로 여기에 있다. 오정현은 CRC교단에서 6,7조가 아닌 43조의 '평신도 임시 설교권'License to Exhort', 다시 말해 '교회에 목회자가 부재하거나 기타 특별한 상황이 있을 때' 교회에서 평신도에게 임시로 설교를 허락하는 '평신도 임시설교권'을 허락받았을 뿐이다. 6·7조가 아닌 43조로 설교권을 받은 것은 명백한 사실이기 때문에 오정현도 부인하지 못한다. 그럼에도 오정현은 '43조'가 담고 있는 중요한 내용을 숨긴 채 임시설교권을 강도사 인허로 둘러대며, "CRC에서 강도사 인허'를 받았다"고 교회와 성도, 그리고 하나님을 속인 것이다.

오정현의 '강도사 인허'에 대한 의혹이 불거지자 CRC 교단의 행정전문가들은 CRC에서 사용되는 '정식설교권'과 '평신도 임시설교권'의 분명한 차이를 설명해 주었다. 앞에서 말했던 김범수 목사는 CRC 교단의 '목사가입위원회'CMLT 위원으로 목사안수에 관한 일을 담당했던, 그 분야의 전문가이다. 그는 43조의 '임시설교권'License to Exhort에 대해 다음과 같이 정리한다.

> 한 교회의 강단이 비어서 설교자가 없을 경우에, 자격을 갖춘 목회자가 부임하기 전까지 평신도에게 임시로 설교하도록 노회의 재량으로 허락해준

'임시설교권'이다. 부득이한 상황에서 주어지는 한시적이고 임시적인 방편 일 뿐이다. 더욱이 이는 노회에서만 인정한 것이지, 심지어 CRC내 다른 노회에서는 효력이 없다

목사안수와 전혀 상관이 없는 43조의 임시설교권은 목사가 되려는 사람에게는 해당되지 않기 때문에 CRC 목사가입위원회에서는 43조를 통한 자격여부에 대해서는 아예 다루지 않는다고 한다. 그의 주장에 따르면, CRC 교단에서 목사가 되려면 6조, 8조, 23조의 과정을 거쳐야 한다는 점은 CRC에서는 기본상식이다.

반면에, 해당 노회에서 제한적으로 부여한 '평신도 임시설교권'인 43조로 목사가 되려고 시도하는 것은 그 자체가 어불성설이라는 것이다. 마침내 CRC 교단 행정대표 스티븐 팀머만스 박사는 "CRC에서는 교단 헌법의 6조나 8조, 혹은 어느 조항으로든지 오정현 목사를 안수한 적이 없다"고 말했다. 결국 오정현이 주장하는 강도사 인허는 처음부터 거짓이었다.

마지막으로, CRC에서 인정하는 유일한 헌법 주해서의 저자이며 CRC 교단헌법의 권위자인 '헨리 드 무어' 교수는 43조에 대해 이렇게 설명했다. "평신도로서 이런 은사가 있는 자들은 아마 교수들이거나 경험이 많은 장로들, 또는 교회에서 인정한 리더이거나 목사안수를 받지 않은 멤버일 수 있다. 어쨌든 그들은 목사가 될 의향이 전혀 없어야 한다."

43조의 임시설교권을 근거로 오정현은 '강도사 인허'를 받았다고 주장하면서 PCA교단과 한국교회를 상대로 거짓말을 했다. 그리고 PCA에서 강도사 인허를 받지 않고도 PCA에서 불법으로 목사안수를 받았다. 많은 사람들이 이를 두고 CRC 제도의 허점을 이용한 편법이라고 말하지만, 사실은 CRC 제도에 허점이 있었던 것이 아니다. 43조는 오히려 평신도에게 임시 설교권을 부여하는 CRC의 '개혁주의'에 부합하는 바람직한 제도이

다. 다만 오정현이 이를 악용해서 '강도사 인허'라고 사칭한 것이 문제의 본질이다.

오정현은 CRC의 민주적인 제도를 폭 넓게 적용한 것이 아니며, 제도의 미비점을 적절히 이용한 것도 아니다. CRC의 임시설교권을 거짓 근거로 제시하며 강도사를 사칭한 오정현은 불법을 저지르며 CRC 제도의 장점을 악의적으로 역이용한 것이다. CRC 설교권의 내용과 성격을 익히 알고 있는 오정현은 사역자로서 기본적인 신앙양심이 있었다면 '강도사 인허'라는 말 자체를 꺼내지 말았어야 한다.

설령 설교권과 강도사 인허가 부분적으로 유사한 점이 있다 해도 목회자후보생에게 해당되는 설교권과 평신도에게 임시로 부여하는 임시설교권이 엄연히 다르다는 것은 CRC에서 '평신도 임시설교권'을 받았던 그가 몰랐을 리 없다. 한 마디로 말해서 오정현이 '강도사 인허'를 받았다고 주장하며 PCA에서 목사안수의 근거로 제시한 것은 명백한 '사칭'이다.

오정현의 강도사 인허 주장에 반박하기 위해서 CRC에서 해당노회의 회의록을 공개했다. 그리고 교단대표가 직접 나서 "오정현이 CRC 목사인 적이 없었다"고 발표했다. 그 말은 오정현이 CRC에서 강도사 인허를 받은 적이 없다는 확증이다. 이처럼 모든 사실이 명백히 드러났다면 강도사 인허를 근거로 PCA에서 받았던 오정현의 목사안수와 자격은 당연히 무효가 돼야 한다.

하지만 오정현은 물러서지 않았다. 예상했던 대로 그는 나름의 반론을 제기한다. CRC헌법 43조가 '평신도를 위한 임시설교권'으로 목사안수와 전혀 상관이 없다는 주장에 대해 오정현은 나름대로 반박했다. 'CRC 운영교본'을 증거자료로 제시하면서, 헌법 43조의 조항이 평신도에게만 적용되는 게 아니라고 주장했다.

또한 43조에 대한 해석이 분분하기 때문에 이것을 '임시설교권'이라고 단정하기 어렵다고 했다. 여기에 덧붙여 오정현은 자신이 오래 전인 1985년에 강도권강도사 인허을 받았기 때문에 30년이 지난 지금에 와서 당시 법 조항을 확인할 수 없을 뿐만 아니라 노회회의록에 나와 있는 용어와 CRC 헌법에 있는 용어가 일치하지 않기 때문에 정확한 해석이 어렵다고 말했다.

그러나 오정현 측이 반박자료로 제시한 'CRC운영교본'을 보면 오정현의 거짓은 더욱 분명해진다. 오정현이 받았던 헌법 43조에 의한 설교권은 평신도에게 주어지며, 목사후보생이 설교권을 인정받는 방법은 헌법 제43조가 아닌 22조에서 별도로 규정하고 있다.

1985년에 받았던 강도사 인허를 30년이 지나서 뒤늦게 현행 헌법의 기준에 따라 해석하는 것은 무리가 있다는 오정현의 주장 또한 사실과 다르다. CRC 전문가에 따르면, 평신도에게 설교권을 허용하는 것은 현행 헌법의 새로운 규정이 아니라 이미 1925년에 결의되었고, 1965년에 교단헌법을 전면 개정하면서 헌법조항으로 명기되었다.

그 후의 변동사항은 사소한 내용으로, 44조가 43조 b로 조항 번호가 바뀌고, 남성man, male을 사람person으로 바꾼 정도이다. 결국 전체적인 내용은 CRC헌법이 제정된 1924년과 거의 동일하다. 그렇다면 30년의 시차에 따른 간격을 제시하며 강한 반론을 펼쳤던 오정현의 주장은 일고의 가치가 없는 것이다.

오정현의 반론은 계속 이어졌다. CRC 설교권은 장로교회의 '강도사 인허'처럼 목사후보생을 위한 제도가 아니라는 반론이 대두되자 오정현은 "목사가 되는 과정은 교단에 따라 천차만별이기 때문에 일방적인 잣대로 목사안수를 문제 삼을 수 없다"고 반박했다. 하지만 그의 주장은 강도사 인허의 주된 논점에서 벗어난 궤변에 지나지 않는다. 오정현의 강도사 인허에 얽힌 의혹은 교단에 따라 달리 적용되는 다양한 기준에서 비롯된 선택의 문제가 아니다.

다시 말해 특정 교단인 CRC교단에서 그가 받았던 평신도설교권의 불법적인 적용에 관한 문제일 뿐이다. 결론적으로, 오정현이 어떤 논리로 CRC 헌법의 '평신도 임시설교권'을 논박한들, CRC 임시설교권은 평신도에게 '임시로' 주어지는 것일 뿐 목사안수와는 전혀 상관이 없다는 것은 분명한 사실이다. 따라서 CRC 헌법 43조로 '평신도 임시설교권'을 부여받은 오정현은 그것을 근거로 CRC이든 PCA이든 어떤 곳에서도 목사안수를 받을 수 없었다. 이것이 명백한 '진실'이며, 변명에 지나지 않는 오정현의 주장은 명백한 거짓일 뿐이다.

오정현의 '강도사 인허'에 관한 진실을 간단히 정리한다.

1) CRC개혁교회에는 장로교회의 강도사에 해당되는 제도가 없다. 따라서 강도사라는 호칭 자체가 있을 수 없다.
2) 노회에서 한시적으로 부여받은 임시설교권을 근거로 어떤 경우에도 CRC교단에서 목사가 될 수 없다.
3) CRC뿐만 아니라, '강도사 인허'를 요구하는 다른 교단에서도 CRC의 '평신도 임시설교권'을 근거로 목사가 될 수 없다.
4) CRC의 임시설교권을 다른 교단에서 사용할 수 없기 때문에 PCA 교단에서 설교를 할 수 없다.

결론을 말한다. PCA 교단헌법은 "강도사 인허가 없다면 목사안수를 받을 수 없다"고 분명히 규정한다. 그럼에도 강도사 인허를 받지 못한 오정현이 PCA에서 목사안수를 받았다면 그것은 사실을 왜곡한 '속임수'이며, 속임수로 받은 안수는 불법인 동시에 원인무효이다. 그리고 불법안수에 원인무효라면 오정현은 처음부터 PCA의 목사자격이 없는 것이며, 자격이 없기 때문에 오정현은 PCA 소속 목사일 수 없다. 따라서 오정현은 PCA 소속의 남가주 사랑의교회의 '위임목사'일 수 없었다.

"오정현은 목사인가?"라는 질문에 대한 답은 자명하다. 오정현은 신학교를 마치고 안수를 받으면 목사가 될 수 있는 '어떤 종교집단'에서는 목사일 수 있을망정, 강도사 인허를 요구하는 '장로교회'의 자격기준에 부합하지 못하는 명백한 하자가 있기 때문에 '장로교회'의 목사가 아니다. 따라서 PCA에 소속된 남가주 사랑의교회에서 담임목사로 시무한 오정현은 '무자격 목사'인 동시에 '거짓 목사'이다.

※ CRC에서는 목사가 아니면 설교할 수 없다. 따라서, Licence to Exhort는 '설교권'이 아니다. '권면할 수 있는 자격'이라는 의미에서 '권면권'으로 제대로 번역했다면 오정현의 설교권에 대한 논란을 피할 수 있지 않았을까?

'목사 안수 증'에 얽힌 의혹

오정현은 PCA 한인서남노회 소속의 '하이데저트 한인교회'에서 안수를 받았다고 주장하지만, 안수를 사실로 입증하는 유일한 자료인 '노회 회의록'이 사라진 상태이다. 오정현이 PCA 한인서남노회 서기를 맡은 뒤에 회의록이 분실되었다고 하는데, 오정현의 목사안수에 의혹이 있는 상태에서 노회 회의록의 분실은 단순히 우연이라고 보기에는 왠지 미덥지 않다는 생각을 지울 수가 없다.

오정현은 "분명히 목사안수를 받았다"면서 사랑의교회 교인들에게 소위 '안수 증'이라는 것을 제시했지만, 그가 제출한 안수 증에도 의혹이 불거졌다. 종교단체인 노회에서 발행한 안수 증은 공문서로, 다른 안수 증에는 노회의 직인seal이 있는데 유독 오정현의 안수 증에는 직인이 없다는 것이다.

직인의 문제를 넘어, 오정현에 대한 '위임결의 무효확인' 소송이 진행되던 법정에서 오정현 측 변호사인 오세창사랑의교회 장로, 법무법인 로고스 소속 변호사이 전혀 예상하지 않았던 증언을 했다. 오정현이 제시했던 안수 증은 교단에서 발행한 공적인 안수증명서가 아니라 '지인들끼리 목사안수를 기념하기 위해서' 교단과 무관하게 사적으로 만든 문서라는 것이다. 다시 말해 오정현이 제시한 안수증명서는 교단에서 안수를 증명하는 '사실'이 아니며, 개인들이 임의대로 만든 '장식'임에도 오정현은 마치 안수를 증명하는 법적 증거인 것처럼 교인들을 속인 것이다.

단체의 공적 지위를 인정하는 증명서를 개인들이 임의로 만든 것은 공문서 위조로 명백한 불법이다. 결국 오정현은 '사이비 증명서'를 제시하며 순진한 교인들을, 나아가 교회와 교회의 주인이신 예수 그리스도를 기망하는 죄를 반복해서 저지른 것이다.

이런 사실이 언론에 보도되면서 걷잡을 수 없는 파란이 일자 사랑의교회 부목사 주연종은 부랴부랴 기자에게 전화해서 "오세창 변호사가 '잘못 말한' 것이며, 안수 증은 노회에서 직접 받은 게 맞다"고 주장했다. 변호사가 법정에서 했던 발언을 당사자도 아닌 사랑의교회 부목사가, 그것도 법정이 아닌 외부에서 제멋대로 번복한 것이다. "오세창 변호사에게 다시 물었더니 '그렇게 들었던 것 같은데...'라고 얼버무렸다"며 주연종은 "안수 증에 노회장과 부서기의 서명이 있는데, 개인이 만든 것이라면 서명을 위조했다는 말이냐?"며 안수증이 노회에서 발행한 공문서라고 거듭 주장했다.

일면 일리가 있는 주장이다. 안수를 기념하기 위해서 지인들끼리 사적으로 만든 서류에 노회장과 부서기가 서명했을 리 만무하기 때문이다. 지인들이 안수를 기념하기 위해서 '장난삼아' 만든 서류에 서명을 위조한다는 것 또한 선뜻 믿기지 않기 때문이다. 그럼에도 오정현의 안수 증에 대한 의혹은 멈추지 않았다.

몇몇 증언을 들어보면, 오정현이 안수를 받았다고 주장하는 1986년은 "PCA 한인서남노회가 막 발족한 때라서 미처 안수 증의 형식을 결정하지 못했기 때문에 노회에서 안수 증을 발행하지 않았다"는 증언이 있는가 하면, 앞에서 말했던 것처럼 오정현의 안수 증에 직인이 없었던 점을 들어 처음부터 조작된 서류라는 증언이 있다.

어쨌든 안수 증은 목사안수의 진위를 밝히는 결정적인 증거가 되지 못한다. 실제로 안수를 받았더라도 안수 증을 받지 않았을 수 있으며, 불법안수라도 사전에 모르고 안수를 시행했다면 안수 증을 받을 수 있기 때문이다. 따라서 의혹의 핵심은 '안수 증' 자체가 아니라, PCA 한인서남노회에서 받았다는 오정현의 목사안수가 적법한가에 대한 여부, 그리고 실제로 목사안수를 받았는가에 대한 사실 여부이다.

1986년 10월 15일, 오정현이 하이데저트 한인교회에서 목사안수를 받았다는 시점에 PCA 한인서남노회 서기로 노회에서 중책을 맡았던 김상만 목사는 '오정현의 안수는 사실무근'이라고 증언한다. 오정현이 안수를 받았다는 "하이데저트 한인교회가 당시 PCA 한인서남노회에 가입된 교회가 아니며, 장로교 교단도 아닌 초교파 교회이기 때문에 안수가 불가하다"는 것이다. 반면에 당시 노회장인 김달생 목사가 서명한 회의록 '복사본'에는 오정현의 안수에 대한 기록이 있다. 회의록의 원본이 남아있지 않는 상태에서 사본은 조작 의혹이 있는 데다 증언이 서로 엇갈리는 상태에서 사본을 근거로 오정현의 목사안수를 사실로 인정할 수 있는가 하는 문제가 여전히 남아있다.

오정현과 '사랑의교회' 위임목사

오정현의 목사자격에 대한 논란은 단지 PCA 교단의 목사안수 문제로 끝나지 않는다. 그는 2003년에 옥한흠 목사에 이어 예장대한예수교장로회합동 소속인 사랑의교회 2대 담임으로 부임했다. 물론 예장합동 소속인 사랑의교회에서 '위임목사'로 시무하기 위해서는 합동교단에서 부여하는 목사자격을 반드시 취득해야 하며, 다른 교단들과 마찬가지로 예장합동의 교단 헌법에도 목사자격을 부여하는 특정한 조건이 있다. 이를테면 오정현의 경우처럼 다른 교단의 목사가 예장합동 목사가 되기 위해서는 반드시 총신대 신학대학원의 '편목과정'에 입학해서 2년 이상 소정의 수업을 마쳐야 한다.

사실 여부에 대한 의혹이 끊이지 않았지만 어쨌든 목사안수를 받고 남가주 사랑의교회에서 10년 넘게 담임목사로 목회했던 오정현은 타 교단의 목사에서 '이명'을 거쳐 총신대 편목과정을 이수하는 것이 총신대 학칙인 동시에 일반적인 상식이다. 그러나 무슨 영문인지 오정현은 목사자격이 아닌 합동교단의 '목사후보생' 자격으로 편목과정에 입학한다.

총신대 신학대학원 편목과정은 원칙상 총신대 신학생이 아니라 타 교단 목사가 예장합동교단에 목사로 가입하기 위해서 교단헌법에 따라 반드시 거쳐야 하는 과정이다. 그리고 편목과정에 입학하려면 노회에서 발행하는 편목관련 추천서를 제출해야 된다. 그러나 PCA 목사인 오정현은 엉뚱하게 합동교단 경기노회 소속 '목사후보생' 신분의 노회추천서를 입학서류로 제출했다.

교단헌법이 요구하는 총신대 편목과정의 입학규정을 전면 위배한 것이다. 매사에 '높아지려는' 그가 스스로 규정을 어기면서까지 목사에서 오히려 등급을 낮춰 '목사후보생' 신분으로 총신대 편목과정에 입학하려는 의도가 무엇일까? 도무지 이해가 되지 않는 일이다.

그간의 행실을 미루어 짐작하건대 오정현은 '의혹의 불씨'를 안고 있는 PCA의 목사직분을 합동교단의 목사로 '신분 세탁'하기 위해서 의도적으로 꼼수를 부린 것이 아닐까하는 '합리적인 의심'을 지울 수 없다. PCA에서 합동으로 이명한 목사신분은 이전과 연계되기 때문에 만약에 PCA 목사안수가 허위로 밝혀질 경우, 합동교단의 목사자격까지 '원인무효'로 취소될 수 있기 때문이다.

반면에 이명을 하지 않고 PCA 교단의 목사자격을 그대로 유지하는 경우라면 상황은 달라진다. 편법일망정 오정현은 양쪽에서 목사자격을 유지할 수 있고, 예기치 않은 상황이 발생한 경우에 한쪽을 선택할 수 있기 때문이다. 물론, 편목과정을 거쳐 타 교단 목사에서 합동교단 목사로 가입하든, 합동교단의 목사후보생으로 신학대학원에 들어가서 목사가 되기 위한 소정의 절차를 밟아가든, 과정이 정당하다면 그 자체를 문제 삼을 수 없을 것이다.

그러나 오정현은 정당한 절차에 따라 3년 과정의 총신대 신학대학원 정규과정에 입학한 것이 아니다. 경기노회가 발행한 '목회자 후보생 추천서'를 총신대에 제출한 오정현은 '타 교단 목사'에게 해당되는 '일반 편목과정'에 입학해서 고작 1년 수업으로, 그나마 전혀 수업을 듣지 않고서도 당당히 총신대 신학대학원을 졸업해서 한국 개신교의 최대교단, 소위 '장자교단'이라는 합동의 위임목사가 되는 '특혜'를 받은 것이다.

더욱 심각한 문제는 그가 편법으로 총신대 편목과정에 입학한 것뿐 아니라, 편목과정에 입학하기 위해 제출한 입학서류가 '허위'라는 것이다. 실제로 입학서류가 허위라면 입학에 관한 학사규정을 위반한 '부정입학'이다. 이는 단순한 의혹이나 있을 수 있는 편법이 아니라 도저히 있으면 안 되는 불법이며, 입학 자체가 원인무효에 해당되는 중대한 사안이다. 그럼에도 무사히 총신대 편목과정을 마친 오정현은 노회에서 강도사 인허를 받고, 합동교단 동서울노회에서 '위임목사 결의'를 받아 마침내 사랑의교회 담임목사로 부임할 수 있었다.

하지만 꼬리가 길면 잡히는 법이다. 일사천리로 진행됐던 총신대 편목과정 입학과 졸업, 그리고 강도사 인허와 목사자격 부여에 수많은 의혹이 제기되었다. 총신대에서 보관하고 있던 학적부에서 오정현의 학력사칭과 허위 입학서류, 시험과 수업 불참 등, '입학무효'에 해당되는 결정적인 하자가 발견된 것이다.

파장이 크게 일자 사랑의교회 부목사 주연종은 그의 책 '진실'에서, "총신대가 보관중인 학적부는 80% 이상이 사실과 다르다"고 주장했다. 총신대의 허술한 학사 관리를 비판하며 오정현의 허위 입학서류에 대한 모든 책임을 총신대로 돌린 것이다.

오정현이 허위 서류를 제출해서 문제가 생긴 것이 아니라, 총신대에서 작성한 학적부 자체에 문제가 있다는 주장이다. 이것은 궤변이 아니라 차라리 개변이다. 도대체 어떤 학생이 입학하면서 자기 손으로 학적부를 기재하며, 도대체 어떤 학교에서 응시자가 제출하지 않은 내용을 학적부에 기재하는가. 학생은 서류를 제출하고, 학교는 학생이 제출한 서류를 토대로 학적부에 기재하는 것이 상식이다.

주연종의 섣부른 주장에 반발한 총신대 교수들은 '학교의 명예를 지키기 위해서'라며, "오정현 목사가 상황에 따라 입교·입대·졸업 시기를 다르게 기록한다"는 내용의 공개성명을 발표했다. 덧붙여 총신대에서는 "평소 신상기록을 부정확하게 기록한 오정현이 편목과정에 응시하면서 허위서류를 작성하고 제출했기 때문"에 발생한 일이라고 주장했다.

오정현의 편목입학에 대한 의혹과 논란이 불거지자 총신대는 '오정현 목사 편목과정 조사위원회'를 구성해서 사실 확인에 들어갔다. 오정현의 입학 당시인 2002년도 총신대 '학칙에 관한 시행 세칙' 제 8조는, "입학관련서류노회 추천서, 세례증명서, 학력증명서 등가 허위 또는 위조로 판명된 경우는 합격을 무효로 한다"고 명시되었다. 따라서 오정현이 제출한 입학서류가 허위나 위조로 밝혀지면 총신대 신학대학원 입학 자체가 무효가 된다. 교단헌법에 따라 오정현의 편목과정은 물론, 합동 소속의 목사자격에서 사랑의교회 위임목사 자격에 이르기까지 일괄 무효처분이 날 수 있는 중대한 사태가 발생한 것이다.

오정현의 편목과정을 처음부터 다시 확인한 조사위원회는 마침내 "오정현 목사가 잘못된 서류로 입학했다"고 총신대 교수회의에 정식 보고했다. "예장합동 경기노회에서 받아 오정현이 총신대에 입학서류로 제출한 '목회자후보생 추천서'는 편목과정에 입학하는 규정에 맞지 않을 뿐 아니라, 당시 PCA 목사 신분인 오정현이 노회에서 '목회자 후보생 추천서'를 받은 것 또한 규정을 어긴 것"이라는 내용이다.

'조사위원회'의 보고서를 전달받은 총신대 신학대학원은 8월에 최고의 결기구인 '교수회의'를 열었다. 보고서를 토대로 오정현의 총신대 신학대학원 편목과정 입학에 심각한 하자를 발견한 교수들은 장시간의 토의를 거쳐 "교무처에 맡겨 규정대로 처리하기로 한다"고 의결했다.

"규정대로 처리하기로 한다"는 문장의 의미는 명백하다. 앞에서 이미 말했지만, 총신대의 '학칙에 관한 시행 세칙'에는 "입학관련서류노회추천서, 세례증명서, 학력증명서 등가 허위 또는 위조로 판명된 경우에는 합격을 무효로 한다"는 규정이 뚜렷이 명시되었다. 따라서 검정고시를 숨기고 부산고등학교로 학력을 사칭한 것과, 편목과정과 무관한 목회자 후보생 신분의 노회추천서를 제출한 오정현의 총신대 편입학을 '무효'라고 의결한 것과 내용상 전혀 다르지 않다.

오정현 사태로 언론과 인터뷰했던 총신대 교수가 말했듯이 "학칙에 따르면, 입학서류가 허위로 밝혀진 사람은 입학 자체가 무효가" 되기 때문이다. 이에 따라 총신대는 오정현의 신학대학원 '합격결정 무효처분'을 10월에 총신대 교수들에게 알렸고, 12월에는 당사자인 오정현에게도 통보했다.

팩스시험에 수업불참

오정현의 총신대 편목과정 편입학에서 드러난 하자는 비단 '목회자후보생 추천서'에서 끝나지 않는다. '고등학교 학력인정 검정고시'에 합격했던 오정현이 총신대에 제출한 입학서류에 '1977년 2월 25일, 부산고등학교 졸업'이라고 기재한 것은 '학력사칭'인 동시에 명백한 '허위'로서 엄연한 불법행위이다. 그렇다면 총신대 학사 규정에 따라 오정현의 총신대 편목과정 입학은 원인무효이며, 그는 합동교단 소속의 목사 자격을 상실하게 되는 것이 마땅하다.

정상적인 절차를 거쳐 총신대 편목과정에 입학했다고 주장하지만 정작 오정현은 다른 응시자들처럼 총신대가 지정한 고사장에서 입학시험을 치르지 않았다. 법적 권한이 없는 '교무위원회'의 자의적인 판단에 따라 미국에서 '팩스 시험'으로 입시를 대체하고서도 '수석입학'이라는 남다른 특혜를 누렸다.

뿐만 아니다. 총신대에 출석해서 편목과정 수업을 들어야 하는 2002년에 오정현은 상반기에 중국 22개성과 베트남, 북한 등을 두루 여행했다. 그리고 오정현은 자신의 저서 '예견과 통찰'에서 2002년 8월부터 2003년 2월까지 하버드 대학교에서 "7개월간 공부하면서 지성의 열정을 맘껏 불살랐다"고 기록했다. 이 말은 분명 허접한 '자기자랑'이었지만, 역설적으로 그가 총신대 신학대학원 편목과정의 수업을 전혀 듣지 않았다고 자백한 셈이다.

이처럼 수업에 전혀 참석하지 않았던 오정현이 '법정 수업일수'를 채우지 않고 편목과정을 수료한 것, 수업을 듣지 않은 상태에서 학점을 취득한 것 역시 편목과정을 정상적으로 이수했다고 도저히 인정할 수 없는 심각한 하자가 아닐 수 없다. 요컨대 팩스 시험, 허위 입학서류, 학력 사칭, 수업 불참 등으로 얼룩진 오정현의 편목과정은 입학하는 순간부터 졸업하는 마지막까지 모든 과정이 특혜와 편법, 그리고 불법으로 점철되었다. 뒤늦은 결정이지만 총신대의 합격무효 처분은 오정현의 누적된 불의를 심판한, 정당한 결정이었다.

종교 '폴리페서'와 오정현의 검은 커넥션

여기에서 우리는 오정현의 총신대 편목과정 입학에 얽힌 '검은 커넥션'을 고발하지 않을 수 없다. 편목과정에 입학할 수 없는 '목회자 후보생' 자격으로 오정현이 총신대에 입학서류를 제출할 수 있었던 것, 정해진 장소가 아닌 곳에서 팩스로 시험을 치를 수 있었던 것, 3년의 편목과정을 불과 1년으로 단축했고 그나마 수업에 참석하지 않고서도 전체 과정을 이수하고 총신대 신학대학원을 졸업할 수 있었던 일들은 '보통 사람들'로서는 감히 넘볼 수조차 없는 막강한 배경이 있었기 때문이다.

당시 미국에 거주하던 오정현은 입학시험 날짜에 면접고사장에 출석조차 하지 않았던 것이 밝혀졌지만, 그는 전혀 동요하지 않았다. 당시 총신대 신학대학원 '교무위원회'위원장 김정우 교수의 결정에 따른 합법적인 절차였다는 것이다. 감독관도 없이 혼자서 팩스로 입학시험을 치렀다는 것은 다른 응시생들과의 형평성 문제가 대두되는 일인데, 그것이 과연 가능한 일일까.

이 문제에 대해 법원에 제출한 총신대학교 총장 김영우의 답변서를 보면 다음과 같다. "총신대학교 신학대학원 교무위원회의 '법적 성격'은 '총신대학교 학칙 제99조, 제100조 제 7항' 및 '학사내규제 83조, 제 84조, 제 85조'에 의하여 '교수회'를 보좌하는 심의기구 역할에 불과하기 때문에 교무위원회가 편입학생들의 입시요강을 변경하거나, 특정인에게 혜택을 줄 수 있는 기구가 아니라고 명시되어 있습니다."

결국 학사에 관한 법적 권한이 없는 교무위원회에서 위원장 김정우를 위시해서 몇 명의 종교 '폴리페서들'이 특정인에게 부당하게 특혜를 준 덕에 오정현은 제대로 시험도 치르지 않고 총신대 편목과정에 입학할 수 있었고, 이를 발판삼아 졸업과 목사안수까지 일사천리로 마칠 수 있었던 것이다.

그들은 순전한 마음으로 오정현 목사를 배려했던 것일까. 사랑의교회 감사보고서를 통해 뒤늦게 밝혀진 사실이 있다. 오정현의 편목과정에 얽힌 특혜는 당시 총신대 신학대학원 교무위원회 위원장이었던 김정우 교수를 비롯한 여러 교수들의 특별한 배려가 있었기 때문에 가능했다. 물론 그들이 특혜를 준 배경에는 그들과 오정현 사이에 검은 커넥션이 있었고, 그들은 추후 사랑의교회로부터 상상을 초월하는 대가로 자신들이 베풀었던 특혜를 보상받는다.

이를 취재한 뉴스앤조이 보도에 따르면, 오정현이 사랑의교회 담임목사로 부임한 다음 해인 2004년부터 6년간, 김정우 교수를 비롯한 총신대학교 교수 3명이 사랑의교회에서 총 3억 원이 넘는 돈을 받았다고 한다.

사랑의교회 재정장부를 통해 구체적으로 밝혀진 총신대 김정우·박용규·김지찬 교수에 대한 지원 내역은, 설교 사례비와 후원금 등의 다양한 명목으로 교무위원장이었던 김정우 교수에게 2억 1,050만 원, 박용규 교수에게 6,819만 원, 김지찬 교수에게 5,300만 원이었다. 상식을 벗어나는 대폭적인 지원은 결국 총신대의 유력한 교수들이 장차 한국의 대형교회를 좌지우지할 수 있는 실력자의 뒤를 보아준 대가로 수억의 '보상금'을 챙겼다고 볼 수밖에 없다.

법원의 무지와 오류

오정현의 편목입학 과정의 의혹과 목사자격에 대한 치열한 논란은 한국교회 내부의 자체적인 판단을 넘어 세상법정으로 이어졌다. 총신대 편목과정에서 중대 결격사유를 발견한 사랑의교회 '갱신위원회' 소속 교인들은 사회법정에 오정현 목사에 대한 '위임결의무효확인' 소송을 제기했었다. 재판이 진행되는 동안에 총신대 신학대학원 교수회의는 '편목과정 입학에 관한 총신대 학사규정을 어긴' 오정현의 학사문제를 "교무처에 맡겨 규정대로 처리하기로 한다"고 결의했다.

오정현의 편목과정에서 수많은 의혹들이 불거졌지만, 소송을 제기했던 교인들은 다른 무엇보다 총신대 교수회의에서 결정한 '입학무효처분'이 위임결의무효확인 소송에서 중요한 역할을 할 것으로 기대했다. 예장합동에서 목사가 되려면 반드시 총신대 신학대학원을 졸업해야 한다는 것은 엄격한 규정 이전에 합동교단에서는 기본적인 상식이다. 총신대 교수회의는 규정을 어긴 오정현의 총신대 입학 자체가 무효이기 때문에 당연히 합동교단의 위임목사 자격을 유지할 수 없다고 보았던 것이다.

'목사들의 이익단체'에 지나지 않는 교단의 자의적인 결정이 아니라 이번에는 진실에 입각해서 사회법정에서 정당한 판결이 내려지기를 많은 사람들이 기대했다. 그러나 결과는 실망이었고 기대는 물거품처럼 사라졌다. 총신대 '조사위원회'는 1982년부터 2003년까지 경기노회에 소속되었던 목회자후보생 명부와 입시서류, 그리고 오정현이 입학했던 2002년도 '편목과정 모집요강'과 오정현이 수강했다고 주장하는 2002년도 출석부까지 면밀히 조사했다.

조사를 마치고 위원회가 내린 결론은 분명했다. 총신대 신학대학원 편목과정에 입학원서를 제출했던 2001년에 '남가주 사랑의교회' 담임목사였던 오정현은 합동교단 소속의 '목회자후보생' 자격으로 응시할 수 없다는 것이다. 그럼에도 학사규정을 어기고 '목회자후보생' 자격으로 경기노회에서 노회추천서를 받아 편목과정의 입학서류로 제출했던 오정현은 총신대에 입학할 자격 자체가 없었다.

하지만, 구체적인 내용을 제시하며 총신대는 법정에서 오정현의 '입학무효'를 변론했지만, 법원은 '종교의 자유'를 들먹이며 사랑의교회 갱신위원회 교인들이 제기한 위임결의무효확인 소송을 기각했다. 법원은 판결문을 통해, "교단헌법 해석은 종교단체인 교단 내부의 자율권에 관한 사항이자 대한민국 헌법 제20조 1항에서 보장하는 종교의 자유의 핵심적 영역에 해당한다"고 했다.

법원의 자의적인 판단에 대해 법적인 지식 이전에 상식적인 기준에서 이의를 제기하지 않을 수 없다. 헌법과 법률에 위배되는 불법적인 결정이 아니라면 교육과정에 관한 내용들, 이를테면 입학과 졸업, 그리고 교육내용과 학위수여를 비롯한 학사에 관한 제반 결정은 학교의 고유핵심권한이다. 그것이 학교의 존재이유이기 때문이다.

오정현의 편목과정 입학을 '무효 처분'한 총신대의 결정을 법원에서 '합법적으로' 제지하기 위해서는 판사의 자의적인 판단이 아니라 마땅히 법적 근거가 제시돼야 한다. 그러나 오정현 목사의 '위임결의무효확인' 소송을 기각한 고등법원 판사가 작성한 판결문을 보면, "총신대 편목과정은 석·박사 학위를 수여하는 정규과정이 아니기 때문에 '위탁과정'으로 봐야 한다"는 것이다.

구체적인 '법 조항'을 제시하지 않고 '봐야 한다'고 말한 것에 대해 우리 역시 법에 따른 판결이 아니라 판사 개인의 주관적인 생각을 말한 것으로 '봐야 한다'. 흔히 듣는 말이지만, "판사는 판결문으로 말한다"고 한다. 이 말은 재판에 관한 판사의 권위를 인정하는 것 이전에, 판사의 판결문은 재판결과에 대한 정당성, 합법성을 담보해야 한다는 말일 터다. 만약에 판결문에 오류가 있다면 그것은 결국 판사의 판결에 오류가 있는 것이다. 따라서 그 판결은 오심이며, 오심이라면 마땅히 판결이 취소돼야 한다.

총신대 편목과정이 "위탁과정에 불과하다"는 판단은 결국 "총신대는 편목과정에 관한 학사에 실제적인 권한이 없다"는 주장과 다르지 않다. 또한, "헌법에 따라 종교의 자율권을 보장받는 교단의 결정이 위탁기관인 총신대의 결정보다 우월하다"는 자의적인 판단을 내포하고 있다. 그러나 합동교단의 헌법은 "타 교단 목사가 합동 교단에서 목사가 되기 위해서는 반드시 총신대 편목과정에서 2년 이상의 수업을 이수해야 한다"고 명백히 규정하고 있다. 다시 말해, "타 교단 목사로서 총신대 편목과정을 이수하지 않은 자는 합동교단에서 목사자격을 취득할 수 없다"는 것이 합동교단의 헌법이 규정하는 의무조항이다.

교단헌법에 따라 합동교단의 목사가 되기 위한 전제로서 '학사'에 관한 전권을 위임받은 총신대에서 오정현의 편목입학을 무효 처분했다면, 이는 입학자체가 '원인무효'이기 때문에 결국 오정현은 편목과정을 졸업하지 못한 것이다. 따라서 오정현 목사를 위한 '위임결의'는 반론의 여지없이 무효가 돼야 한다.

총신대 신학대학원 편목과정은 '일반인 직업훈련'이나 '일반인을 위한 교양강좌'처럼 단순한 위탁과정이 아니라 합동 교단에서 헌법에 따라 '목사자격'을 부여하는 필수교육과정이다. 하지만 법원은 총신대를 '위탁' 교육기관으로 보면서 교단에 종속된 하급기관으로 판단한 것이다. 교육과정을 비롯한 학사에 관한 권한은 합동교단이 아니라 총신대에 있다.

교단에서 세운 총신대는 물론 교단 소속이지만, 학사에 관한 권한은 종교단체인 교단이 아니라 교육기관인 학교에 있다. 따라서 교단에서 학교에 교육과정과 학사를 '위탁'한 순간부터 입학과 졸업, 그리고 학사 인정과 무효에 관한 권한은 교단이 아니라 학교에 있는 것이다.

'위탁과정'이라서, 또는 '위임받은 권한'이라서 효력이 없다면, 재판에 관한 판사의 권한도 법에 따라 위임받은 권한이기 때문에 효력이 없다는 말과 무엇이 다른가. 비단 판사만이 아니라 대통령이나 국회의원도 주권의 근원인 국민으로 권한을 '위탁'위임 받은 것에 불과하기 때문에 '허수아비'에 불과하다는 말과 같다는 것인가.

교단헌법보다 교단권력자의 말이 우위에 있는 것, 학사에 관해 학교의 권한보다 교단의 입김이 우위에 있는 것, 그것은 '종교의 자유'가 아니라 종교의 종속이며, 종교적 자율성이 아니라 종교적 '갑질'이다.

판결문에 적시된 '자율권'에 대해서도 반론을 제시한다. 판결문에는 "교단 헌법 해석은 종교 단체인 교단 내부의 자율권에 관한 사항이자 대한민국 헌법 제20조 1항에서 보장하는 종교의 자유의 핵심적 영역에 해당한다"고 기록되었다. 강도사 사칭, 학력 사칭, 허위 서류에 의한 부정 입학 및 특혜 전형, 수업 불출석 등, 모두 명백한 불법임에도 항소심 재판부는 위임결의무효확인 소송을 기각했다. 유사한 사안인 정유라 사건에서는 이화여자대학교 총장을 비롯한 연루 교수들이 줄줄이 구속되고 정유라의 입학은 취소되었지만, 오정현 사건에서는 유사한 사건임에도 1심에 이어 2심에서도 오정현의 완승이었다. 이는 같은 사안에 대해 형평성을 잃은 이중 잣대가 아닌가. 판사가 나름의 법률적인 판단에 따라 종교의 자율성을 존중했는지 모르지만, 이는 자율성이라는 구실로 공동체적 정의와 형평성을 무시한 졸속재판이다. 교회법뿐 아니라 사회법으로도 엄연히 '불법'임에도 판사의 판단은 종교단체의 자율성과 종교의 자유가 우선이기 때문에 교단에서 인정하는 '목사 자격'은 엄히 지켜져야 한다는 것이다. "불법이지만 자율성과 자유를 존중한다"는 것은 '불법적인 자율성과 자유'를 두호하는 불의이며, 말만 그럴듯한 궤변에 지나지 않는다. 한국교회 목사의 전횡은 개별교회나 교단은 물론, 사회법으로도 막지 못한다는 '불문율'이 뚜렷이 각인되는 재판이었다. 그렇다. 개별교회나 교단, 그리고 사회법으로 목사들의 불의를 정당하게 심판할 수 있었다면 한국교회는 이토록 참담하게 무너지지 않았다. 한국교회의 부패와 타락, 목사들의 부정과 불의를 심판할 수 있는 이는 오직 하나님이시며, 하나님의 뜻은 결코 한국교회와 목사, 이를테면 목사교회나 목사교회의 교주, 또는 사회법으로 실현되지 않는다.

"성도는 그리스도의 몸이며 지체이다"라는 말씀은 우리에게 분명한 메시지를 전한다. 교회를 바로 세우고, 목사교주를 교회에서 몰아내는 사명은 오직 성도에게, 오직 그리스도인에게 주어졌다는 것이며, 그것이 성도의 준엄한 사명인 동시에 소중한 은혜라는 것이다. 덧붙여, 오정현과 추종자들이 그렇게 좋아할 일이 아니라는 말을 하지 않을 수 없다. 만약에 이번 재판을 통해 오정현의 목사자격이 박탈되고 그가 강단에서 내려올 수 있었다면, 그것이 오히려 하나님이 그에게 '마지막으로' 회개의 기회, 속죄의 은혜를 주신 것이다. 반면에 이번에조차 불의한 재판을 통해서 오정현의 위치가 더욱 굳건해진다는 것은, 그래서 그가 목사교회의 선봉에 우뚝 설 수 있다는 것은 역설의 의미를 지닌다. 이미 하나님의 무서운 심판이 그에게 내려졌으며, 더 이상 그에게 회개의 은혜가 주어지지 않는다는 준엄한 '계시'이다.

개혁성도들은 이번 일로 낙심할 일이 아니다. 성도가 앞장서지 않으면, 그리고 성도가 목숨을 바쳐 싸우지 않으면 한국교회는 기득권을 장악한 목사교주들에게 송두리째 빼앗긴다는 사실을 분명히 깨닫고, 오히려 성도의 사명, 프로테스탄트의 막중한 의무를 굳게 다질 일이다.

참담한 결과이지만, 하급 법원은 헌법에서 보장한 '종교의 자유'를 섣불리 들먹이며 오정현의 목사안수도, 총신대 편목입학도 문제가 되지 않는다고 판단했다. '정교분리'라는 미명 아래 종교에 개입하기를 원하지 않는 자, 이른바 '세상에 속한 자'가 내린 이성적인(?) 결론이다. 그러나 '종교의 자유'를 들먹이면서 사실상 종교를 훼손하며, 종교가 아닌 '종교주의적인' 판단을 내린 것이다.

목사들로 구성된 교단의 자율권이라는 것은 사실상 목사를 위한, 목사에 의한, 목사의 자의적인 '조직이기주의'이다. 교단의 자율권을 존중한다는 구실로 목사의 부정과 불의를 용인하면서 정작 교단헌법이 정한 '목사자격에 관한 규정'을 무시하는 법원의 졸속 판단에 우려를 금하지 않을 수 없는 이유이다.

오정현의 불의를 치리하지 못하는 교단과 사회의 무관심과 무능력을 보면서 '대마불사'라는 말이 떠오른다. '한국교회 3위 목사' 운운하며, 초대형교회의 가공할 힘을 내세우면서 총신대의 '입학무효처분'을 조롱했던 오정현은 1심에 이어 고등법원에서도 기각 결정이 내려지자 쾌재를 불렀다. 판결이 있던 5월 11일 저녁, 오정현은 사랑의교회 교인들에게 서둘러 문자메시지를 보냈다.

그는, "오늘 고등법원이 내린 기각 소식을 듣고 우리의 생명 되시고 소망 되신 하나님 앞에 다함없는 감사를 올려드린다"고 했다. '지난至難한 영적 전투靈的戰鬪'에서 승리를 거두었다는 화려한 수사를 구사하며, '연단의 과정', '고난의 과정'을 거친 사랑의교회가 이제 '복음의 영광을 위해 비상飛上하게 될 것'이라고 선언했다. 항소심 선고가 끝나기가 무섭게 들뜬 심정으로 오정현이 승전가를 부른 것이다. 그러나 마지막 종이 울리는 순간까지 완전히 끝난 것이 아니며, 세상법정의 판사가 내린 섣부른 판단이 결코 그리스도 신앙의 진실과 정의를 대체하지 못한다.

요컨대 사회법이든 교회법이든 상관없이 오정현의 불의에 관한 것은 제도의 문제가 아니라 진실과 정의에 관한 신앙의 본질적인 문제이다. 세상의 빛과 소금이 돼야 하는 교회에서, 그리고 교회의 지도자라는 목사가 시정잡배만도 못한 부정과 불의를 저지르면서 그리스도의 복음을 전파하겠다고 말하는 것이 실로 부끄러운 일이 아닐 수 없다.

세상 법정에서는 오정현의 손을 들어주었는지 모르지만 결코 진실은 죽지 않는다. CRC에서 인정하지 않는 43조의 임시설교권을 강도사 인허로 사칭해서 PCA 한인서남노회에서 목사 안수를 받았던 것이 분명한 사실인 한, 오정현의 남가주 사랑의교회 담임목사 자격은 원인무효이다.

또한 총신대 신학대학원 편목과정 입학이 무효라는 것이 사실인 한, 총신대 신학대학원을 입학하지도, 졸업하지도 못한 오정현은 '교단헌법'에 따라 합동교단의 목사일 수 없다. 그와 동시에, 무자격자인 오정현은 노회에서 파송한 위임목사일 수 없기 때문에 당연히 사랑의교회 담임목사일 수도 없다.

앞에서 이어지는, '오정현은 목사인가?'라는 질문에 대한 우리의 대답은 간단하다. '목사의존신앙'에 매몰된 한국교회의 종교주의적인 판단으로 그는 분명히 유능한 목사일 수 있다. 그러나 사역자에게 진실과 겸손을 요구하는 성경적인 관점과 그리스도 신앙의 본질적인 관점에서 그는 결코 교회를 섬기는 사역자로서 진정한 목사일 수 없다. 따라서 오정현은 타락한 '한국교회의 종교적인 목사'일 수 있을망정, '예수 그리스도의 몸 되신 교회의 사역자라는 관점에서 볼 때 그는 결코 목사일 수 없다'는 것이다.

2장 • 오정현의 학력사칭

– 그리스도의 사역자에게 스펙은 '배설물'이다

> 무엇이든지 내게 유익하던 것을 내가 그리스도를 위하여 배설물로 여김은 내 주 그리스도 예수를 아는 것이 가장 고상하기 때문이라 내가 그를 위하여 모든 것을 잃어버리고 배설물로 여김은 그리스도를 얻고 그 안에서 발견되려 함이니 빌3:8–9

검정고시와 오정현

그는 결코 원하지 않았겠지만, 오정현의 삶과 신앙의 여정에서 '검정고시'는 떼려야 뗄 수 없는 '운명'이 되고 말았다. 한국교회에 파란을 일으켰던 오정현의 부정과 불의를 특징짓는 한 단어를 고른다면 아마 '거짓'일 것이다. 그리고 그의 거짓이 한국교회와 사회에 낱낱이 밝혀지게 된 계기가 바로 '학력사칭'의 숨은 뇌관을 터뜨린 '검정고시'이기 때문이다.

오정현의 참담한 거짓은 알 만한 사람들은 모두 알고 있는 공공연한 사실이다. 그럼에도 오정현의 지난 과거를 새삼 들추려는 나의 태도에 대해 '특정한 사람'을 비난하려는 악의적인 행동'이라고 말하는 사람들이 있다. 그런 비난에도 물론 일리가 있다. 그러나 '지난 과거'를 밝히지 않을 수 없는 뚜렷한 이유가 있다.

우선, 한국의 대표적인 초대형교회인 사랑의교회 담임목사인 오정현은 한국교회를 대표하는 '공인'의 자리에 있기 때문에 그를 '특정한 개인'으로 치부할 수 없기 때문이다. 스스로 말하듯이 그는 '한국 3위'의 초대형교회 담임목사로 한국교회와 교인들, 나아가 소리 없이 한국교회를 바라보고 있는 수많은 세상 사람들에게까지 지대한 영향을 끼치고 있다.

더욱이, 숨겨졌던 과거의 사건들이 진실이 왜곡된 채 여전히 의문형으로 남아있을 뿐만 아니라, 거짓이 밝혀졌음에도 전혀 거짓에 따른 문제가 해결되지 않았기 때문이다. '오정현 거짓말 시리즈'의 출발점이 바로 검정고시를 숨긴 것이다. 상식적으로 생각해도 검정고시가 결코 부끄러운 일이 아님에도 오정현은 이를 숨기고 오랫동안 부산고등학교 졸업을 사칭했다. 오정현의 '거짓'을 파헤쳤던 황성연 PD의 취재로 오랫동안 숨겨두었던 '학력사칭'이 밝혀지자 오정현은 사랑의교회 소식지 '우리'2013. 11. 17에 서둘러 글을 게시했다.

> 이미 많은 분들이 아시는 대로 저는 부산중학교를 입학하였고, 중학교 졸업 후 개인과 가정사로 검정고시를 치르고 대학에 입학했습니다. 거의 40년이 지난 저의 검정고시 여부가 왜 화제가 되는지 참으로 안타깝습니다.

검정고시에 대해 오정현이 처음으로 밝힌 이 글은 분명히 자기 입으로 한 말이지만 자발적인 고백이 아니다. 사랑의교회 교인들과 외부에 알려진 것처럼 오정현은 부산고등학교를 졸업한 것이 아니다. '1974년 7월 경북교육청 주관 검정고시'에 합격해서 고등학교 졸업학력을 인정받았다는 사실을 황성연 PD가 현장취재를 통해 진실을 밝혀내자 난처한 상황에 처한 오정현이 사태를 수습하기 위해서 사랑의교회 교인들 앞에서 서둘러 변론한 내용이다.

이 글을 읽은 교인들은 '안타깝다'는 오정현의 탄식에 너나없이 공감하며, 그의 입장에서 사태를 바라보게 되었다. 사실관계를 모르는 채 그 글을 읽었던 사람들은 오정현이 검정고시 출신이라는 것을 '의도적으로' 밝힌 사람을 오히려 비난하지 않을 수 없었을 것이다. 그의 글은 비록 짧은 단문이지만 교인들의 마음을 움직일 만큼 다분히 감성적인 내용이었기 때문이다.

어려운 가정형편과 개인사정 때문에 정규 고등학교에 다니지 못하고 뒤늦게 검정고시를 거쳐 당당히 대학에 들어간 '가난한 목사'에게 위로와 칭찬은커녕, 오히려 약한 자를 조롱하고 멸시하는 인신비방처럼 보였다. 소식지에 게시된 오정현의 글을 읽은 교인들은 이구동성으로 제보자를 비난하며, 검정고시 사태로 궁지에 몰렸던 오정현을 감싸기에 급급했다. 당시 '오정현 목사님'을 두호하는 교인들의 생각을 이렇게 정리할 수 있을 것이다.

> 오정현 목사님이 어렸을 때 집안이 너무 가난해서 고등학교에 들어갈 수 없을 만큼 어려움을 많이 겪으셨구나. 그럼에도 한국의 대표적인 초대형교회에 담임목사로 청빙된 것이 얼마나 대단한가? 이는 하나님의 특별한 은혜임에 틀림없다. 검정고시 출신이라는 것이 결코 허물일 수 없다. 사랑의 교회와 오정현 담임목사님을 흔들려는 악한 자들이 목사님을 조롱·비방하기 위해서 검정고시를 들춰낸 것이다. 그런 자들은 볼 것도 없이 주의 몸 된 교회를 흔들려는 '사마귀'사탄, 마귀, 귀신의 약자라고 한다같은 자들이다.

'우리'에 게시된 오정현의 글은 그의 영향력을 입증이라도 하듯, 기독교 언론 매체에 오르자마자 인기기사로 뜨면서 수많은 사람들이 읽었고, 함께 공감하며 고개를 끄덕였다. 나도 기독교 언론매체를 통해 알게 되었지만, 그 글을 읽으면서 어린 시절의 고난을 이겨낸 오정현목사의 남다른 인

내, 그리고 조롱(?)당한 그의 억울한 처지를 떠올린 게 아니다. 위기에 닥칠 때마다 이를 재빨리 모면하는 그의 탁월한 처세에 새삼 혀를 내둘렀다. 궁지에 몰렸던 그가 두세 줄의 짧은 글로 판세를 뒤집는 특출한 능력을 선보였기 때문이다.

그러나 문제는 그의 말이 진실이 아니라는 것이다. 오정현은 서두에서 "이미 많은 사람들이 아시는 대로 저는 부산중학교를 졸업하였고"라고 말했다. 그러나 그의 말과 달리 '이미 많은 사람들'은 오정현이 부산중학교 졸업이라는 사실을 알고 있었지만, "중학교 졸업 후 개인과 가정사로 검정고시를 치르고 대학에 입학했습니다"라는 사실을 아는 사람은 거의 없었다. 1974년 검정고시에 합격한 뒤부터 그때까지 오정현이 자기 입으로 '검정고시'에 대해서 공개적으로 밝힌 적이 없기 때문이다.

많은 사람들이 오정현의 '검정고시 사태'에 대해 오해하고 있다. 문제의 핵심은 그가 검정고시 출신이라는 것이 아니며, 그것을 세상에 공개하지 않았다는 것도 아니다. 검정고시가 마치 부끄러운 수치인 양 철저히 숨기고, 부산고등학교 졸업이라고 '명문고' 학력을 사칭한 그의 비루한 의식이 문제의 중심이다. 목사가 교회의 사역자라면 목사는 무엇보다 교회를 섬기는 자, 다시 말해 교회의 지극히 작은 자를 섬기는 자가 돼야 하며, 그들을 진실한 마음으로 섬기기 위해서 겸손한 자리에서 작은 자를 위로할 수 있어야 한다.

검정고시가 수치인양 이를 숨기며 명문고를 탐하는 자가 과연 교회에 있는 '지극히 작은 자'를, 이를테면 배운 것이 없어 멸시당하고 가진 돈이 없어서 고생하며 지위가 없어서 소외당하는 작은 자를 위로할 수 있다고 생각하는가. 작은 자를 섬기려면 기꺼이 더 낮은 자리에서, 더 작은 자가 돼야 한다.

그것이 '종'의 비천한 신분으로 세상에 오신 예수 그리스도의 성육신이며, 그것이 제사들에게 '낮아지며 섬기는 자가 돼라'고 말씀하신 그리스도의 분명한 계명이다. 반면에, 자기를 과시하기 위해서 거짓의 가면을 쓰는 것, 그것이 바로 예수께서 저주의 심판을 내리신 '외식'의 전형적인 모습이다.

다시 강조하지만 목사가 교회의 사역자라면 목사는 예수의 '제자'인 동시에 '종'이 돼야 한다. 제자와 종의 공통점은 예수의 계명을 따르는 자로서, 모름지기 겸손한 자가 돼야 한다는 것이다. 예수께서 제자들에게 주신 계명은 분명하다. 교만한 자의 자리에서 다른 사람들을 지배하는 것이 아니라 낮은 자리에서 다른 사람들을 '섬기는' 자가 되라는 것이다.

> 너희 중에 누구든지 크고자 하는 자는 너희를 섬기는 자가 되고 너희 중에 누구든지 으뜸이 되고자 하는 자는 너희의 종이 돼야 하리라. 인자가 온 것은 섬김을 받으려 함이 아니라 도리어 섬기려 하고 자기 목숨을 많은 사람의 대속제물로 주려 함이니라 마20:26-28

오정현과 부산고등학교

어떤 사람도 결코 오정현을 조롱하고 비방하기 위해서 의도적으로 검정고시를 들추려던 것이 아니었다. 힘겨운 상황을 잘 이겨내고 당당히 시험에 합격해서 고등학교 졸업학력을 법적으로 인정받은 검정고시는 자랑일 수 있을망정 결코 부끄러운 수치가 아니기 때문이다. 오정현이 그토록 숨기려 했던 검정고시가 세상에 밝히 드러난 것은 누군가의 저의가 있어서가 아니다. 너나없이 꼬리가 길면 잡히듯이 오정현의 오랜 거짓 행적이 마침내 때가 돼서 밝혀진 것뿐이다.

오정현은 "이미 많은 분들이 아시는 대로"라고 말하면서 마치 자신이 검정고시를 거쳐 대학교에 입학한 사실을 많은 사람들이 알고 있는 '사실' 처럼 연막을 쳤다. 그러나 그 때까지 자신의 이력을 말하면서 오정현은 검정고시 출신이라는 사실을 사랑의교회 교인들이나 교계에 말하지 않았을 뿐 아니라, '부산고등학교 졸업'이라고 공공연히 말하고 다녔다.

"이미 많은 분들이 아시는 대로"라고 말하는 서두부터 사실을 왜곡하려는 오정현의 의도가 엿보인다. 그 말을 듣는 순간, 오정현에 의해서 철저히 숨겨졌던 비밀이 아니라 이미 널리 알려졌던 사실로 은연중에 각인되기 때문이다. 그러나 다수의 사랑의교회 교인들은 "오 목사가 부산고를 졸업한 줄 알고 있었고, 오 목사가 스스로 부산고를 나왔다고 말하는 걸 직접 들은 사람이 많이 있다"고 증언한다.

심지어 그를 사랑의교회로 불러들인 옥한흠 목사마저 '부산고등학교 졸업'으로 알았고, 사랑의교회 순장들에게 그렇게 말했다고 한다. 옥 목사가 의도적으로 '부산고등학교 졸업'이라고 거짓말을 하지 않았을진대, 오정현의 용의주도한 거짓과 치밀한 은폐가 차라리 놀라울 지경이다.

2016년 1월, 사랑의교회 당회에서 한 장로가 오정현 목사에게 "교회 홈페이지에 이력을 부산고등학교 졸업이라고 기록하지 않았느냐?"고 물었다. 오정현은 "그런 말을 한 적이 없다"고 일언지하에 부인하며, 학력사칭을 지적한 장로에게 "만약에 사칭한 것이 진실이라면 당장 사임하겠습니다. 책임지시겠습니까?"라며 오히려 으름장을 놓았다. 사임 운운하며 배수진까지 치면서 자신만만하게 부인하는데 어떤 사람인들 조심스러워지지 않겠는가.

장로는 교회 홈페이지에 분명히 게시되었던 오정현 목사의 이력에 '부산고등학교 졸업'이라고 버젓이 기재되었던 것을 보고 문제 삼았던 것이지만, 이미 홈페이지에서 '부산고등학교 졸업'이라는 가공의 이력은 깨끗이 지워졌기 때문에 물적 증거가 남아있지 않았다. 그의 두 눈으로 똑똑히 보았기 때문에 다만 기억에 뚜렷이 남아있을 뿐이었다.

하지만 "진실이라면 사임하겠습니다"라는 말은 오정현 목사뿐만 아니라 비리 의혹이 불거진 한국교회의 목사들의 입에 발린 말처럼 종종 듣는 말이다. 물론, 사실이 밝혀진 뒤에 자기가 말했던 대로 약속을 지키는 경우는 거의 보지 못했다.

만약에 부산고를 사칭했다는 뚜렷한 물적 증거가 없었다면 오정현의 검정고시 사태는 다만 사실을 공개하지 않은 정도의 사소한 문제로 끝날 수 있었을 것이다. 또한 사실을 숨긴 사람이 아니라 사실을 밝힌 사람에게 오히려 비난이 돌아갔을 것이다. 거짓말과 달리 침묵은 종종 '있을 수 있는 일' 정도로 용인되기 때문이다. 다행히(?) 오정현의 당당했던 부인과 달리, 부산고등학교 졸업으로 학력을 사칭했던 명백한 증거들이 줄줄이 제시되면서 반전이 일어났다.

칼빈 신학대학원 학적부에 기재된 오정현의 '부산고등학교 졸업'

1974년에 경북교육청 주관 고졸학력인정 검정고시에 합격했다면 벌써 40년이 훌쩍 지났다. 그동안 무사(?)했다는 것이 의아하지만 꼬리가 길면 결국 잡히는 법이다. 검정고시를 숨기고 '부산고등학교 졸업'이라고 학력을 속였던 물적 증거가 마침내 오정현이 다녔던 칼빈대학교 신학대학원 학적부에서 발견되었다. 〈High School Attended : Busan High, Korea : 1974〉.

이처럼 칼빈 신학대학원 성적기록부 고등학교 란에 분명히 부산고등학교를 1974년에 졸업한 것으로 기재되었다. 변명의 여지가 없는 뚜렷한 물증이지만 오정현은 이번에도 쉽게 무너지지 않았다. 자기는 칼빈대학교 직원에게 '부산중학교'라는 의미에서 Busan Junior High school이라고 말한 것을 직원이 실수로 부산고등학교Busan High school로 기록한 것이라고 주장하는가 하면, 다른 자리에서는 "대학교 직원이 '어디서 학교에 다녔느냐?' 고 물어서 '부산'이라고 말했을 뿐인데 직원이 잘못 알아듣고 '부산고등학교'라고 기재했던 것이다"라고 말했다.

어이가 없는 주장이지만, 오정현은 좀처럼 물러서지 않았다. 사랑의교회 당회에서 이를 문제 삼아 "칼빈 신학교에 '부산 하이스쿨'이라고 왜 썼느냐?"고 묻자 오정현은 처음에는 '내가 쓴 게 아니'라고 했다. 나중에 말을 바꿔, "거기서는 '주니어 하이스쿨'도 하이스쿨이에요. 그러니까 나는 중학교라는 의미에서 '부산 하이스쿨'이라고 쓴 건데…"라며 갈팡질팡했다. 결국 오정현은 자기는 중학교라는 의미에서 '하이스쿨'이라고 했던 것을 직원이 잘못 알아듣고 부산 고등학교를 졸업했다는 말로 오해했다고 둘러댄 것이다.

도무지 이치에 맞지 않는 주장이다. '부산 중학교'라고 말하려던 것이라면 오정현은 당연히 '부산 주니어 하이스쿨', 또는 '부산 미들 스쿨'이라고 말했어야 한다. 미국의 신학대학원에 입학하려는 자가 그런 정도를 모를 리 없지 않는가. 그가 의도적으로 '하이스쿨'이라고 말한 것이라는 '합리적인 의심'이 들지 않을 수 없다. 이를테면 오정현은 '주니어 하이스쿨'이라고 말하지 않고 일부러 '하이스쿨'이라고 말하면서 직원이 고등학교 학력 란에 '하이스쿨'로 기재하도록 유도했을 것이라는 추론이 가능하다.

어쨌든 변명치고는 너무 어설픈 변명이다. 신학대학원 입학담당 직원이 고등학교이든 중학교이든 입시생에게 출신학교를 물었다는 오정현의 주장 자체가 상식적으로 말이 되지 않는다. 가능성은 전혀 없지만 설령 입학담당 직원이 실수로 부산고등학교로 기록했다고 해도 기재된 내용이 사실이 아닌 것을 안 순간 오정현은 즉각 정정요청을 해서 오류를 수정했어야 한다. 정정 요구는커녕 허위로 기재된 학적부를 그 후에도 계속 사용했다는 것은 처음부터 의도적이었다는 반증인 동시에 변명의 여지가 없는 '학력사칭'이다.

직원이 실수로 그렇게 기록했다는 말도 결코 진실일 수 없다. 미국이든 한국이든, 도대체 어떤 대학교 입학과정에서 고등학교가 아닌 중학교를 입학서류에 기록하는가. 어설픈 변명으로 학력사칭 문제를 덮으려 했지만 거짓이 거짓을 부르면서 불신의 골은 점점 깊어졌다. 오정현의 부산고등학교 졸업 사칭은 여기서 끝나지 않았다. 1986년에 칼빈 신학대학원에 입학하면서 오정현이 저질렀던 부산고등학교 졸업 사칭은 한참 시간이 지난 뒤, 2001년 총신대 신학대학원 편목과정에 입학서류를 제출하며 다시 반복되었다. 오정현의 입학서류에 '부산고등학교 졸업'으로 기재된 것이 뒤늦게 발각되었던 것이다.

총신대 신학대학원 학적부에 기재된 오정현의 부산고등학교 졸업

미국장로교회PCA 소속 남가주 사랑의교회 담임이던 오정현은 예장합동 소속인 서울 사랑의교회 부임을 앞두고 총신대 신학대학원 편목과정에 들어가기 위해 입학시험을 치렀다. 타 교단 목사가 예장합동 교단의 목사가 되려면 총신대 신학대학원 편목과정 이수가 필수이기 때문이다. 그런데, 총신대에 보관 중인 오정현의 입학서류에 '1977/02/25 부산고등학교 졸업'이라는 기록이 뚜렷이 남아있다. 더 이상 빼도 박도 못하는 상황에 몰렸지만 역시 오정현은 '위기모면'에 관한 한 뛰어난 재주가 있었다.

"학적부는 학교에서 기재하는 것이지 자신이 직접 기재하는 것이 아니지 않느냐?" 라고 반문하며, 마치 학교에서 임의대로 기록한 것인 양 자신은 '허위 서류'에 전혀 책임이 없다고 발뺌했다. 터무니없는 소리이다. 도대체 어떤 학교에서 응시생이 제출하지 않은 내용을 학교직원이 제멋대로 기재한다는 말인가. 오정현의 '거짓말'은 이미 골수에 박혀 내성이 되었는지 전혀 흔들림이 없다. 치밀한 거짓말로 위기를 일단 모면한 뒤에, 나중에 거짓말이 들통 나도 전혀 동요하지 않은 채 빈틈을 찾아 다시 거짓말로 역공을 펼치는 것이다.

그러나 전혀 책임이 없다던 오정현의 거짓말은 일관된 부인에도 불구하고 예상하지 않았던 순간에 진실이 밝혀졌다. 사랑의교회 갱신위원회 교인들이 오정현을 상대로 법원에 제기한 '위임결의 무효확인' 소송에서 총신대가 법원에 제출한 '증거자료'가 바로 그것이다. 총신대는 총장 명의로 보낸 답변서에, "당시 피고가 제출한 서류에 의하여 작성된 학적부에 의하면 부산고등학교1977. 02. 25. 졸업와 숭실대학교1982. 02. 23졸업를 졸업한 것으로 되어있음을 회신합니다"라는 내용이 있다. 다시 말해 오정현이 제출한 서류를 근거로 총신대는 오정현의 학적부에 '부산고등학교 졸업'이라고 기록했다는 것이다.

당연한 일이 아닌가. 학교에서 학적부를 기록하면서 응시생이 제출한 자료가 없이 임의대로 기록한다는 것이 도대체 말이 되지 않는다. 그럼에도 오정현은 사실을 인정하지 않았다. 고작 한다는 소리가 "답변서에 있는 '피고가 제출한 서류에 의하여 작성되었다'는 말은 오정현이 직접 작성한 것이 아니라 학교에서 작성한 것이기 때문에 오정현이 학력을 사칭했다고 볼 수 없다"는 궤변을 서슴지 않았다.

오정현이 제출한 서류로 학적부를 작성했는데 오정현이 직접 작성하지 않았기 때문에 학력사칭에 대한 책임이 없다는 황당한 주장에 많은 사람들이 쓴웃음을 지었다. 오정현의 말을 곧이 받아들여 설령 서류를 제출했을 뿐이라 해도, 허위서류를 제출했다면 그것만으로도 학력사칭에 덧붙여 '사문서위조'라는 말이 된다.

칼빈대 신학대학원과 총신대 신학대학원에서 공히 '부산고등학교 졸업'이라고 학력을 사칭한 오정현의 숨은 의도는 분명하다. 자신의 고등학교 입시낙방을 증명하는 검정고시를 숨기고 명문 부산고등학교로 학력을 '세탁'하려던 치졸한 꼼수였다. 이것이 문제의 핵심이다. 교회의 사역자로서 진실한 마음으로 주의 계명을 지켜야 하는 목사가 '명문'을 탐해서 학력을 속인다는 것은 그의 신앙이 결코 그리스도 신앙일 수 없는 뚜렷한 증거이다.

도대체 성경 어디에, 그리고 그리스도의 말씀 어디에 그토록 비루한 거짓말을 용인하는가. 오정현의 부산고등학교 사칭은 일반인들의 허세에 해당하는 단순한(?) 거짓말이 아니다. 교회 사역자가 거짓을 마다하지 않고 허투루 '자기 이름을 높이려는' 비루한 태도야 말로 예수께서 엄히 심판하신 '외식'의 전형적인 모습이기 때문이다.

정작 중대한 문제는 검정고시를 숨기고 부산고등학교 졸업이라고 거짓말을 했던 '언어의 잘못'을 넘어선다. 거짓을 숨기기 위해서 다시 거짓을 저지르는 그의 타성적인 거짓습성이 문제의 핵심이며, 이는 '거짓의 영'에 사로잡히지 않고서는 있을 수 없는 일이다. 어떤 사람도 "개인 사정과 가정사로 정규 고등학교를 마치지 않고 검정고시를 거쳐 대학에 들어간 것"을 조롱하거나 비방하지 않았다.

어린 시절에 개인과 가정이 겪었던 역경을 이기고 대학에 들어갔다면 수치는커녕 오히려 자랑할 만한 일이다. 당연한 말이지만 검정고시는 결코 부끄러운 일이 아니다. 목사로서 그것을 부끄럽게 생각하는 오정현의 '외식하는 신앙'이 정녕 수치인 것이다. '주의 종'을 자처하는 목사에게, 세상의 비천을 오히려 '자랑'해야 하는 목사에게 도대체 명문 고등학교 출신이라는 것이 무슨 의미와 가치가 있기에 자신과 세상을, 나아가 하나님을 속이며 거짓의 악행을 저지르는가.

예수께서 "너희는 나를 주라, 스승이라 한다. 너희 말이 옳다"고 말씀하셨다. 예수를 따르는 자, 특히 사역을 맡은 자는 주의 종인 동시에 제자이다. 그리고 종이며 제자는 주인과 스승을 본받는 자이다. 정작 예수는 그 시대의 기본학문인 '율법'마저 제대로 공부하지 않았다. 성경에 기록된 "그는 배우지 않았는데 어떻게 아느냐?"는 구절은 예수가 글을 읽지 못한다는 말이 아니라 율법을 체계적으로 배우지 않았다는 의미이다

예수만이 그런가? 예수의 '수제자'라는 베드로는 학문은커녕 글을 쓸 줄 몰라서 복음서를 자기 손으로 기록하지 못해 다른 제자가 대필했다고 알려졌다. 그렇다고 예수나 베드로가 학문이 부족해서 사역에 부족함이 있었던가. 예수의 제자들은 대부분 갈릴리의 가난하고 무식한 어부들이었다. 물론 그때와 지금은 시대 상황과 사람들의 생각이 많이 다르다. 그럼에도 그리스도인이라면 시공을 떠나 반드시 지켜야 하는 계명이 있다. 탐심과 거짓을 버리고 오직 겸손하며 정직하게 사명을 수행하는 것이다.

하나님의 일을 한다는 자가 세상을 속이는 것은 하나님을 속이는 가증한 죄악이며, 하나님의 이름을 망령되이 부르는 배역이다. 자기를 높이기 위해서 거짓을 일삼는 것, 이것이 바로 예수께서 무섭게 질타하신 '외식'의 전형적인 모습이다.

오정현의 치명적인 문제는 단순한 거짓말이 아니라 영혼과 골수에 박힌 영적 외식이다. 부족한 자신의 모습을 인정하지 않는 외식은 사역자로서 주께 온전히 의지하지 않는 불신앙이며 불순종이다. 요컨대 그의 외식은 세상 사람들에게 '좋게' 보이기 위해서 '자기를 높이려는' 교만과 탐욕에서 비롯된 영적 타락이다.

검정고시를 부끄럽게 여겨 이를 숨기고, 명문을 자랑하기 위해 부산고등학교를 사칭하는 그의 비루한 태도에서 우리는 십자가를 부끄럽게 여기는 자들, 이를테면 '이생의 자랑'에 천착하는 외식하는 자들의 모습을 엿볼 수 있다.

십자가는 분명히 수욕羞辱이다. 그러나 세상의 수욕을 가장 찬란한 영광으로 빛나게 만든 것이 바로 십자가의 처절한 희생이며, 그 희생은 자기를 낮춰 종의 신분으로 죽기까지 복종하신 예수의 겸손에서 비롯되었다. 그럼에도 세상의 비천과 겸손을 도리어 수치로 여기며 부요와 교만을 자랑하는 외식, 바로 거기에서 우리는 오정현의 숨은 실체를 바라볼 수 있어야 한다.

'서초고등학교 인수', 명문고를 향한 오정현의 집착

사랑의교회에 2대 담임목사로 부임한 지 얼마 지나지 않은 2003년 가을, 이른바 '특별새벽기도회'의 대성공으로 잔뜩 달아오른 오정현은 사방에서 몰려드는 교인들을 흡수하기 위해서 서둘러 예배당을 늘려야 한다며 '서초고등학교 인수'에 나섰다.

강남 '부자동네'에 위치한 서초고등학교를 인수해서 우수한 학생들이 모이는 '명문사학'으로 키우고, 주일에는 학교건물을 예배당으로, 운동장을 주차장으로 활용하며 일석이조의 효과를 보는 것이 하나님의 뜻에 부합하는'영적 지혜'라며, 오정현은 당시 자기와 함께 공동목회를 하던 옥한흠 목사를 다그쳤다.

특별새벽기도회에 참석하기 위해서 수많은 교인들이 집회가 열리기 몇 시간 전부터, 어둑한 예배당 앞에 줄지어 장사진을 치는 광경은 이미 기독교 언론들을 통해서도 외부에 널리 알려진 바 있다. 사람들은 이른 새벽부터 군중이 운집한 감동적인 장면을 보면서 '초대형교회를 향한 사랑의교회의 새로운 도약', 또는 '오정현목회의 대대적인 성공'이라며 너나없이 추임새를 넣었다.

사실인즉 오정현의 특새특별새벽기도회는 그때부터 '오정현의 성공목회'를 입증하는 특별한 '현상'으로 자리 잡으면서 '오정현과 특새'는 그야말로 불가분의 고유명사가 되었다. 그러나 사랑의교회가 어떤 교회인가? 물론 공과功過에 대해 다른 의견들이 있을 수 있겠지만, 사랑의교회는 '평신도를 그리스도의 사역자로!'라는 기치를 내걸며 '제자훈련'을 한국교회에 정착시킨 교회이다. 그리고 제자훈련의 본질은 건물이나 교인 수에 연연하는 외형적 가치가 아니라, 말씀을 통해 그리스도의 제자를 양성하는 영적 훈련이 아닌가.

반면에 오정현의 특별새벽기도회는 가슴을 울리는 '말씀' 대신에 귀를 째는 듯한 '찬양'이, 그리스도의 영적인 제자보다는 자극적인 음향과 조명에 취한 교인들의 흥분을 유발하는 '종교 퍼포먼스'에 다름 아니다. 그때부터 이미 양적 성장주의에 사로잡힌 오정현의 사랑의교회는 제자훈련의 영성을 부르짖던 이전의 궤도에서 이탈하기 시작했다고 해도 과언이 아니다.

옥한흠 목사의 아들이자 오정현의 비리에 누구보다 앞장서서 비판의 글을 쓰고 있는 옥성호의 책 『why?』를 보면, 서초고등학교 인수를 두고 옥한흠 목사와 오정현 목사의 엇박자가 여실히 드러난다. 서초고등학교를 인수해서 명문 '영재학교'로 키우고, 주일에는 학교건물과 운동장을 예배당과 주차장으로 이용하자는 오정현의 주장에 옥한흠 목사는 분명한 반대의견을 피력했다.

옥한흠 목사는, 예배당 좌석을 불과 1000석 정도 늘리기 위해서 교인들의 귀중한 헌금을 1000억이 넘게 사용한다는 것을 이해할 수 없다고 말했다. 그리고 명문고로 키우기 위해서 끊임없이 투자해야 되는 비용을 감안하면 도대체 얼마가 들지 모르는 엄청난 재정 부담과 더불어, 무엇보다 제자훈련으로 널리 알려진 사랑의교회의 가치가 훼손된다고 염려했던 옥한흠 목사는 분명한 반대 의견을 피력했다.

결국, 주일 외에는 학교건물을 사용할 수 없을 뿐만 아니라 일반 고등학교인 서초고등학교를 '기독교 사학'으로 변경할 수 없다는 법률적인 제한에 부딪쳐 서초고등학교 인수는 무산되었다.

'서초고등학교 인수'에 관한 글을 '학력사칭'을 다루는 장章에 포함시킨 이유가 있다. 부산고등학교 입학에 연거푸 실패한 오정현은 자신의 실패를 인정하고 싶지 않았다. 이런 추론이 가능한 이유는, 검정고시를 숨기고 평생을 부산고등학교 졸업으로 학력을 사칭한 그가 명문고에 대한 '집착'을 버리지 못했다고 보기 때문이다. 부산고등학교 입시에 연거푸 떨어진 오정현의 명문고에 대한 무서운 집착은 그의 전 인생을 거짓의 수렁에 빠뜨린 근원이다. 너나없이, 치유되지 않은 상처는 독을 품고, 독은 자신뿐 아니라 다른 사람까지, 심지어 교회까지 죽인다.

"서초고등학교를 인수해서 명문사학으로 키우겠다"는 오정현의 세속적인 야망을 보면서 새삼 홍정길 목사의 '밀알학교'가 오버랩 되었다. 부자동네의 똑똑한 학생들을 받아들여 명문사학으로 키우고 주일에는 학교건물을 예배당으로 활용하는 것이 '하나님의 뜻'에 부합하는 '영적 지혜'라는 오정현과, '밀알학교'를 세워 정신지체장애아들을 돌보고 주일에 예배당으로 이용하겠다는 홍정길 목사의 차이, 그것은 외식과 섬김의 극명한 차이이다.

명문고, 명문대, 명당처럼 세상에서 화려하고 멋진 가치를 바라보는 그에게 예수가 전하신 생명의 말씀, 이를테면 "세상의 지극히 작은 자에게 하는 것이 나에게 하는 것이다"라는 말씀은 '빈자貧者의 허언'에 지나지 않는다. 그러나 예수께서 분명히 세상의 지극히 작은 자를 섬기라고 하셨으며, 그들을 섬기는 자가 계명을 지키는 자로서 하나님 나라의 구원을 받는 진정한 '성도'라고 하셨다면 그리스도의 제자는 마땅히 따라야 한다.

명문사학은 교회가 나서지 않아도 돈 많은 재벌들도 탐내는 '욕망의 대상'이다. 반면에 정신지체장애아를 위한 밀알학교는 재벌은 고사하고 정부에서도 쉽게 나서려하지 않으며, 주민들이 격렬히 반대하는 '절망의 대안'

이다. 오정현의 치명적인 불의는 예수를 바라보지 않고 세상을 바라보며, 세상에서 오직 자신의 야망을 실현하려는 외식과 교만이다. 그래서 오정현을 거침없이 '외식하는 자'라고 부르는 것이다.

예수께서 외식하는 자에게 무서운 화재앙가 있다고 말씀하신 것을 결코 가벼이 여기지 말아야 한다. 세상에서 화려한 명성을 쫓는 자는 세상에 속한 자이며, 결코 그들은 예수의 제자, 하나님의 진정한 백성이 될 수 없다. 요컨대 세상의 명성을 쫓는 오정현은 교인들을 생명의 구원으로 인도하는 순전한 사역자가 아니라 죽음의 수렁으로 이끄는 '악한 종'이라는 생각을 지울 수가 없다.

경희대와 총신대 신학대학원 M. Div. 사칭

옥한흠 목사는 후임으로 내정한 오정현을 사랑의교회 순장들에게 소개하면서 "오정현 목사가 부산고등학교와 경희대 영문과를 졸업했다"고 말했다. 덧붙여, "경희대가 명문은 아니지만, 명문 부산고등학교를 졸업한 오정현 목사가 가정형편 때문에 대학에서 장학금을 받기 위해서 경희대에 들어간 것이다"라며 교인들을 애써 설득하려고 노력했다. 학력을 유난히 중시하는 옥한흠 목사에게도 문제가 없는 것이 아니지만, 그 문제는 일단 차치하고 오정현에게 집중해서 글을 전개한다.

진위 논란이 있지만, 합격증명서와 학적부, 그리고 황성연 PD의 취재를 통해 밝혀진 오정현의 학력은 '고등학교 졸업인정 검정고시'1974와 관동대 입학, 그리고 숭실대 영문과 졸업1982. 2. 23이다언뜻 이해가 되지 않는 관동대 입학과 숭실대학교 졸업의 연결고리는 여전히 미궁이기 때문에 여기서는 다루지 않는다. 부산고등학교를 졸업했다고 단 한 번도 말한 적이 단 없다고 항변했던 오정현은 물론 자기 입으로 경희대를 졸업했다고 말한 적이 없다고 주장했다.

그러나 옥한흠 목사가 교인들을 속이면서까지 없는 말을 지어서 '경희대 영문과 졸업'으로 소개했다고 생각되지 않는다. 사랑의교회에 다니는 지인들의 말을 들어보면 옥한흠 목사는 서울대 출신을 선호하는 등, 학벌에 유난히 관심이 많았다고 한다. 그런 옥 목사가 오정현을 의도적으로 띄우기 위해서 거짓말을 했다면 굳이 '경희대 졸업'이라고 말했을까. 물론 경희대 역시 좋은 대학이지만, 거짓말을 해서라도 오정현의 학력을 부풀리려 한다면 차라리 SKY, 이를테면 서울대나 연세대, 또는 고려대를 사칭하는 것이 이치에 맞지 않는가.

설령 옥한흠 목사가 거짓말을 했다 해도 그것이 사실이 아니라면 오정현은 마땅히 자기 입으로 사실을 밝혀야 했다. 하지만 그는 사실을 밝히기는커녕, 오히려 자발적으로 경희대를 사칭했다는 증거가 발견되었다. 자기 입으로 직접 말했는지, 아니면 3자를 통해서 간접적으로 전했는지 정확히 알 수 없지만 오정현이 '경희대 영문과'를 졸업했다는 거짓이 사실로 둔갑해서 중앙일보와 미주중앙일보, 그리고 국민일보를 비롯한 여러 언론매체에 보도되었다.

중앙일보의 2001년 8월 11일자, '미주 목회자 본국 기독출판계 휩쓴다'는 제하의 기사, 그리고 미주 중앙일보 2001년. 8. 11일자 '본국 기독출판계 미국 바람'이라는 제하의 기사를 보면 "경희대 영문과 출신인 오정현 목사의 저서에는 인문학적 지성이 배어있고"라는 기사가 있다.

지금까지 보여주었던 오정현의 대응을 생각하면 자기가 한 말이 아니라고 가차 없이 부인하겠지만, 설령 자기가 한 말이 아니라도 자신에 관한 허위 기사가 보도되었다면 정정을 요청하는 것이 당연한 도리이다. 하지만 그가 정정요청을 했다는 말은 근 20년이 지난 지금까지도 들어보지 못했다. 만약에 기자가 경희대 졸업이라고 쓰지 않고 자기에게 불리한 내용으로 기사를 썼다면 과연 오정현은 그대로 방치했을까.

경희대 사칭의 진원지가 어디일까? 미주 중앙일보에 앞서 한국에서 보도되었던 중앙일보 기사에도 이미 '경희대 영문과 졸업'이라고 기록되었다. 황성연 PD의 취재에 따르면, 남가주 사랑의교회 교역자들이 신문사에 제출한 보도자료를 토대로 중앙일보 기자가 경희대 영문과 졸업이라고 썼다는 것이다.

그리고 그 이전에 2001년 3월 21일자 국민일보의 '기독출판계 국내 작품이 휩쓴다' 제하의 기사에서도 오정현이 경희대를 졸업했다는 내용이 있다. 그가 직접 말했든지 남가주 사랑의교회 교역자가 기자에게 보도자료를 보냈든지 상관없다. 과정이 어쨌든, 보도된 내용이 사실이 아니라는 것을 알고서도 의도적으로 방치했다면 그것은 사실상 '학력사칭'이다.

'경희대 졸업'이라는 내용의 기사가 보도된 때가 2001년이었고, 바로 다음 해인 2002년에 오정현이 사랑의교회에 부임했다. 정황을 살펴보건대, 옥한흠 목사가 오정현의 학력을 경희대 영문과 졸업으로 생각한 것이 당연하다. 어떤 사람이 중앙일간지에 실린 내용을 섣불리 '허위'라고 생각하겠는가.

오정현의 학력 사칭은 '부산고등학교 졸업'과 '경희대학교 영문과 졸업'으로 끝나지 않는다. 기록을 살펴보면 그는 1981년 총신대 신학대학원에 '연구과정'으로 입학한 후 그해 4월에 휴학하고 미국으로 떠났다. 따라서 한 달 남짓 총신대 신학대학원에 다닌 것이 전부인 그가 총신대에서 석사학위를 받을 수 없다는 것은 불문가지이다.

그럼에도 2009년 9월 17일 미주 한국일보에 게재된 '호놀룰루 한인장로교회'의 집회광고를 보면 오정현이 총신대 신학대학원 석사M. Div. 과정을 마친 것으로 버젓이 게시되었다. 한 달 다니고 마치 2년 정규과정을 마치고 석사학위를 받은 것처럼 사실을 호도하며 주변사람들을 속인 것이다.

물론 목사가 교인들을 제대로 가르치기 위해서는 나름의 지식이 필요하고, 지식을 쌓는 과정에서 자연스럽게 '스펙'이 형성될 수 있다. 그러나 어떤 경우에도 '주의 종'을 자처하는 목사가 거짓말로 학력을 속일 수는 없다. 교인들을 거짓이 아닌 진리의 말씀으로 양육해야 하는 목사에게 중요한 것은 거짓 학력이 아니라 거짓을 미워하는 진실이기 때문이다.

말씀을 전하는 목사가 자신의 이력을 말하면서 이처럼 학력을 속일 수 있다면, 그는 자신의 처지와 입장에 따라 하나님의 말씀도 얼마든지 왜곡할 수 있다. 광야에서 예수를 유혹하던 '거짓의 아비' 마귀가 예수를 속이기 위해서 하나님의 말씀을 왜곡하는 것처럼 말이다.

오정현의 학력사칭이 드러내는 치명적인 문제는 그것이 거짓말이라는 일상적인 이유가 아니라, 주의 종을 자처하는 자로서 도저히 있을 수 없는 천박한 의식이다. 오정현의 거짓에는 일관된 공통점이 있다. 그는 단순히 사실을 숨기기 위해서 거짓말을 하는 것이 아니다.

검정고시를 부산고로, 숭실대를 경희대로 사칭한 이유가 있다. 거짓말을 마다하지 않으면서까지 '자기를 높이려는' 허튼 교만 때문이며, 그것이 바로 참담한 외식이다. "외식하는 자에게 화禍,저주가 있다"고 예수께서 엄히 심판하신 이유는, 외식이 예수를 모르는 자, 다시 말해 예수를 믿지 않는 자의 가증한 '거짓 신앙'이기 때문이다.

서울대와 하버드 대학교

목사는 단지 지식으로 말씀을 전하는 '학자'가 아니다. 영과 진리로 말씀을 깨달아 교인들에게 있는 그대로 전하는 온전한 '말씀사역자'가 돼야 한다. '말씀'이 지식의 산물이라면 무식한 예수의 제자들이 어떻게 세상에 복음을 전할 수 있었으며, 세상의 지극히 작은 자들에게 복음을 전하기 위해서 세상에 오셨다는 말씀을 예수께서 어떻게 하실 수 있는가.

'자기를 높이기 위해서' 학력을 사칭한 오정현의 외식은 마침내 서울대와 하버드 대학교에서 절정에 이른다. 이전의 학력사칭과 다른 차이가 있다면, 서울대와 하버드 대학교를 버젓이 자신의 이력에 올린 그가 이전처럼 전혀 근거가 없는 '학력사칭'이 아니라 이번에는 과장된 '자기자랑'이라는 것이다.

오정현은 서울대 '최고인문학 과정'을 다닌 것으로 알려졌다. 서울대의 '정규과정'이 아니라, 이른바 '최고과정'이라는 이름으로 돈 있고 배경 있는 사람들이 인맥을 구성하기 위해서 큰돈을 들여가며 등록하는 '특별과정'이다. 마찬가지로 오정현은 앞에서 말했던 '호놀룰루 한인장로교회' 집회 포스터에 보란 듯이 '하버드 대학교 수학'Resident Fellow이라고 게시했다.

Resident Fellow가 무엇인지 알 수 없는 일반인들에게는 한글로 번역한 '하버드 대학교 수학'이 눈에 들어올 뿐이다. 큰돈을 들여 등록해서 고작 2주 동안 다니고는, "하버드에서 유감없이 학문의 열정을 불살랐다" 고 과시하고, "세계의 지성들과 유감없이 교제를 나누었다" 고 너스레를 떨며, 능수능란하게 '하버드 대학교 수학'이라는 화려한 캐리어를 만든 것이다.

섬김을 받는 자가 아니라 섬기는 자, 곧 종의 비천한 신분을 오히려 순종의 미덕으로 자랑해야 하는 목사가 '종의 겸손'을 저버린 채, 거짓말을 서슴지 않으며 학력을 사칭하는 이유가 무엇인가? 관동대를 입학하고 숭실대를 졸업한 자가 서울대와 하버드대를 기웃거릴 이유가 무엇인가?

온유와 겸손으로 작은 자를 섬기라는 예수의 말씀을 무시하며, 교만한 자의 자리에 서기 위해 스스로 높아지려는 외식 때문이다. 하지만 겉을 아무리 화려하게 장식한들, 거짓을 일삼는 자의 '속'은 여전히 더럽다는 사실을 알아야 한다.

"화있을진저 외식하는 서기관과 바리새인들이여. 회칠한 무덤 같으니 겉으로는 아름답게 보이나 그 안에는 죽은 사람의 뼈와 모든 더러운 것이 가득하도다. 이와 같이 너희도 겉으로는 사람에게 좋게 보이나 안으로는 외식과 불법이 가득하도다."마23:27-28

본문을 통해서 독자는 외식하는 자가 단순히 거짓말하는 자에 그치지 않고 속이 '더러운' 자라는 것을 알 수 있다. 외식이 더러운 이유를 두 가지 측면에서 설명할 수 있을 것이다. 첫째, 외식하는 신앙이 정결하지 못한 이유는 '두 마음'을 품기 때문이다. "두 마음을 품어 모든 일에 정함깨끗함이 없는 자로다."약1:8 외식하는 자는 결국 두 주인을 섬기는 자, 이를테면 입으로는 하나님을 부르면서 마음은 세상을 탐하는 자이며, 세상이 목적이 되며 하나님을 출세의 도구로 이용하는 불신자이다. "한 사람이 두 주인을 섬기지 못할 것이니…너희가 하나님과 재물을 겸하여 섬기지 못하느니라."마6:24

두 번째는, 예수를 아는 것 외에 다른 모든 것을 '해'害로, '배설물'로 여긴 바울의 고백이 이에 대해 분명한 답을 제시한다. "모든 것을 해로 여김은 내 주 그리스도 예수를 아는 지식이 가장 고상하기 때문이라. 내가 그를 위하여 모든 것을 잃어버리고 배설물로 여김은 그리스도를 얻고 그 안에서 발견되려 함이니" 빌3:8-9

예수의 제자들이 대부분 가난하고 무식한 어부들이었던 반면에 바울은 태어날 때부터 로마 시민권자로 부유한 자였다. 그리고 당대 최고의 랍비이며 유대인들의 총애를 받았던 가말리엘 문하에서 수제자 소리를 들을 만큼 전도유망한 학자였다. 이처럼 '모든 것'을 지니고 있었던 바울은 예수를 만나고, 예수의 계명을 분명히 깨달았던 순간부터 자기가 지니고 있던 세상의 지식이나 신분 따위, 세상에 속한 '모든 것'이 그리스도 신앙에 오히려 해가 되고 하찮은 배설물에 지나지 않는다고 고백했다.

하나님이 이스라엘을 선택했던 것은 이스라엘이 강하고 우수한 민족이기 때문이 아니다. 또한 예수께서 열두 제자를 사도로 세우신 것은 그들의 지식이 풍부하고 돈이나 경험 등, 세상에서 가진 것이 많기 때문이 아니다. 하나님은, 그리고 예수께서 '일꾼'을 선택하시는 기준은 분명하다. 가난하고 무식해서 세상에 천착하지 않고 오히려 마음을 다해 하나님께 온전히 의존하며 하나님께 모든 영광을 돌리는 자, 이른바 '작은 자'를 선택하신다.

오정현이 그토록 갈망하는 것들, 이른바 세상의 화려한 스펙은 '세상에 속한 자'에게는 더 없이 중요한 가치일 수 있지만, 하나님 나라에 속한 그리스도인에게는 '배설물'이며 무용지물이다. 오직 예수를 아는 순전한 지식, 오직 예수를 섬기는 온전한 순종이 그리스도인의 진정한 무기이며 승리의 검이다.

3장 • 오정현의 논문표절

표절은 도둑질이다

표절剽竊의 동의어는 표적剽賊이다. 표절이든 표적이든 표현과 상관없이 절竊과 적賊을 포함한 두 단어가 의미하는 것은 분명하다. 다른 사람의 글을 '몰래' 사용하는 것은 '지적인 도둑질'로, 표절은 엄연한 절도라는 것이다. 그리고 하나님을 믿는 신자에게 '절도'는 십계명 가운데 '도둑질하지 말라'는 제8계명을 범하는, 매우 심각한 중죄이다.

그럼에도 오정현의 논문표절의혹이 사실로 밝혀지면서 한국교회에 소란이 일자 일부에서는 '목사에게 논문 표절이나 대필은 한국교회의 오랜 관행'이라며 가증한 악행을 슬그머니 일반적인 타성으로 돌리려는 추잡한 시도마저 서슴지 않았다. 악행을 관행처럼 저질렀다고 악행이 정상으로 용인될 수 있는 것이 아니며, 악한 관행을 따른 자는 반론의 여지없이 관행을 빙자해서 악행을 저지른 것이다.

공직자의 인사청문회나 언론매체에서 종종 보았듯이 표절은 세상에서도 도덕적·법적으로 중대한 죄악이기 때문에 그에 대한 혹독한 비판과 함께 위중한 책임을 피할 수가 없다. 목사의 논문표절이나 대필이 오랜 관행이라며 '있을 수 있는 실수' 정도로 치부하는 것은 그만큼 죄에 무감각한 한국교회의 타락이 심각하다는 반증이 아닐 수 없다.

목사의 표절은 관행이기 때문에 무거운 책임이 없는 것이 아니라 오히려 목사이기 때문에, 다시 말해 목사의 불의는 도덕적·법적 잘못에 더해 영적 죄악이기 때문에 '하나님을 속인 자'로서 더욱 준엄한 책임이 뒤따르는 것이다. '하나님'을 입에 달고 사는 목사의 표절은 단순한 지적 도둑질을 넘어 하나님을 속인 죄로서, 제8계명에 더해 제3계명까지 범한 것이다.

> 제삼은, 너는 네 하나님 여호와의 이름을 망령되게 부르지 말라. 여호와는 그의 이름을 망령되게 부르는 자를 죄 없다 하지 아니하리라

표절사태의 발단

미국 남가주 사랑의교회에서 목회하던 오정현의 재정남용과 표절, 대필에 대한 의혹을 비롯해서 의심쩍은 소문들이 심심치 않게 나돌고 있었다. 그러나 오정현에 얽힌 의혹들이 수면 위로 떠오르며 한국교회를 분열과 갈등의 소용돌이에 몰아넣었던 결정적인 계기는 '포체프스트룸 대학교 신학박사학위논문 표절사건'이다.

2012년 6월, 백석대학교 김진규 교수가 자신의 페이스 북에 쓴 '어느 초대형 교회 원로목사의 탄식'이라는 제목의 글이 발단이었다. '하우사랑'이라는 인터넷 카페에 김 교수의 글이 게시되면서 그동안 소문으로 떠돌던 '표절의혹'이 본격적으로 제기되었다. 남가주 사랑의교회에서 오정현이 담임목사로 시무할 때 부교역자로 함께 사역했던 김 교수가 인터넷 카페에 올렸던 글의 일부를 인용한다.

> 지금은 소천하신 강남 어느 대형교회의 원로목사님이 저에게 전화를 요청했습니다. 그 분과는 그 이전부터 알고 있던 사이였습니다. 전화의 용건은 자신의 후임자로 부임해온 목사의 표절문제에 대한 질문이었습니다.
> [중략]

원로목사님께 사실대로 말했더니 더 놀라운 사실을 말씀하셨습니다. 혹시 자신의 후임자의 박사학위 논문을 다른 사람이 써준 사실을 아느냐고 질문하셨습니다. 저에게는 금시초문이었습니다. 사실 그 원로목사님이 저에게까지 전화를 요청한 것은 후임자의 박사학위논문을 누군가 대서해준 사실을 뒤늦게 알고 자신의 후임자의 표절에 대해서 심층 조사를 하기 위해서였습니다. 과거의 대서표절 전력을 생각하면 그렇게 하고도 남을 사람임을 저는 이미 알고 있었죠. 그러나 이미 때는 너무 늦었습니다.

사랑의교회 교인으로부터 소식을 전해들은 옥한흠 목사의 아들 옥성호가 오정현의 신학박사 학위논문의 표절여부를 조사해달라고 사랑의교회 당회에 요청했다. 6월 24일, 당회는 권영준 장로를 비롯해서 4명의 전문가들로 구성된 '담임목사 학위관련 TF팀조사위원회'를 구성했다. 일주일이 지난 7월 1일, 오정현은 TF팀을 만난 자리에서 "박사학위 논문에 대한 대필이나 표절 등, 그 어떤 부정직한 증거라도 나온다면 담임목사직에서 사퇴하겠다"고 배수진을 치며 자신의 결백을 주장했다. 표절의혹이 불거진 포체프스트룸 대학의 신학박사 학위논문에 전혀 문제가 없다는 주장이었다.

7월 8일에 TF팀의 조사에 응했던 김 교수가 자신의 글 때문에 오정현의 학위논문에 표절의혹이 불거지고, 옥한흠 목사 가족에게까지 부담을 주게 된 점을 공개적으로 사과하면서 사태가 일단락되는 것처럼 보였다. 그러나 8월 24일, TF팀 권영준 위원장을 만난 자리에서 김 교수는 이전의 태도를 바꿔, "오 목사가 마이클 윌킨스의 저서 *Following the Master*를 표절했다"면서 구체적인 증거를 제시했다.

그는 "이 문제로 사랑의교회에서 법적인 조치를 취할 수 있음을 암시받았다"면서, "고소당할 경우에 대비해서 직접 오정현의 박사학위 논문을 읽고 표절 증거를 찾게 되었다"며 자신이 태도를 바꾼 이유를 설명했다. 표절

의혹에 휘말린 오정현의 압력이 있었다는 말이다.

사태가 걷잡을 수 없이 확산되는 것에 부담을 느낀 김 교수는 9월 2일 오정현에게 메일을 보내, "표절 규정을 잘 몰라 실수를 했다고 당회에 알리고 용서를 구하라"고 조언했다. 이때가 사랑의교회 내부에서 문제를 수습할 수 있는 절호의 기회였지만, 오정현은 김 교수의 조언을 무시한 채 사태를 덮으려고 시도하면서 문제를 더욱 부추겼다.

은폐시도와 압력행사

논문표절 사태에 대처하면서 오정현은 교인들에게 진실을 밝히려는 노력을 전혀 보이지 않았다. 중대한 잘못을 저지른 목회자로서 교인들에게 사과하며 회개의 본을 보이기는커녕, 사태를 서둘러 덮기 위해서 부당하게 압력을 행사한 정황들이 속속 드러났다.

9월 3일에 오정현과 만났던 김 교수는 나중에 조사위원회 권 장로를 만난 자리에서, 자신과 백석대학교 교수들이 신변에 불이익을 당할까 두렵다면서 "더 이상 표절문제를 조사하지 말아 달라"고 요청했다. 오정현과 김 교수가 만났던 자리에서 무슨 이야기를 나눴는지 정확히 알 수 없다. 그러나 오정현을 만난 후 다시 말을 바꿔 조사중단을 요청한 김 교수의 태도를 보면 그들 사이에 무슨 일이 있었는지 미루어 짐작할 만하다.

이처럼 진실을 은폐하고 사실을 호도하려는 오정현의 시도는 그의 아내 윤난영이 조사위원회 권영준 장로에게 보낸 이 메일에서도 여실히 나타난다. 그는, "마귀에게 먹잇감을 주어 하나님의 이름이 더러워지며 교회 건축을 방해하려는 세력들이 틈을 노리는 상태에서 빌미를 준다는 것은 책임을 지는 지도자로서 해서는 안 될 일"이라며, 권 장로에게 노골적으로 '조사하지 말라'고 요구했다.

군대에서 '대장의 부인'이 저질렀던 '갑질'이 한동안 언론을 달군 적이 있었는데, 사랑의교회에서는 이처럼 담임목사의 아내가 시무장로에게, 그것도 당회에서 중책을 위임받은 조사위원회 위원장에게 '조사를 중단하라'고 압력을 가한 것이다.

또한, 표절사태를 수습하기 위해서 사랑의교회 부목사 고성삼은 서둘러 남아공 포체프스트룸 대학교로 달려갔다. 그곳에서 학교 인사들과 만나 로비를 벌이는 등, '부적절한 행동'을 했던 정황이 '논문표절 대책위원회'의 보고서에 적시되었다. 이처럼 끈질긴 방해 공작이 진행되고 있었지만, 일찍이 김 교수가 제시한 증거 외에도 TF에서 조사를 진행하는 동안에 다른 증거들이 추가로 드러났다.

다수의 증거를 확보한 권 장로는 주변의 압력을 뿌리치고 본격적인 조사에 착수했다. 명백한 증거를 갖고 권 장로는 오정현을 만나 "지금이라도 진실을 말해 달라"고 간곡히 부탁했지만 그는 거듭 부인했다고 한다.

전문가들로 구성된 조사위원회는 마침내 오목사의 표절이 '심각한' 상태라는 결론을 내렸고, 보고서를 작성해서 당회에 제출했다. 증거에 입각해서 객관적인 결과를 제시했지만, 오 목사를 두호하는 일부 기독교 언론이나 교단 소속 목사들은 순순히 받아들이려 하지 않았다. 입이라도 맞춘 것처럼 그들은 이구동성으로 "사랑의교회 새 예배당 건축을 반대하는 교인들이 건축을 방해하기 위해서 악의적으로 표절의혹을 제기한 것이다"라고 주장했다.

그러나 그간의 추이를 돌아보면 오정현의 논문표절 사태는 건축과 전혀 무관하게 진행되었으며, 그를 반대하는 사람들의 '계획적인 음모'도 아니었다. 조사위원회 위원장으로 표절 조사에 앞장섰던 권 장로는 '건축에 반대하는 교인'이기는커녕, 오히려 새 예배당 건축에 앞장섰던 시무장로이며, 논문표절 문제가 있기까지 오히려 오정현의 '측근'으로 알려진 사람이었다. "설마 성직자인 목사가 최소한의 신앙양심까지 저버리면서 학위논문을 표절할 수 있을까" 하는 순진한 생각에 권 장로는 처음에 표절조사를 시작할 때만 해도 "빠른 시일 내에 표절의혹을 불식시키고 오정현 목사를 지키기 위해서 TF에 가담했다"고 말했다.

나중에 진실을 알고 난 뒤에 권 장로는, "오정현 목사님이 논문을 표절했으리라 생각할 수 없었다. 나는 표절이 아니라 오히려 무고를 밝히기 위해서 TF팀에 합류했던 것이다. 그러나 논문을 조사하면서 심각한 수준의 표절을 발견하게 되었고, 신앙양심상 도저히 묵인할 수 없었다"며 솔직한 심정을 토로했다.

'하우사랑'에 올렸던 김 교수의 글이 논문표절 사태의 발단이 되었던 것은 분명하다. 하지만 그 전부터 이미 오정현이 책이나 칼럼, 심지어 설교본문을 작성하면서 자신이 글을 직접 쓰지 않고 부교역자들에게 대필을 시켰다는 소문이 미국 남가주에서부터 심심치 않게 떠돌았다. 그것이 사실이라면 표절사태를 촉발시킨 사람은 김 교수나 권 장로가 아니라 사실은 오정현 자신이다. 다만, 오랫동안 은폐되었던 소문의 실체가 김 교수의 글과 권영진 장로를 비롯한 조사위원회의 전문적인 조사로 마침내 수면 위로 모습을 드러냈을 뿐이다.

표절은 거짓인 동시에 지적 도둑질이라는 점에서, 특히 성직자를 자처하는 목사가 거짓으로 학위를 받기 위해서 다른 저자의 논문을 표절한다는 것은 그 자체로 심각한 문제이며 엄연한 불법이다. 그러나 오정현의 표절사태에서 간과할 수 없는 것은 표절을 넘어서 오정현의 반복되는 거짓말과 자기가 했던 말의 연이은 번복이며, 진실을 은폐하기 위해 그가 저질렀던 비겁한 행동들이다.

처음에는 자신의 논문이 "신앙양심에 비추어 한 점 부끄럼 없이 진행했다"고 주장했던 오정현은 막상 표절 증거가 나오자, "참고문헌을 인용하는 과정에서 일부 실수가 있었던 점을 인정한다"면서, 표절이 아니라 인용과정에서 있었던 실수라며 재차 표절을 부인했다.

그러나 오정현의 학위논문은 그가 주장하는 것처럼 '합법적인 인용'이 아니라 명백한 '불법표절'이다. 논문이나 저서, 기사 같은 공적인 글을 쓰기 위해서 다른 사람의 글을 인용할 때는 '기본 원칙'이 있다. 사전에 일일이 저자에게 허락을 받는 것이 아니라, 자기가 인용하려는 글에 부호를 사용해서 인용사실을 분명히 밝히는 것이다. 인용부호를 사용하지 않고 다른 사람의 글을 사용하는 것은 결국 다른 사람의 글을 마치 자기 글처럼 위장한 표절일 뿐이다.

설령 오정현의 말처럼 사전에 인용허가를 받았다고 해도 마찬가지이다. 사전에 허락을 받았다고 해서 인용사실을 밝히지 않으면 독자는 책의 저자가 사전에 다른 사람의 허가를 받고 쓴 것인지 알 수 없기 때문에 당연히 저자의 글이라고 생각하기 마련이다.

요컨대 인용은 인용이고 표절은 표절이다. 인용은 저자의 특별한 허락이 필요하지 않다. 인용부호를 붙이고 다른 저자의 글을 사용하면 전혀 문제가 되지 않으며 표절시비에 휘말릴 하등의 이유가 없다. 만약에 오정현의 논문이 그의 주장처럼 단순히 '인용과정의 실수'였다면 실수에 따른 적절한 책임은 있을망정 그것 때문에 사퇴해야 되거나 혹독하게 비난받을 일은 아니다. 반면에 표절은 다른 저자의 글을 마치 자기가 쓴 것처럼 속이는 범행이며, 달리 말하면 다른 사람의 지적 소유물을 훔치는 도둑질이다.

오정현의 학위논문에서 드러난 문제는 정당한 인용이 아니라 부당한 표절임에도 오정현은 마치 표절을 인용인 것처럼 사실을 호도한 것이다. 시간이 지나면서 거짓말과 말 바꾸기 뿐만 아니라 진실을 덮기 위해서 주변에 압력을 행사한 정황까지 속속 드러났다. 이것이 사랑의교회에서 정감정직과 감사운동을 주창하고, 소리 높여 '정의'를 외쳐온 오정현의 '민낯'이다.

마침내 2013년 1월 27일, 논문표절 조사위원회는 만장일치로 오정현의 표절을 사실로 인정하는 보고서를 당회에 제출했다. 권 장로는 보고서에서, "오정현 담임목사가 공언한 담임목사 사직의 조건인 '박사학위논문에 대한 표절 등 부정직한 증거'가 무수히 발견됨에 따라 후속조치담임목사의 임면에 관한 사항를 밟아 달라"고 당회에 요청했다.

여기서 말하는 후속조치는, "표절이 사실로 밝혀지면 사임하겠다"고 공언했던 오정현의 임면에 관한 당회의 판단을 말한다. 그러나 오정현은 당회가 구성했던 TF팀의 조사결과를 인정하지 않았다. 아니, 조사위원회의 조사결과 표절이 밝혀지면 담임목사에서 사임하겠다고 공언했던 오 목사로서는 '인정하지 않았다'기 보다는 차라리 '인정할 수 없었다'고 말하는 것이 옳다. 결국 오정현은 당회가 구성한 TF팀의 조사 결과를 인정하지 않고, 당회에 다시 '재조사'를 요청했다. 어떻게든 빠져나갈 길을 찾으려는 오정현의 궁여지책이었다.

자발적으로 조사위원회를 구성했던 당회조차 오정현의 재고 요청을 받아들여 TF팀의 조사결과를 채택하지 않고 '대책위원회'를 조직해서 다시 조사하겠다고 했다. 당회로서는 받아들일 수 없는 '담임목사의 부당한 지시'였다. 이미 드러난 증거로도 표절이 분명히 밝혀졌을 뿐만 아니라 정도가 매우 심각한 상태라는 것을 장로들 모두 알고 있었기 때문이다.

또한 자신들이 위임한 TF팀의 전문적인 조사결과를 인정하지 않는 것은 당회의 자기부정이며 자가당착이 아닐 수 없다. 그럼에도 재조사를 결정한 오정현과 당회의 결정은 불의에 아랑곳 하지 않고 다만 사랑의교회 담임목사를 수호하기 위한 개교회주의의 적나라한 실상이 아닐 수 없다.

표절실태

논문작성과 심사경험이 풍부한 대학교수들, 말하자면 전문가들로 구성된 TF팀이 7개월간 오정현의 학위논문을 면밀히 조사해 당회에 제출한 보고서의 내용은 가히 충격적이다. 총 6장으로 구성된 오정현의 '포체프스트룸 대학교 신학박사 학위논문'은 한 마디로 말해서 '표절논문'이었다. 조사결과를 보면 결론을 제외한 논문의 전체 챕터에서 표절이 발견되었다.

"현재 한국에서 구할 수 있는 4종의 저서만을 대상으로 조사했음에도 수십 쪽의 증거들이 나타났는데, 다른 저서들을 모두 구해서 전수 조사를 한다면 이보다 더 많은 표절증거가 나올 개연성이 있다고 사료된다"는 내용이 보고서에 담겨있다.

불과 4종의 책만 가지고 오정현의 표절을 조사했는데도 논문 170쪽 가운데 33쪽에서 표절이 발견됐다는 것이다. 4권의 책을 조사하는 과정에서 20%의 표절이 밝혀졌다면, 오정현이 인용(?)했던 책들을 전수 조사했다면 결과는 어땠을까? 인용과정의 실수라는 오정현의 말은 어불성설이며, 표절여부를 가름하는 통상적인 기준에서 볼 때 오정현의 논문은 반론의 여지가 없는 표절이다.

특히 2장에서는 8쪽에 걸쳐서 마이클 윌킨스 교수의 *Following the Master*를 옮겨 쓰다시피 했다고 한다. 원문에 있는 문장에서 한두 단어를 고치거나 어떤 경우는 원문을 그대로 베끼기도 했다. 또는 원문에 있는 문단에서 일부 문장을 표현만 조금 바꾸거나 유사어로 대체하는 등, '전문적인 표절기법'이 총망라되었다. 원문의 소제목을 그대로 베끼거나 단어 하나를 바꾸어서 재사용한 경우가 2장에서만 다섯 개가 나온다.

출처를 밝히지 않고 원문을 요약해서 자기 글로 둔갑시키는 방법과, 인용을 밝히지 않은 채 여러 참고문헌들에서 모은 문장들을 모아서 짜깁기하는 방법, 심지어 참고문헌에서 의도적으로 책 이름을 누락시켜서 표절을 은폐하려는 시도까지 나왔다.

결국 조사위원회는 오정현의 표절이 '의도적'이며 '심각한 수준'이라고 결론을 내렸다. 이에 대해 오정현은 인용규정을 제대로 몰라서 발생한 실수라고 거듭 변명했다. 그러나 인용규정을 정확히 준수한 문장이 있는 것을 보면 "인용규정을 몰랐다"는 오정현의 변명은 전혀 설득력이 없다.

표절도 물론 심각한 문제이지만 조사위원회는 오정현의 언행이 더욱 심각한 문제라고 보았다. 7월에 표절조사가 처음 시작될 때 오정현은 불쾌하게 생각하면서, "만약 표절이면 담임목사직을 그만 두겠다"고 큰소리쳤다. 어떤 장로에게 보낸 메일에서는 "목회자에게는 인격이 가장 중요한 가치이다. 포체프스트룸 박사학위 논문은 본인의 신앙양심에 비추어 한 점 부끄럽지 않게 진행되었다"며 당당히 결백을 주장했다.

그러다가 막상 표절증거가 나오자 오 목사는, "윌킨스 교수와 잘 아는 사이이고, 저서를 인용해도 좋다는 허락을 받았다"고 말을 바꾸었다. 결국 그의 말은 "저자에게 허락을 받았기 때문에 표절이 아니며, 표절이 아니기 때문에 표절에 관한 어떤 비판도 정당하지 않다"는 억지 주장이다.

그의 주장처럼 인용을 사전에 허락받은 것이 사실이라면 인용과 표절의 분명한 차이를 모르는 사람들이 듣기에 자칫 오정현에게 잘못이 없다고 판단할 수 있으며, 그에게 온갖 비난을 퍼부었던 사람들에게 모든 책임이 되돌아갈 수 있는 상황이었다.

하지만 이번에도 오정현은 이중의 거짓말로 교인들을 속였다. 우선, 인용을 허락받았다고 해도 부호를 사용해서 인용사실을 밝히지 않았다면 명백한 표절이다. 그럼에도 마치 인용을 허락받았기 때문에 표절이 아닌 것처럼 사실을 호도한 것이다. 더욱이 '인용허락'이라는 주장은 오정현이 계속 그래왔듯이, 자신이 맞닥뜨린 위기에서 벗어나기 위해서 임기응변으로 지어낸 거짓말에 지나지 않았다. 이를테면 거짓말에 다시 거짓말을 덧붙이며 오정현은 점점 거짓의 수렁에 깊이 빠져들고 있었다.

권 장로가 미국에 체류하던 옥성호를 통해서 논문의 원저자에게 확인한 결과, '인용을 허락받았다'는 오정현의 주장 또한 사실이 아니었다. "윌킨스 교수가 실제로 오정현의 논문에 그의 저서를 인용해도 된다고 허락했는지 물어봐 달라"는 권 장로의 요청을 받고 옥성호는 윌킨스 교수에게 이 메일을 보냈다.

답장에서 윌킨스 교수는 "오정현의 논문이 자신의 저서와 놀랄 만큼 유사하다"며, "오 목사가 누구인지 알지도 못하며, 누구에게도 내 글을 인용하거나 표절하라고 허락한 적이 없다"는 단호한 입장을 밝혔다.

뿐만 아니라 "학문세계에서 표절은 암적 존재로 반드시 근절되어야 한다"는 말을 덧붙였다. 오정현의 말과 달리 윌킨스 교수는 인용을 허락한 일이 없을 뿐만 아니라 '누구인지 알지도' 못하는 사람이 자신의 저서를 표절했다며 오정현의 잘못된 행동을 질타한 것이다. '한국교회를 대표하는 목사'라는 자의 추태가 마침내 국제적인 망신을 부르고 말았다.

'원저자가 인용을 허락했다'는 주장이 확인결과 거짓임이 밝혀지자 오정현은 다시 말을 바꾼다. 자기가 윌킨스 교수에게 직접 허락을 받은 것이 아니라 "바이올라 대학교 Barry H. Corey 총장이 자기를 대신해서 윌킨스 교수로부터 저서 인용을 승낙 받아 주기로 했기 때문에 그의 말을 듣고 논문을 수정했다"는 것이다.

그러나 이마저도 새빨간 거짓말이었다. 뉴스앤조이 보도에 따르면, 바이올라 대학 총장은 윌킨스 교수의 저서 사용을 오정현에게 허락한 적이 없었다. 오정현의 주장에 대해 바이올라 대학 법무담당은 "윌킨스 교수만이 그의 저작물 사용을 허락할 수 있다. 바이올라 대학 총장은 윌킨스 교수의 저서를 인용해도 된다고 허락하지도 않았고 법적으로 허락할 수도 없다"고 단언했다. 저서는 윌킨스 교수 개인의 '지적 소유물'이기 때문에 윌킨스 교수만이 허락할 수 있다는 건 지극히 당연한 상식이다.

이처럼 오정현의 거짓말이 꼬리에 꼬리를 물고 계속 이어졌다. 표절사태에서 정작 수많은 사람들이 오 목사와 사랑의교회, 그리고 한국교회에 실망하며 거세게 분노하지 않을 수 없던 것은 단지 논문표절의 악행만이 아니었다. 그에 덧붙여 오정현의 반복되는 거짓말과 말 바꾸기, 그리고 표절사실을 감추기 위해서 오정현과 그의 측근들이 공공연히 저질렀던 불법행위들, 이를테면 회유와 협박, 사주와 음모 등이다.

표절사태가 진행되는 동안 구체적으로 밝혀졌던 불법행위들 가운데 사랑의교회 부목사 고성삼이 주도한 '논문 바꿔치기'에 대해서는 특별히 언급하지 않을 수 없다. 남아공까지 단숨에 달려가서 학교 관계자들을 만났던 사랑의교회 '국제사역 총괄책임자' 고성삼은 포체프스트룸 대학으로부터 표절에 관한 구체적인 답변을 들었다며 자료를 제시했다.

자료의 내용인즉, "악의적인 표절은 아니니 권고 사항을 따라 윌킨스 관련 부분을 수정해 새로 논문을 만들어 기존 것과 교체하면 된다"는 것이다. 이 말은 결국 "논문을 세탁해서 불법표절을 덮겠다"는 것이며, "표절한 논문을 수정했기 때문에 처음부터 표절이 없었다"고 주장하는 궤변과 다르지 않다. 그러나 호박에 줄긋는다고 수박이 아닌 것처럼, 표절논문을 세탁한다고 해서 14년 전에 있었던 표절이 없어지는 것이 아니다. 오히려 죄에 죄를 더하는 최악일 뿐이다.

논문 세탁

표절이 확인되었지만, "표절이 밝혀지면 사퇴하겠다"던 오정현은 사랑의교회에서 물러나지 않았다. 논문을 심사했던 포체프스트룸 대학의 돌발적인 발표로 오정현이 기대(?)했던 반전이 일어났기 때문이다. 오정현의 논문표절에 대해 포체프스트룸 대학은, "표절은 인정하지만 표절 부분을 제외해도 논문의 중요성과 학문의 기여도가 인정되므로 학위를 취소하지는 않겠다"고 발표했다.

덧붙여 "학위는 유지되더라도 표절 문제는 정리해야 한다"는 말과 더불어 "수정한 내용을 정확히 확인하겠다"는 의사를 밝혔지만, 학위를 취소하지 않은 채 '학문의 기여도' 운운하면서 결과적으로 오정현의 학위논문 표절에 면죄부를 준 셈이 되었다.

사퇴 압박에 맞닥뜨렸던 오정현은 포체프스트룸 대학의 호의적인 발표로 기사회생했다. 학위논문을 심사한 대학에서 당사자의 논문에 대해 '학문적 가치가 있다'고 유권해석(?)을 내렸기 때문이다. 결과를 통보받은 사랑의교회 교인들은 포체프스트룸 대학의 결정에 환영일색이었다. "학교의 조사결과는 당연하다. 이를 통해 담임목사 논문의 독창성과 의미를 인정받았다"고 호들갑을 떨며, 마치 표절이 없었던 것처럼 사실을 호도했다. 그러나 '독창성이 있다'는 말이나 '학문적 기여가 있다'는 말은 원저자의 논문에나 해당되는 수사이며, 남의 글을 훔친 표절논문에는 전혀 걸맞지 않는다.

그럼에도 오정현은 포체프스트룸 대학과 충분히 논의했다면서, 김 교수가 표절이라고 지적했던 부분을 수정해서 다른 글로 대체하겠다고 했다. 그 말은 결국, 표절한 부분을 수정하면 문제를 해결한 것이기 때문에 그때부터 표절이 아니라는 황당한 논리이다. 매사에 잘못을 인정하지 않았던 오정현다운 발상이지만, 정작 문제는 다른 사람의 저서를 '훔친' 표절논문으로 그가 이미 신학박사학위를 받았다는 것이다.

대학에서 학위를 취소하지 않는 한 오정현의 박사학위는 그대로 유지되는 것이며, 그렇게 표절논문으로 박사학위로 받았던 오정현은 사랑의교회 후임목사로 청빙된 것을 비롯해서 이미 온갖 특혜를 누렸고 앞으로도 누릴 것이다.

사후 수정을 조건으로 이전의 표절을 덮는 것도 중대한 문제이지만, 나중에 수정한 분량조차 표절이 밝혀진 33쪽 가운데 윌킨스 교수와 직접 연관된 4쪽에 불과하다는 점을 지적한다. 예를 들면 포체프스트룸 대학에서 4쪽이 아니라 33쪽에 달하는 표절사실을 알았는데도 학위를 취소하지 않고, '학문적 기여' 운운하며 단지 4쪽의 사후 수정만으로 표절행위를 간단히 마무리할 수 있었을까. 더욱이 33쪽의 표절도 전수조사가 아니라 부분적인 조사결과였다는 점을 고려해야 한다.

사랑의교회에 부임하기 전에 오정현의 논문표절이 밝혀졌다면 과연 옥한흠 목사나 사랑의교회 교인들이 그를 후임으로 받아들였을까? 표절이 없었다면 오정현은 학위논문을 쓸 수 없었으며, 학위논문이 없었으면 그는 박사학위를 받을 수 없었다. 그리고 오정현에게 박사학위가 없었다면 그가 사랑의교회 담임목사로 청빙되는 등, 지금까지 누렸던 특혜도 물론 없었을 것이다.

그럼에도 십 수 년이 지나 뒤늦게 논문을 세탁하며 "이제 수정했으니 문제가 없다"는 오정현의 주장은 궤변인 동시에 문제의 본질을 전면 호도하는 것이다.

다른 관점에서 말하면, '논문수정'은 결국 표절을 인정한 것이다. 따라서 추후 수정을 빌미로 "논문에 대필이나 표절이 있다면 사랑의교회 담임목사에서 물러나겠다"는 약속을 파기할 명분이 없다. 논문을 수정해서 문제를 없애겠다는 말은 '논문세탁'으로 표절책임에서 벗어나겠다는 것이며, "부정직한 일이 드러나면 담임목사에서 사임하겠다"는 공적인 약속을 손바닥 뒤집듯 간단히 뒤집는 구실로 삼겠다는 것이다.

'자금세탁'이라는 말은 종종 들었지만 '논문세탁'은 오정현의 표절사태를 통해서 처음 알게 되었다. '자금세탁'이든 '논문세탁'이든, 범행을 덮기 위한 '세탁'은 그로 인해 죄가 없어지는 것이 아니라 이전의 죄를 숨기기 위한 연속 범행이며, 이미 저지른 죄에 덧붙여 증거를 인멸하려는 이중범죄에 해당한다.

표절 사태에서 보듯이, 잘못이 뚜렷이 밝혀졌지만 도무지 오정현에게서 죄의식이나 죄책감이 느껴지지 않는다. '부정직한' 일이 드러나면 사퇴하겠다고 공언했던 오정현은 심지어 새로 수정한 논문에서조차 '부정직한' 행동을 다시 저질렀다. 2012년의 수정 논문의 표지에 기재된 지도교수 2인 가운데 한 명은 사망한지 이미 10년이 지났음에도 죽은 사람의 서명까지 버젓이 기재되었던 것이다.

서양의 서명과 동양의 인장은 자신의 신분을 밝힌다는 점에서는 동일한 기능이지만 구체적인 사용방법에 있어서는 엄연히 다르다. 인장은 법적인 기준에 따라 등록한 뒤에 복사해서 사용할 수 있지만, 서명은 등록이나 복사를 할 수 없고 매번 서명할 때마다 자필로 기재해야 되기 때문이다. 죽은 사람의 서명이 수정논문의 표지에 기재되었다는 것은 생각할 수조차 없는 일이라서 많은 사람들이 '위조'라고 생각했다. 그러나 위조가 아니라는 것이 뒤늦게 밝혀졌다. 실로 놀라운 일이 아닐 수 없다.

오정현의 거짓 행태를 파악하는 데 매우 중요한 단서이기 때문에 지도교수의 서명에 얽힌 자세한 내막을 밝힌다. 표절이 밝혀진 1988년도 오정현의 신학박사 학위논문 표지에 다음과 같이 두 명의 지도교수의 이름이 명기되었다. 〈Promoter : Dr. C.J.H. Venter, Assistant-Promoter : Dr. J.C. Coetzee〉.

어쨌든 형식상 두 교수의 지도로 논문을 작성해서 박사학위를 받은 오정현은 수정논문에서도 형식적인 가치를 유지하려면 당연히 두 지도교수의 서명이 필요했다. 문제는 두 명의 지도교수 가운데 'Assistant-Promoter : Dr. J.C. Coetzee'는 이미 2002년에 사망했다는 것이다. 난감한 상황이지만 오정현은 역시 그다운 계략을 꾸몄다. 죽은 교수의 옛날 서명을 복사해서 수정논문의 표지에 다시 붙이는 것이다.

오정현이 위조가 아니라 복사를 선택한 이유가 무엇일까? 추론이지만, 전문가의 필적감정을 통해 진위 여부를 간단히 가려낼 수 있는 위조는 들킬까 불안했기 때문이다. 반면에 복사는 진본과 사본의 차이가 있을 뿐 같은 사람의 서명이기 때문에 필적 감정으로 진위를 가릴 수 없다.

오정현은 이 점을 노린 것이다. 사인을 섣불리 위조했다가 자칫 들통이 나면 모든 것이 수포로 돌아가는 반면, 복사한 사인은 훗날 필적 감정을 한다 해도 본인 서명이기 때문에 문제가 없다고 본 것이다. '수정 논문'도 있을 수 없는 일이며, '서명 복사' 역시 엄연한 불법이며 악행이다. 거짓으로 자신의 명예를 지키기 위해서 죽은 지도교수까지 악행에 끌어들이는 오정현의 가증한 행태에 충격을 금할 수 없다.

앞에서 말했지만, 오정현의 논문에서 조사위원회가 표절을 발견한 부분이 33쪽인데 반해, 포체프스트룸 대학에서 수정을 요구한 부분은 윌킨스 교수와 직접 연관된 4쪽13, 15, 16, 17뿐이다. 그렇다면 4쪽을 수정한들 나머지는 여전히 표절 상태이기 때문에 그의 논문은 수정과 상관없이 여전히 '표절논문'이다.

또한, 오정현의 학위를 취소하지 않았다고 해서 표절이라는 '사실' 자체가 없어지는 것이 아니다. 따라서 표절이 밝혀지면 사임하겠다는 오정현의 공적인 약속이 무효가 되는 것도 아니다. 수정을 권유한 포체프스트룸 대학에서 직접 받았다며 오정현 측이 제시한 답변서에 대해서도 '합리적인 의심'을 떨칠 수 없다. 교수 개인의 사적인 의견이 아니라 학교의 공식적인 의견을 밝힌 공문서에 학교의 공적인 마크가 없을 뿐만 아니라 발신자의 이 메일 주소조차 나와 있지 않았기 때문이다.

어쨌든 오정현의 논문표절에 대한 포체프스트룸 대학의 호의적인(?) 답변에 크게 고무된 오정현과 사랑의교회 교인들은 논문표절이라는 오정현의 수치와 죄과는 더 이상 입에 담지 않은 채, 뜬금없이 논문의 '독창성'과 '학문적 기여'를 내세우고 있다. 반어법이 아닌 한, 표절한 논문에 독창성이 있다는 말 자체가 모순이다. 오정현의 논문에서 밝혀진 표절실태를 제대로 파악했다면 이는 결코 나올 수 없는 말이다.

독창성이 있는 논문?

표절사태로 사임 위기에 몰렸던 오정현은 마치 흑기사처럼 등장한 포체프스트룸 대학의 발표문 덕분에 적이 한숨을 돌린다. 표절문제를 해결하기 위한 자체적인 결정이 아니라 외부 요청과 회유에 마지못해 조사를 진행했던 대학 측은, "표절은 사실이지만 논문에 독창성이 있고 학문적 가치가 있기 때문에 학위는 취소하지 않는다"며 어정쩡한 타협안을 제시했다. 그럴 듯해 보이지만, 내용을 살펴보면 여지없이 모순이 드러난다.

표절은 '지적 절도'이다. 따라서 표절 논문은 엄격히 말해서 자신의 논문이 아니기 때문에 그것을 근거로 학위를 취득할 수 없다. 또한, 어떤 논문이든 그것이 다른 사람의 글과 생각을 베낀 표절이라면 독창성이 있을 수 없고, 독창성이 없다면 학문적 가치를 인정할 수 없다.

그럼에도 포체프스트룸 대학에서 오정현의 논문표절에 대해서 상식 밖의 발표문을 작성한 이유는 무엇인가. 결과를 발표하기 전에 서둘러 사랑의교회에서 고성삼 부목사를 남아프리카에 파견해서 사전공작을 펼친 정황이 있었다는 점을 밝히지 않을 수 없다. 동시에, 논문을 심사했던 교수들이 그토록 심각한 표절을 발견하지 못한 것은 중대한 실수를 저지른 것이기 때문에 그들도 책임에서 자유롭지 못한 상태에서 부득불 절충안을 제시했다는 생각을 지울 수 없다.

표절한 논문을 교수들이 사전에 거르지 못하고 그대로 통과시켰다는 것은 대학의 수치이며, 호된 질책이 뒤따르는 사안이다. 그보다는 비록 표절은 인정되지만, 학문적인 가치가 뛰어나고 박사학위 논문답게 독창성이 있는 작품이라고 에둘러 말하는 것이 논문을 심사했던 대학으로서는 향후 대처에 유리하다. 이를테면 포체프스트룸 대학의 발표는 진실을 밝혔다고 보기보다 '자기들이 살기 위해서'라는 의구심이 든다.

어쨌든, 논문을 직접 심사하고 학위를 주었던 대학에서 당사자의 논문에 대해 독창성과 학문적 가치가 있다고 '유권해석'을 내린 셈이기 때문에 "표절이 사실로 밝혀지면 사임하겠다"고 공언했던 오정현은 가까스로 살아났다. 그뿐 아니다. '독창성', '학문적 가치'라는 수사에 잔뜩 가슴이 부푼 오정현과 그의 추종자들은 발표문 가운데 '표절이 사실'이라는 말은 아예 언급조차 하지 않고, 뒤에 붙은 '독창성'과 '학문적 가치'를 의도적으로 발췌해서 오정현의 표절논문을 도리어 화려한 수식어로 선전하기에 급급했다. 도대체 이들이 순진한 걸까, 아니면 영악한 걸까.

실제로 논문이 독창적이고 학문적 가치가 있었다면, 그래서 표절인데도 학위를 유지할 정도의 작품이라면 그 논문은 이미 세상과 교회에서 널리 주목받았을 것이다. 그리고 역설적으로, 실제로 학문적 가치가 있어서 학계의 주목을 받았다면 오정현의 표절은 십 수 년이 지난 시점이 아니라 이미 오래 전에 발각되었을 것이다. 그러나 오정현의 논문은 작성된 지 15년이 지나도록 한국교회를 비롯해 어디에서도 주목받았던 적이 없었다. 결국, 독창성과 학문적 가치라는 말은 표절사태에 적잖은 책임이 있는 대학에서 마지못해, 그리고 자구책으로 지어낸 레토릭에 지나지 않는다.

오정현을 지지하는 어떤 목사의 뒷공론이 오히려 이런 주장에 단초를 제공한다. 그는, "신학자의 논문도 아니고, 아직까지 전혀 알려지지 않았던 목회자의 논문에 대해 이제 와서 표절 시비를 벌이는 이유가 무엇이냐?" 고 되물었다. 뒤늦게 표절을 들춘 것이 오 목사를 공격하기 위해서 '반대파들'이 다분히 의도적으로 만든 음모라는 의미에서 말한 것이다.

하지만 '아직까지 전혀 알려지지 않았던 목회자의 논문'이라는 그의 지적은 역설적으로, "학문적 가치"를 자랑하는(?) 오정현의 저급한 논문수준을 적나라하게 말해준 것이다. 요컨대 다른 사람의 글을 표절한 '복사논문'은 독창적일 수도 없고, 학문적 가치를 인정받을 수도 없는 '불법 복제품'에 지나지 않는다.

오정현의 학위논문 표절사태에 대해 이만열 교수가 지적했듯이, "박사학위 논문은 내용만 문제되는 것이 아니라 그것이 갖는 도덕적 권위도 포함하고 있다" 따라서 "표절이라는 도덕적 하자가 발견될 경우에는 그 하나만으로도, 학교의 명예가 실추된다는 부끄러움을 무릅쓰고 학위취소를 감행하는 것이 상식"이다. 그래서 대부분 대학의 박사학위논문 규정에 표절 등의 문제가 생겼을 경우에는 학위를 취소한다는 단서를 달아놓고 있는 것이다.

이처럼 세상에서도 표절이 밝혀지면 학위취소는 물론 자리를 보전할 수 없을 만큼 중대한 책임이 뒤따르며, 표절은 사회통념상 간단히 받아들일 수 없는 악행으로 지탄받는다. 더욱이 일반논문이 아닌 학위논문을 표절한 경우라면 사태는 더욱 심각할 수밖에 없다. 도덕적인 지탄을 넘어 사회적인 공분을 불러들이며 법적인 제재가 이어지기 마련이다. 세상에서도 그럴진대, 성직자를 자처하는 목사의 경우는 더 말할 것도 없지 않은가.

오정현에게 잘못 주어진 박사학위는 마땅히 취소돼야 하며, 오정현은 교회와 하나님 앞에서 공언했던 대로 담임목사 자리에서 사퇴해야 한다. 표절은 십계명에 기록된 '도둑질'에 해당된다. 설령 어떤 물건이 뛰어나다 해도 도둑질한 물건은 자기 것이 아니다. 자기 것이 아니라면 주인에게 돌려주는 것이 마땅하고, 주인에게 돌려주었으면 자신은 소유하지 않았던 원래의 자리로 돌아와야 한다. 오정현, 그가 자신을 위해서, 그리고 한국교회와 사랑의교회를 위해서 즉각 돌아가야 하는 '원위치'는 어디인가?

오정현의 거짓과 신앙의 외식

오정현의 박사학위 논문표절이 명백한 사실로 밝혀지자 곳곳에서 비난이 빗발쳤다. 어떤 사람은 '표절은 다른 사람의 지적 소유물을 몰래 훔친 것이기 때문에 엄연한 '절도'인 동시에 하나님을 속인 배역으로 '십계명을 어긴 중죄'라며 서슬 퍼런 비난을 서슴지 않는다. 일부에서는, 표절이 드러난 경우에 정치인이든 교수이든 예외 없이 무거운 처벌을 받았다면서 오정현의 즉각 사퇴를 촉구하기도 한다.

나 역시 논문표절이 중대한 죄악이라는데 전혀 이의가 없다. 그러나 내가 오정현의 논문표절 사태를 심각하게 바라본 것은 다른 관점에서다. 신앙과 양심을 속이며 논문을 표절하면서까지 기어코 박사학위를 취득하겠다는 오정현의 잘못된 의식과 더불어, 이른바 '주의 종'이라는 목회자로 도저히 인정할 수 없는 오정현의 타락한 신앙이 문제의 핵심이라고 보았다.

논문을 표절해서 박사학위를 받는 것은 거짓으로 자기 이름을 높이겠다는 허튼 탐욕과 교만에 기인하며, 그것의 본질은 예수께서 무섭게 심판하신 '외식'이다. 종교적인 죄와 더불어 도덕적인 죄, 그리고 관습적인 죄에 이르기까지 수많은 죄가 있지만, 예수께서 저주에 이르는 '7화禍'를 말씀하시면서 모든 죄악들 가운데 가장 무섭게 심판하신 죄의 공통점이 바로 외식이다.

"화있을진저, 너희 외식하는 자여!"

표절은 물론 거짓의 일면이다. 그러나 오정현의 거짓은 '사실이 아니거나 사실을 숨긴다'는 의미의 단순한(?) 거짓이 아니라 가증한 외식에서 비롯되었다는 점을 분명히 지적한다. '자기를 높이려는' 외식은 제자도의 근본인 '겸손'에 대적하는 교만이며, 그리스도의 계명을 전면 부정하는 근본적인 불신앙이다.

성경은 외식하는 자를 두 마음을 품은 자이며 겉과 속이 다르게 이중성을 지닌 자라고 정의한다. 또한 외식하는 자에 대해서 예수께서는 '입으로는 하나님을 공경하되 마음은 하나님에게서 멀어진 자'이며, '자기 의'를 과시하며 다른 사람을 멸시하는 자라고 말씀하신다.

> 자기를 의롭다고 믿고 다른 사람을 멸시하는 자들에게 이 비유로 말씀하시되 두 사람이 기도하러 성전에 올라가니 하나는 바리새인이요 하나는 세리라. … 내가 너희에게 이르노니 이에 저 바리새인이 아니라 이 사람이 의롭다 하심을 받고 그의 집으로 내려갔느니라. 무릇 자기를 높이는 자는 낮아지고 자기를 낮추는 자는 높아지리라 눅18:9-10, 14

오정현이 스스로 말했듯이, '도대체 학위가 무엇이기에' 목사라는 이름의 교회사역자가 하나님을 속이면서까지 비루한 행동을 하는가. 마치 세상에서 훈장이라도 받는 것처럼, 오정현의 외식에는 '외국 신학대학의 박사학위'로 다른 사람에게 잘 보이기 위한 허세와 교만이 배어있다.

허튼 공명심으로 자기 이름을 세상과 교회에 드러내기 위해서, 그리고 교단과 교계에서 특별히 인정받기 위해서 자신과 교회, 그리고 하나님을 속이는 참담한 불신앙이다. 다시 말해 오정현의 외식은 단순한 거짓말이 아니라 하나님을 믿지 않는 거짓신앙이며, 그것이 바로 무서운 심판에 이르는 '외식'이라는 것이다.

오정현의 입장에서는 억울할 수 있을 것이다. 그가 말했듯이 "사랑의교회가 아니라면 이토록 험한 비난을 듣지 않았을 수 있고", 사랑의교회 담임목사 오정현이 아니라면 이렇게 심한 욕을 듣지 않을 수도 있었기 때문이다. 익히 알고 있는 사실이지만, 대형교회의 유명목사들 가운데 외국 신학대학교의 박사학위가 없는 사람이 드물고, 그들 가운데 실제로 자기 실력으로 학위를 받은 사람이 거의 없다는 것은 널리 '알려진 비밀'이다.

그렇다면 유독 오정현이 거센 비난을 받은 이유는 무엇인가? 그가 말한 것처럼 단순히 '초대형교회의 유명목사'이기 때문일까? 오정현은 비난의 원인과 책임을 다른 데서 찾을 것이 아니라 중대한 잘못을 저지른 자신에게서 찾아야 한다. 그럼에도 이런 말을 하는 것은, 그가 여전히 자신의 잘못과 책임을 깨닫지 못했고 인정하지도 않는다는 뚜렷한 반증이다. 만약에 그가 잘못을 인정하고 모든 책임을 자신에게 돌리면서 교회와 세상에 용서를 구한다면 과연 사태가 이렇게 확산되었을까?

조사위원회 위원장이었던 권 장로의 말이 새삼 떠오른다. "'만약에 오정현 목사가 표절을 시인하고, '남가주 사랑의교회'에서 담임목사로 시무하는 바쁜 와중에 학위논문을 서둘러 작성하다 보니 이런 잘못을 저지르고 말았다'라고 말했다면, 그리고 교인들에게 솔직히 용서를 구했다면 오정현의 논문표절 사태는 조용히 마무리될 수 있지 않았을까?"

그러나 표절의혹이 불거지면서 오정현은 사과하며 용서를 구하기는커녕 온갖 방법을 동원해 진실을 숨기려 했고 매번 거짓말로 일관했다. 거짓말이 발각되면 비겁하게 말을 번복하는가 하면, 사실을 은폐하기 위해서 '로비'와 '협박'을 마다하지 않으면서 사태를 걷잡을 수 없이 부추긴 것이다.

익히 알려진 것처럼 오정현은 표절의혹이 일자 기다렸다는 듯이 "만약에 학위논문에서 대필이나 표절 등 부정직한 증거라도 드러나면 담임목사를 사퇴하겠다"고 자신만만하게 말했다. 물론 그 말의 방점은 사퇴가 아니라 절대로 표절하지 않았다는 완전한 부인이지만, 그 말을 듣고 적잖은 사람들이 '혹시 오해가 있던 것이 아닐까'하며 마음 한 편에 기대를 저버리지 않았다. 그러나 시간이 지나면서 의혹이 해소되기는커녕 점점 커지기만 했다. 오정현의 표절은 의혹이 아니라 명백한 사실이었기 때문이다.

어쩌면 표절이나 거짓말보다 중요한 것은 오 목사가 한국교회에 했던 공적인 약속이다. 오정현은 "조사위원회의 조사결과 표절이 사실로 밝혀지면 사임하겠다"고 조사위원들에게 공언했다. 이를테면 그가 조사위원들을 통해 사랑의교회 교인들 앞에서, 나아가 한국교회 교인들 앞에서 공적으로 약속했다는 사실을 잊지 말아야 한다.

교회와 교인들 앞에서 약속한 것은 하나님 앞에서 약속한 것이다. 사랑의교회 당회에서 인준한 '논문표절 조사위원회'에서 표절이라고 발표했고, 논문을 심사했던 대학에서도 '표절'이라고 인정했다면 더 이상 반론의 여지가 없이 명명백백한 표절임에도 그는 물러서지 않았다.

교회지도자인 목사가 교회의 교인들에게 공적으로 '맹세'했던 것을 제멋대로 어길 수 없지 않는가. 교회 앞에 행해진 '공적인 약속'은 하나님 앞에서 맹세한 것과 다르지 않다. 그렇다면 오정현은 단지 논문표절이라는 '도둑질'로 십계명의 8계명을 어겼을 뿐 아니라 3계명까지 어긴 것이다. 교회와 교인들 앞에서 하나님과 맺은 약속을 저버리는 것은 하나님의 이름을 망령되이 일컫는 중죄이기 때문이다.

도무지 이해할 수 없는 오정현의 일탈이 반복된다. 거짓말에 이어 새로운 거짓말, 거기에 덧붙여 또 다른 거짓말, 이처럼 끊임없이 거짓말을 반복하는 그는 도대체 누구인가? 옥한흠 목사가 회한이 서린 음성으로 오정현에게 물었던 "네 정체가 무엇이냐?"는 말이 귓가에 맴돈다. 오정현의 거짓, 그것은 심각한 질병인가, 아니면 곤경에 처한 약자의 입장에서 마지못해 저지른 일시적인 임기응변인가?

아니다. 그의 반복적인 거짓말은 은연중에 '자기 의'를 강조한다는 점에서 단순한 거짓말이 아니라 예수께서 말씀하신 외식, 이를테면 예수께서 '화있을진저!'라며 저주의 심판을 마다하지 않았던 무서운 죄악이다.

목회학 박사학위논문의 '자기 표절'

뉴스앤조이 보도에 따르면 오정현은 포체프스트룸 대학의 신학박사Ph.D 논문뿐 아니라 2005년에 작성한 바이올라 대학교 탈봇 신학대학원 목회학 박사D. Min 논문도 표절한 것으로 밝혀졌다. 차이가 있다면 탈봇 신학대학원의 목회학 박사논문은 포체프스트룸 대학에 제출했던 신학박사 학위논문을 다시 표절한 것으로, 이른바 '재탕 표절'이라는 것이다. 즉, 기사가 말하듯 "오정현의 목회학 박사논문은 자신의 신학박사 논문 내용을 거의 그대로 사용한, 심각한 자기 표절 논문"으로, 다른 저자의 글을 표절했던 논문을 다시 표절하는 방법으로 무려 65% 가량을 표절했다.

오정현은 '신약에 나타난 제자훈련 설교·주해적, 설교학적 연구'Disciple Making Preaching in the Light of New Testament : An Exwgetic-Homiletical Study라는 제목의 신학박사 학위논문을 1998년에 남아공 포체프스트룸 대학에 제출했었다. 그리고 목회학 박사논문은 '21세기의 미주 한국이민교회에 적용된 제자훈련The Korean Immigrant Church in America Discipleship in the 21st Century'이라는 제목으로 2005년에 바이올라대학 탈봇신학대학원에 제출했다.

두 논문의 제출 시점이 7년의 시차가 있는데다가 논문을 제출한 대학도 각각 다르다. 그리고 겉보기에 각각의 논문은 제목과 주제에서 뚜렷한 차이가 있다. 그럼에도 두 논문은 마치 동일한 논문의 이본異本처럼 내용은 거의 같다. 기사를 보면, 194쪽의 목회학 박사논문은 신학박사 학위논문에서 무려 126쪽을 표절한 증거가 발견되었다고 한다. 구체적인 예를 들면 목회학 박사논문 4장은 전체를 통째로 표절했고, 3장과 6장에서도 각각 71%, 61% 정도를 표절했다는 것이다.

이미 밝혀진 것처럼, 포체프스트룸 대학 신학박사 학위논문은 윌킨스 교수를 비롯한 여러 저자들의 저서를 표절한 논문이었다. 그렇다면 오정현은 표절한 논문을 대부분 다시 표절한 '이중표절' 논문으로 바이올라 대학에서 목회학 박사학위를 수여받은 것이다. 두 개의 박사학위 논문에서 밝혀진 오정현의 표절방법은, '복사 수준의 그대로 옮기기'와 '짜깁기'이다.

뉴스앤조이 기사를 보면, '복사 수준'의 예로 목회학 박사논문의 45·64·79·111·135 쪽은 신학박사 학위논문의 18·30·51·100·113쪽과 거의 같다. 45쪽은 18쪽의 한 단락을 그대로 옮겼고, 64쪽은 30쪽은 완전히 일치한다. '짜깁기'의 예를 들면, 신학박사 논문에서 순서를 바꿔가며 목회학박사 논문에 그대로 옮기거나, 신학박사 논문의 2쪽을 묶어서 목회학박사 논문에 요약 형식으로 다시 사용하는 방식이다.

심지어 신학박사 논문에서 표절했던 부분을 목회학 박사논문에서 반복해서 표절한 경우가 있는가 하면, 신학박사 논문에서는 인용부호를 붙였다가 목회학 박사논문에서는 붙이지 않은 경우가 있다. 복사 수준의 베끼기와 짜깁기를 적절히 배합한 '자기 표절'로 오정현은 결국 한 개의 논문으로 두 개의 박사학위를 받은 셈이다.

탈봇 신학대학원의 '2012년도 학생안내서'에는 "다른 곳에 제출·게재하거나 다른 학교에서 학위를 받는 데 사용한 논문을 중복해서 제출하면 학위를 취소한다"는 내용이 있다. 표절금지와 학위취소에 관한 엄격한 규정에 따라 오정현의 목회학 박사학위는 마땅히 취소돼야 한다.

석사학위 논문도 표절하다

MBC PD수첩은 2014년 5월 13일 방송에서 "오정현 목사가 1988년도에 쓴 칼빈 신학대학원 신학석사 학위논문도 표절의혹에서 자유롭지 못하다"며, "지금까지 밝혀진 것만 해도 20% 가까이가 표절이다"라고 보도했다. 요컨대, 사랑의교회 갱신위원회 교인들이 말했듯이 "1988년부터 2005년까지 근 20년 동안 오정현은 논문을 쓸 때마다 표절했다"는 주장이 결코 과언이 아니었다.

오정현의 표절에 대해 질문을 받자 사랑의교회 부목사 주연종은 당연한 관행인 것처럼 말하면서 많은 사람들의 공분을 불렀다. 여유 만만한 웃음을 지어보이며 그는 "우리 목사님 고등학교 때는 논문 안 썼나요? 중학교 때 한 숙제 중에 표절한 것은 못 잡아냈나요?"라고 오히려 질문자를 조롱하듯 되물었다. 여기에 덧붙여 주연종은 "석사학위 논문은 연습이라고 본다"고 말했다. 심지어 "대한민국에서 논문 표절을 문제 삼는 사람은 99% '다른 의도가 있다'는 조사보고서가 있다"는 말로 표절의 논지를 의도적으로 흐렸다.

표절을 관행으로 받아들이는 주연종의 말은 표절에 대한 의식을 유감없이 드러낸 것이다. 물론 석사학위 논문은 다음 단계인 박사학위 논문에서 보다 깊이 있고 풍부한 내용을 담기 위한 연습일 수 있다. 그러나 정상적인 대학이라면 석사학위 논문에서부터 그에 합당한 학문적인 깊이와 가치를 요구한다. 석사논문이 다음 단계인 박사학위 논문을 보다 충실하게 준비하기 위한 과정이라는 말은 석사과정에서 지식 습득과 지식을 바르게 전달하는 글쓰기 훈련에 매진해야 한다는 말일망정, 주연종이 말하는 것처럼 '표절연습'일 수 없다.

의도하지 않았겠지만 주연종의 말은 결국 오정현의 입장을 숨김없이 대변한 것이다. 석사과정부터 단단히 표절을 연습했기 때문에 오정현은 '뛰어난 표절기법'을 동원해서 박사논문을, 그것도 두 개씩이나 힘들이지 않고 작성할 수 있었기 때문이다. 어쨌든 주연종의 경솔한 말장난은 오정현과 사랑의교회뿐만 아니라 타락한 한국교회와 관행(?)에 길들은 목사들의 현주소를 적나라하게 보여준 좋은 사례가 될 것이다.

오정현의 말 바꾸기

2012년 6월, 표절의혹으로 궁지에 몰린 오정현은 교계의 도움을 요청하기 위해서 오래 전부터 친분이 있는 홍정길 목사를 찾아갔다. 그 자리에서 홍 목사는 표절을 부인하는 오정현에게 "오 목사는 영어가 안 되지 않느냐?"고 물었다. 도무지 영어 실력이 '안 되는' 오 목사가 어떻게 영어로 박사학위 논문을 쓸 수 있느냐는 날선 반문이다. 그간의 정황을 보면 표절이 분명한데도 계속 아니라고 부인하는 오정현의 구차한 변명을 듣고 홍 목사가 정곡을 찔렀던 것이다.

이에 오정현은 "내가 한글로 논문을 쓰고 아내에게 영어 번역 도움을 받았을 뿐, 논문은 내 글이 확실하고 표절이나 대필이 아니다"라고 대답했다. 이렇게 어처구니없는 말을 할 수 있는 건 오정현이 대필이 무엇인지조차 제대로 모르기 때문이다. 오정현은 '대필이 아니다'라고 항변했다지만, 영어로 써야하는 논문을 논문작성자가 한글로 쓰고 다른 사람이 영어로 번역했다면 그것이 바로 대필이다. 더욱이 외국대학의 학위논문은 내용만이 아니라 외국어로 표현하는 능력까지 심사하기 때문에 다른 사람이 대신 써준 대필은 그 자체로 자격미달이다.

이런 내용을 알게 된 사랑의교회 H 장로가 2012년 7월 1일에 다른 장로들에게 이 메일을 발송했다. "논문을 한글로 쓰고 영어로 번역하여 지도 교수의 지도를 받았다는 게 가능한가?" 물론 이것은 질문이 아니라 있을 수 없는 일이라는 비판이었다. 다음 날 오정현은 이를 반박하는 내용의 이 메일을 장로들에게 보냈다. "논문은 내가 직접 작성하였으며 한글로 초록을 쓰고 이를 다시 영어로 옮겼다는 말은 절대 사실이 아니며 있을 수도 없는 일이다."

오정현의 말은 "한글로 초록을 쓰고 이를 다시 영어로 옮겼다"는 것을 부정하는 것이지만, 사실 이 말은 "내가 한글로 쓰고 아내에게 영어 번역을 도움 받았다"고 했던 오정현이 자기 입으로 홍정길 목사에게 했던 말이다. 줄곧 보아왔던 것처럼, 거짓말과 말 바꾸기에 능수능란한 오정현이 이번에는 도움을 청하기 위해서 자기 발로 찾아갔던 홍정길 목사에게 자기가 했던 말을 일거에 뒤집어버린 것이다.

오정현의 말 바꾸기는 한 마디로 이골이 났다. 표절의혹이 불거진 초기 2012. 7. 1에 오정현은 TF팀과 만난 자리에서 "의혹 제기는 용납할 수 없다. 추후에 그 어떤 부정직한 증거라도 나온다면 사랑의교회 담임목사직에서 사퇴하겠다"고 자신만만하게 말했다. 그러나 표절이 밝혀지고 자기가 했던 말에 책임을 져야 하는 시점에 이르자 오정현은 간단히 말을 바꾼다. "논문 대필에 대한 의혹제기가 터무니없는 것을 알아 달라는 의미에서 한 표현이었지 담임목사직을 사퇴하겠다고 말하고자 한 게 아니다."

그뿐이 아니다. TF팀 권영준 장로는 오정현의 표절문제를 의논하기 위해 교계원로인 이동원 목사와 만났다. 그 자리에서 이동원 목사는 "건축문제를 들어 오 목사가 자발적으로 사임할 것을 권했다"고 한다. 오정현에게 치명적인 수치로 남을 수 있는 논문표절을 부각시키지 말고, 이미 논란이 불거진 건축 문제 때문에 사임하는 것으로 사태를 마무리하라는 이동원 목사의 세심한 조언이었다. 그 뒤 2013. 1. 27에 권 장로는 이화숙 권사와 함께 오정현을 만난 자리에서 이동원 목사의 제안을 오정현에게 전해주었다.

그날 저녁에 오정현은 아내 윤난영과 함께 이동원 목사 부부와 홍정길 목사를 만났다. 그 자리에서 이동원 목사와 홍정길 두 원로목사는 오정현에게 사랑의교회와 한국교회, 그리고 오 목사 자신을 위해서 "당회에 사의를 표하라"고 권했다. 이를테면, 다른 사람이 아닌 이동원 목사와 홍정길 목사가 오정현의 사임을 권면했던 것이며, 이것이 실제 있었던 명백한 사실fact이다.

그러나 그때부터 2주가 지난 뒤, 2013년 2월 10일 사랑의교회 주일예배에서 오정현은 교묘하게 상황을 왜곡했다. 논문표절사태에 대해 말하면서 "참고문헌을 쓰는 과정에서 일부 미흡한 점이 있었다"고 말하며 교인들에게 사과하는 도중에 느닷없이 눈물을 흘리면서 "어떤 사람에게 사임 협박을 받았다"고 주장했다. 물론 교인들은 이동원 목사와 홍정길 목사의 권면을 전혀 모르고 있었기 때문에 오정현의 말은 누가 듣기에도 조사위원회 위원장 권영준 장로를 일컫는 것으로 들렸다. 다분히 의도적이었다.

이것이 바로 감성에 호소하며 사랑의교회 교인들을 감동의 도가니에 몰아넣었던 '눈물 쇼'이다. 2부부터 5부 예배까지 한 번도 빠짐없이, 그리고 설교마다 동일한 시점에 같은 음악을 배경으로 깔고 감성의 설교를 펼친 오정현의 전략은 어쨌든 주효했다. 교인들의 대대적인 호응을 얻었기 때문이다.

이어서 오정현은 "건축으로 인해 사회적 논란을 일으킨 것에 대해 책임지고 사임을 하면 저의 논문 문제는 덮어주겠다고 하면서 48시간 내에 사임하지 않으면 이 사실을 언론에 공개하겠다는 협박을 받았다"고 덧붙였다. 자발적인 사임형식을 권면했던 이동원 목사와 홍정길 목사의 말을 뒤집어서 권 장로의 '협박'으로 왜곡하면서 사태를 반전시킨 것이다.

논문표절과 전혀 상관이 없는 건축문제를 끌어들여 오정현은 권 장로를 비롯해서 건축을 반대하는 세력의 음모로 조작한 것이다. 다시 말해, 사랑의교회 새 예배당 건축을 방해하기 위해서 의도적으로 논문표절을 들추면서 권 장로를 비롯한 '반대파'가 오정현의 사퇴를 강요하는 것처럼 교인들을 호도한 것이다. 주일예배에 설교강단에서 오정현이 했던 이 말과 행동은 하나님의 말씀을 전해야 하는 설교자가 차마 입에 담을 수 없는 참담한 거짓말인 동시에, 특정인에 대한 악의적인 음해이다.

논문표절 사태는 오정현의 개인적인 일탈로 끝나지 않았다. 사랑의교회 부목사 고성삼은 홍정길 목사, 고직한 선교사, 고 옥한흠 목사의 부인에게 전화해서, "오정현 목사의 논문대필을 문제 삼을 경우 고 옥한흠 목사의 논문도 내가 대필한 사실을 양심선언을 통해 밝히겠다"는 협박을 서슴지 않았다.

살아있는 현재 권력에 아부하기 위해서 자신이 섬겼던 지난날의 죽은 권력을 조롱하는 행태가 소인배들의 일반적인 모습이라지만, 사랑의교회를 설립한 목사이자 이미 고인이 된 옥한흠 목사의 이름까지 들먹이며 고인과 가까운 사람들과 가족에게까지 위협을 마다하지 않는 '후배목사의 패악'에 차라리 할 말을 잃고 만다.

당회의 졸속결정

앞서 조사를 마쳤던 '조사위원회'는 보고서를 통해 "표절 의혹이 사실로 밝혀졌다"고 결론짓고, 오정현의 임면에 관한 당회의 조속한 처리를 요청했다. 그러나 표절이 밝혀지면 사임하겠다던 오정현은 조사위원회의 보고서를 인정하지 않고 당회에 다시 조사해달라고 요구했다. 오정현의 요청을 받은 사랑의교회 당회는 전문가들로 구성된 조사위원회의 보고서를 무시하고 대책위원회를 다시 구성해서 재조사에 착수했다.

수개월에 걸쳐 재조사를 마친 대책위원회 역시 오정현의 논문표절이 사실이라는 결론을 내린다. 대책위원회가 작성한 최종보고서의 일부를 인용한다.

> 오정현 목사가 1998년 남아공 포체프스트룸대학에서 취득한 박사 학위 논문이 여러 종의 저서 일부를 표절하였다는 결론에 이르게 되었다. 2013년 5월 초 포체프스트룸 대학의 공식적인 답변이 있을 것으로 예상되나, 이와 관계없이 표절 그 자체는 부정할 수 없다고 판단된다. 표절 의혹이 제기된 일부 내용은 다른 서적의 일부를 그대로 복사하여 재구성한 것임을 일반인도 알 수 있을 정도이기 때문이다.

요컨대 대책위원회의 재조사에서도 표절이 명백하기 때문에 더 이상 표절여부에 대한 조사는 의미가 없다고 결론을 내린 것이다. 대책위원회담임목사 논문표절관련 7인 대책위원회의 보고서를 촘촘히 분석·정리한 뉴스앤조이 기사를 토대로 오정현의 논문표절 사태를 정리하면 다음과 같다. 우선, '오정현 목사 논문표절 사건'에 관련된 14명에게 질의서를 보내 12명으로부터 답변서를 받았던 대책위원회의 최종보고서에는 그때까지 밝혀지지 않았던 흥미로운 내용들이 담겨있다.

표절사태를 무마하기 위해서 오정현 측 변호사가 백석대 부총장을 만났다고 한다. 그 자리에서 변호사가 표절의혹을 처음 제기했던 김진규 교수를 법적 처리하겠다고 협박했던 사실이 밝혀졌다. 남가주 사랑의교회 시절부터 이미 오정현의 표절과 대필에 관한 '진실'을 알고 있는 김 교수의 입을 막으려는 부당한 처사였다. 이 외에도 대책위원회는 오 목사가 자신을 지지하는 교인들을 동원해서 우호적인 여론을 조작했던 사실을 문제 삼았다.

또한, 보고서에 따르면 오 목사가 교인들에게 사과하는 자리에서 2부부터 5부 예배까지 강단에서 반복해서 눈물을 흘리며 교인들의 동정여론을 조성했고, 부목사 고성삼을 포체프스트룸 대학에 보내 표절사태를 무마하기 위해 막후 로비를 벌였다는 사실에 대해 '부당한 처사'라고 지적했다. 뿐만 아니라 사랑의교회 소식지 '우리'는 의도적으로 오정현에게 유리한 글을 쓰면서 그를 측면 지원했던 사실이 밝혀졌다. 결국 오정현은 표절에 관한 진실을 숨기고 사태를 서둘러 무마하기 위해서 파상공세를 펼쳤던 것이다.

조사를 마친 대책위원회는 "오정현 목사의 행동이 사랑의교회 목회자로서 온당하지 못하고 일반적인 관점에서도 적절하지 못했다"며, "오정현의 담임목사직을 1년 동안 정직하고 그 기간 동안 사례비의 30%를 삭감해서 지급한 뒤에, 2년 후에 다시 재신임을 묻자"고 제안했다. 덧붙여, 교회의 공적인 허락을 받지 않은 상태에서 사건에 임의로 개입하고 부적절한 행동을 했던 고성삼 목사와 소식지 '우리'의 관계자도 징계해야 한다고 주장했다.

그리고 조사위원회 권영준 장로의 논문표절 조사결과는 인정하지만 보고서가 외부로 유출되는 등, 조사과정에 문제가 있었다며 자숙하고 공개사과해야 한다고 요구했다.

또한 오 목사가 주장했던 '48시간 내 사임 협박'의 진상을 밝히기 위해서 논문표절 사건에 연루된 사람들을 서면으로 조사한 결과, 오 목사가 2월 10일 2부 예배부터 5부 예배까지 예배 때마다 울면서 "어떤 사람이 찾아와서 48시간 이내에 사임하라고 협박했다"는 주장은 사실과 다르며, 이동원 목사와 홍정길 목사의 사임권면을 마치 특정한 사람에 의한 협박인 것처럼 사실을 왜곡했던 것이 밝혀졌다.

오정현의 논문표절에 대한 조사를 마치고 마침내 "오정현 목사의 신학박사 학위논문은 표절이며, 오정현 목사의 진술 번복이 심각하다"는 내용의 최종보고서를 작성한 대책위원회는 다음과 같은 '징계 제안'을 당회에 올렸다.

오정현 목사는

1. 1년간 교회를 떠나 진정한 회개 및 자숙과 반성의 기회를 가지도록 하며
2. 위 기간 동안 사례의 30%를 차감해 지급하도록 하고
3. 사역 복귀 2년경과 후, 당회 및 공동의회에서 재신임을 받도록 한다.

대책위원회의 보고서를 받은 사랑의교회 당회원들은 '징계 제안'을 논의하기 위해 임시당회를 열었다. 그러나 조사위원회나 대책위원회의 공적인 의견과 달리 오정현을 추종하는 다수의 장로들은 임시당회에서 오정현에게 유리한 분위기를 조성하기 위해서 온갖 노력을 아끼지 않았다. 오정현의 거취를 결정하는 임시당회를 열면서 정작 오정현의 논문표절을 밝혀낸 조사위원회 권영준 위원장의 참석을 막는가 하면, 비상식적인 방법들을 동원하면서 '오정현 구하기'에 앞장섰다.

이른바 오정현 측 장로들이 대다수를 차지하는 임시당회는 오정현의 자진사임을 권고하는 안건의 채택 여부를 무기명투표에 붙였지만, 29명이 반대하고 14명이 찬성하면서 안건을 부결시켰다. 정작 오정현은 자신의 거취를 포함한 모든 사안의 처리를 당회에 일임했음에도 교회의 '최고의결기구'인 당회가 적극적인 행동에 나서지 않았다. 교회를 해치는 불의에 맞서 마땅히 치리해야 하는 의무를 준행하지 않음으로 그들은 '장로'로서 직무를 유기한 것이다.

그럼에도 당회에서 고작 한다는 말은, "'교단헌법과 정관상 당회가 목회자를 징계할 수 없다'는 내부해석에 따라 징계가 아닌 권고로 결정했다"는 것이다. 물론 장로교회에서 담임목사는 노회에서 파견한 '위임목사'로, 신분은 노회소속이다. 그러나 개별교회에서 사례비를 포함한 모든 특혜와 특권을 누리는 목사의 비리에 대해 개별교회의 당회에서 어떤 징계도 취할 수 없다는 것은 목사성직주의를 두호하는 구시대적 퇴행이 아닐 수 없다.

설령 교단헌법에 따라 당회에서 목사를 직접 사퇴시킬 수 없다고 해도 당회가 '사임권고안'을 의결해서 노회에 안건을 상정시키는 노력을 기울여야 했다. 하지만 처음부터 오정현의 사퇴를 원하지 않았던 사랑의교회 대다수 장로들은 임시당회에서 절대다수의 반대로 '사임권고안'을 부결시키고 말았다.

이는 당회에서 징계할 수 없었기 때문이 아니라 자정의지가 없기 때문이며, '목사의존신앙'에 사로잡힌 장로들이 감히 '주의 종님'인 목사를 징계할 엄두조차 내지 못했을 뿐이다. 사랑의교회 당회는 '의도적으로' 오정현의 거취에 관한 수위를 대폭 낮추면서 사실상 그에게 면죄부를 주었다.

대책위원회의 보고서 내용을 보면 조사위원회의 조사결과를 사실상 그대로 인정했다. 그러나 대책위원회는 당회의 의사결정에 필요한 자료를 제공할 뿐, 자체적인 징계 권한을 지니지 못한다. 반면에 의결권을 지닌 당회는 대책위원회의 보고서에 기록된 오정현의 표절에 관한 내용들 가운데 극히 일부만 공개했다.

오정현을 지지하는 장로들이 대다수를 차지하는 당회에서 오정현에 대한 징계수위를 낮추려는 고육지책인 동시에 시쳇말로 '꼼수'를 부린 것이다. 결국 사랑의교회 당회는 오정현의 표절을 인정하면서도 결과적으로 표절이라는 불의에 대한 책임을 묻지 않음으로 불의에 동조, 또는 묵인하는 중대한 잘못을 저질렀다. 오정현의 논문표절에 대해 당회가 최종적으로 내린 3 가지 주요결정은 다음과 같다.

1) 자발적으로 6개월간의 진정한 회개 및 자숙과 반성의 시간을 갖도록 한다.
2) 그 기간 중 사례비의 30%를 자진 반납 형식으로 축소한다.
3) 사역을 함에 있어서 당회가 제시하는 사역의 가이드라인을 준수하기

로 하였다.

'1년간 교회를 떠나라'는 대책위원회의 제안은 "자발적으로 6개월간 반성의 시간을 갖는다"로 본래의 의미 자체가 완전히 변질되었고, '사례비 30% 삭감'은 '자진 반납'으로 변했다. 더욱 놀라운 것은, 가장 핵심적인 제재안이었던 '재신임'이 종적을 감추면서 "표절이 확인되면 사퇴하겠다"던 오정현이 사퇴할 일이 아예 없어졌다는 것이다. '자발적'이라는 말은 다시 말해 오정현의 어떤 의사에도 다소곳이 따르겠다는 당회의 항복 선언이다.

사랑의교회 당회는 한국교회에 소요와 갈등을 불렀던 오정현의 '박사학위 논문표절'에 실질적인 책임을 묻지 않음으로 그에게 '면죄부'를 주었고, 불의를 마땅히 치리해야 하는 자신의 고유한 역할을 포기한 것이다. 자정능력을 완전히 상실했다는 한국교회의 전형적인 모습을 마침내 '시체 썩은 냄새가 진동하는' 사랑의교회가 여실히 보여준 씁쓸한 결말이었다.

교계를 뒤흔들었던 오장현의 논문표절 사태가 이처럼 어이없는 '솜방망이 처분'으로 결론이 나자 "일반 사회에서도 표절이 밝혀지면 책임을 지고 자리에서 사퇴하는데 어떻게 진리와 정의를 자처하는 교회에서 이럴 수가 있느냐?"며 많은 사람들이 공분을 감추지 못했다. 재신임 조건이 없는 6개월 정직에 대해 많은 사람들은 '징계를 빙자한 안식'이라는 조롱과 함께 '오정현의 사랑의교회'에 거센 비난을 퍼부었다. '목사가 주인'인 한국교회의 참담한 실상이 '오정현의 목사교회'를 통해서 여지없이 민낯을 드러낸 것이다.

오정현의 사과와 '거짓 회개'

논문표절에 대한 김진규 교수의 의혹제기부터 증거제시, 그리고 TF팀의 조사로 오정현의 신학박사 학위논문에서 심각한 수준의 논문표절이 백

일하에 드러났다. 당회는 논문을 표절한 오정현에 대해 6개월 '자숙'과 '사례비 식감'의 제재 권고안을 의결했고, 오정현은 2013년 3월 24일 주일예배에서 동영상을 통해 "박사학위 논문표절로 인해 교회에 어려움을 끼친 모든 책임을 통감한다"며 교인들 앞에서 공개 사과했다. 오정현은 먼저 하나님 앞에서 자신의 잘못을 고백하며 이렇게 용서를 구했다.

> 하나님 아버지, 무릎 꿇어 기도합니다. 엎드려 눈물로 회개합니다. 박사학위가 무엇이기에 저의 잘못에 스스로 눈 감아 버렸던 건 아닌지 사역뿐만 아니라 모든 삶의 과정이 하나님의 영광을 위한 것이 되도록 해야 하는데 우리 성도들을 시험 들게 하고 세상 사람들이 교회를 의심하는 일을 생기게 했음을 통탄합니다. 하나님의 청지기로서 섬길 수 있는 것이 얼마나 큰 것인지 명심 명심하겠습니다. 하나님 아버지 앞에 더 큰 영광이 되어 설 것을 하나님 앞에 낮게 엎드려 잘못을 고하니 용서하여 주옵소서.

이어서 그는 사랑의교회 교인들에게도 간절한 말로 용서를 구했다.

> 하나님께 드린 참회의 기도와 꼭 같이 우리 성도들에게도 사죄의 말씀 드립니다. 부디 여러분의 큰 사랑으로 받아주시기 바랍니다. 저의 박사학위 논문표절로 인해 교회에 어려움을 끼친 책임을 깊이 통감합니다. 또한 교회 본질적 사역을 소홀히 하였던 잘못을 깊이 깨달았습니다. 이에 저 스스로 돌아보고 철저히 회개하기 위하여 6개월 자숙하는 시간을 갖고자 합니다. 자숙 기간 이런 마음으로 기도하며 지내고자 하니 받아주시길 바랍니다. 다시 한 번 성도님들께 용서를 구합니다.

요약하면 오정현은 자신의 잘못을 인정하고 책임을 통감한다면서 하나님께, 그리고 교인들에게 용서를 구했다. 이를테면, 그동안 논문표절에 대해 거짓말로 진실을 가리고 말 바꾸기로 사실을 왜곡했던 죄를 인정하며 6개월 동안 자숙하겠다는 것이다. 잘못을 인정한 것, 그리고 용서를 구한 것은 이전에 반복되던 거짓과 말의 번복, 그리고 변명에 비해 진일보한 것이지만, 정작 회개의 핵심이 빠진 그의 말은 진정한 회개로 볼 수 없다.

오정현은 두 번이나 사랑의교회 교인들에게, 그리고 하나님 앞에서 "표절이 밝혀지면 담임목사 직에서 물러나겠다"고 공적으로 약속했다. 그럼에도 약속을 지키지 않았고, 약속을 지키지 않음으로 그는 회개의 증거를 보이지 못한 것이다. 오정현이 자기 입으로 말했던 '사퇴'를 번복한 것은 결국 회개의 증거가 아니라 여전히 죄에서 돌이키지 않았다는 뚜렷한 증거이기 때문이다. 요컨대 오정현은 '인용이 아니라 차라리 복사'라는 조롱을 들을 만큼 심각한 수준의 논문표절이 발각되면서 사임위기에 몰리자 마지못해 교인들 앞에서 어쭙잖은 '회개 코스프레'를 했을 뿐이다.

당회의 졸속 결정으로 6개월 동안 넉넉히 보수를 받아가며 설교강단을 떠나있는 '휴식'을 진정 자숙이며 회개라고 볼 수 있는가. 회개는 말이 아니라 진정한 변화이며, 입술의 반성이 아니라 속죄를 통해 회개에 합당한 열매를 맺어야 한다.

> 독사의 자식들아 누가 너희를 가르쳐 임박한 진로를 피하라 하더냐. 그러므로 회개에 합당한 열매를 맺고 속으로 아브라함이 우리 조상이라고 생각하지 말라 마3:7-8

오정현이 진정 '회개에 합당한 열매를' 보이려면 교회와 교인들 앞에서, 그리고 하나님 앞에서 약속했던 대로 담임목사 직에서 물러나야 한다. 시간이 지난 다음에 교인들의 용서를 받고 다시 강단에 복귀할 수 있을망정,

교인들 앞에서 공적으로 밝힌 약속조차 지키지 않으면서 회개, 참회, 용서를 말하는 것은 명백한 거짓이며 가증한 외식에 지나지 않는다.

오정현의 논문표절 사태에서 밝히 드러난 문제점들을 살펴보면, 한국교회를 타락시키는 목사의 부정과 불의는 다만 목사 개인의 책임이 아니라는 것을 뚜렷이 알 수 있다. 교인들, 특히 교인들을 대표해서 교회와 목사를 바른 길로 이끌어야 하는 장로들의 책임이 그에 못지않다. "소경이 소경을 따라가면 둘 다 구덩이에 빠진다"는 말씀은 잘못 인도하는 자에게 막대한 책임을 물은 것과 동시에 소경을 따라가는 자의 어리석음과 무지를 엄히 책망한 것이다.

성경적인 관점에서 '죄'는 의도적으로 악행을 저지르는 것만이 아니라 어리석음과 무지로 인해 하나님의 뜻에서 벗어나는 모든 일탈을 의미한다. 따라서 교인들의 무지와 맹신은 순진한 신앙이 아니라 무서운 죄이다. 한국교회의 진정한 개혁을 위해서는 모름지기 교인들이 올곧게 깨우쳐야 하며, 목사의존신앙의 치명적인 오류에서 벗어나서 그리스도 신앙의 본질을 회복해야 한다.

4장 • 헌금은 목사의 쌈짓돈이 아니다

감사보고서 채택거부

한 때는 옥한흠 목사와 더불어 사랑의교회는 '한국교회의 자랑'이라는 칭송까지 받았지만, 오정현이 부임한 뒤부터 사랑의 교회는 세상과 교계의 거센 비난과 비판을 받으면서 전에 없던 몸살을 앓고 있다. 그의 삶과 신앙의 행적을 둘러싸고 온갖 의혹이 불거지고 있기 때문이다. 세부적인 내용들을 일일이 나열하면 밑도 끝도 없겠지만, 크게 보면 '5대 의혹'으로 요약할 수 있을 것이다.

예를 들면, 새 예배당 건축에 얽힌 특혜 시비와 불법건축논란, 재정의혹, 학력사칭, 논문표절, 목사자격 여부에 관한 첨예한 의혹들이다. 여러 의혹들 가운데 여기서는 사랑의교회의 재정문제를 중심으로 살펴본다. '사랑의교회'라고 말했지만 사실 대다수 한국교회와 마찬가지로 사랑의교회에서 발생한 대부분의 재정의혹이 담임목사인 오정현의 독단적인 재정 집행에서 비롯되었다는 점을 감안하면 사랑의교회가 아니라 '오정현 목사의 재정의혹'이 적절한 표현일 수 있다.

오정현에 대한 재정의혹은 서울사랑의교회에 부임한 뒤에 일어난 것만이 아니다. 사랑의교회에 부임하기 직전인 2002년, 오정현이 남가주 사랑의교회에서 담임목사로 시무하는 동안에 작성된 감사보고서를 보면, "영수증과 당회의 지출 결의 없이 지출이 있었다"는 내용과 더불어 "2년째 교회 회계장부에 있는 금액보다 은행 통장의 잔고가 더 많다"는 기록이 있다.

이 말은, 교회 계좌로 입금된 돈이 장부에 제대로 기록되지 않았다는 것이며 오정현의 남가주 사랑의교회의 입출금 관리가 허술했다는 증거이다. 또한 장부 잔금과 실제 잔금의 차액은 상식적으로 판단할 때 '비자금'일 가능성이 매우 크다. 이뿐 아니라 감사보고서에 적시된 내용 외에도 억대에 달하는 오정현의 횡령의혹이 있었다.

사태의 심각성을 깨달은 남가주 사랑의교회에서 횡령의혹에 대해 외부감사를 받기로 결정했지만, 얼마 지나지 않아 오정현이 서울사랑의교회로 부임하면서 감사는 무산되었다. 외부감사를 통해서 오정현의 재정의혹이 사실로 밝혀졌다면, 그리고 그것이 언론에 보도되어 한국교회와 사랑의교회 교인들에게 있는 그대로 알려졌다면 과연 오정현이 사랑의교회에 담임목사로 청빙될 수 있었을까. 외부감사가 무산된 경위를 추론하면, 오정현을 이미 후임으로 결정한 상태에서 서울사랑의교회에서 서둘러 재정의혹을 봉쇄했다는 의혹을 떨칠 수 없다.

서울사랑의교회에 부임한 뒤에도 건축과 함께 재정의혹이 불거졌다. 서초동 새 예배당 건축계획을 발표할 때 오정현은 총 건축비로 2100억을 계상했다. 그러나 실제비용은 눈덩이처럼 불어나 건축이 마무리되는 시점에는 3000억이 훌쩍 넘었다. 그리고 예배당 건축부지 매입을 위해 감정가의 거의 두 배에 달하는 1100억이 들어갔다.

건축에 관련된 재정집행만이 아니라 오정현의 '귀족목회'에서 수많은 의혹들이 불거졌다. 의혹이라고 말했지만 회계 전문가들로 구성된 사랑의교회 감사위원회의 보고서를 보면 단순히 의혹 수준이 아니다. 오정현의 자의적인 재정집행으로 교회재정이 정상적인 회계기준에서 벗어난 것이 구체적으로 밝혀졌기 때문이다.

언론을 통해 밝혀진 '2012년 사랑의교회 감사보고서'를 읽어보면 재정의혹의 일단을 엿볼 수 있다. 우선, 사랑의교회 재정운영에서 발견된 문제의 대부분은 오정현의 "자의적인 의사결정 및 불투명한 경비 집행과 연관돼 있다." 지금까지 교회의 재정의혹은 증빙 없이 재정을 집행하거나, 정해진 목적 이외의 용도로 사용되는 등의 불투명한 재정운영에 대부분 초점을 맞췄다. 그러나 오정현의 경우에 더욱 심각한 문제는 증빙도 있고 장부상 투명하게 재정이 집행되었지만 교회의 재정운영이라고는 생각조차 할 수 없는 '부당한' 재정집행이다.

교회에도 '감사'가 있고, 감사는 매년 제직회에 감사보고서를 제출한다. 따라서 제직들에게 예·결산 내역을 승인 받아야 되고, 기업체나 다른 단체들에 비해 비교적 단순한 제도이기 때문에 교회정관에 정해진 대로, 그리고 제직회에서 승인한 대로 재정을 운영하면 의혹이 발생할 소지가 적은 편이다. 그럼에도 다수의 한국교회에서 좀처럼 재정의혹이 끊이지 않는 이유는 기본적인 회계원칙을 지키지 않고 담임목사가 재정을 전횡하기 때문이다.

예를 들면 사랑의교회는 "정해진 예산에 준해서 담임목사의 사례비와 목회활동비, 선교활동비를 집행한다"고 주장한다. 그러나 실제 사용내역을 보면 교회에 속한 사역자라기보다 차라리 사기업체를 소유한 사주의 독단적 재정운영이라는 생각을 지울 수가 없다. 교회 사역자는 모름지기 그리스도의 제자다운 생활과 신앙태도가 요구되지만, 오정현의 재정사용내역을 보면 한국사회의 상위 1%의 소수, 이를테면 VIP의 온갖 사치와 호사를 맘껏 누리는 일탈된 모습을 볼 수 있다.

오정현에 대한 재정의혹은 두 가지 측면에서 살펴보아야 한다. 하나는 불법적인 재정운영이며 다른 하나는 오정현의 '귀족 목회'를 지탱하기 위한 재정남용이다. 1년에 600억 이상의 예산을 집행하는 사랑의교회의 방만한 재정운영에 대해 일부 교인들의 문제제기가 끊이지 않았지만, 사랑의교회는 잡다한 이유를 대며 교인들에게 장부열람을 허락하지 않았다. 교인들의 헌금을 통한 현금 수입에 대부분 의존하는 교회의 수입구조, 그리고 일정한 사역에 집행되는 지출구조가 단순하기 때문에 교회회계는 수입과 지출장부만 정확히 기재되었다면 사실상 재정의혹이 일어날 이유가 없다.

사랑의교회 '감사위원회'는 교회가 정한 규정에 따라 제직회를 열어 감사위원들이 작성한 '감사보고서'를 채택하려 했지만, 다수 교인들의 반대로 감사보고서가 기각되는 사태가 벌어졌다. 감사보고서가 재정운영의 문제점을 제대로 파악하지 못한 부실감사라서 거부된 것이 아니다. 오히려 객관적이며 정당한 감사를 통해 오 목사가 교회재정을 임의로 사용한다는 '증거자료'를 감사보고서에 적시한 것이 제직회에서 기각 사유가 된 것이다.

감사보고서에는 재정이 방만하게 사용된 내역과 오정현의 독단적인 재정사용을 촘촘히 기록했다. 그러나 제직들이 감사보고서를 회람조차 하지 않은 상태에서 보고가 일방적으로 거부된 것이다. 감사보고를 위한 제직회가 열리기 전에 이미 오 목사를 지지하는 교인들에게 "감사보고서 원안은 거부하고 다시 감사해야 한다"는 내용의 선동적인 문자 메시지가 전송되었다. 제직회에서 당회 도송준 총무장로는 발언권을 얻어, "감사보고서는 당회를 거치지 않았기 때문에 절차적인 문제가 있고, 교회 재정에 관해서 소송중이기 때문에 통과시키면 안 된다"면서 제직들에게 보고서의 채택거부를 선동했다.

결국 제직회에서 제직들이 감사보고서를 읽어보지도 않은 상태에서 채택거부 움직임이 전개되고, 구체적인 내용조차 모르면서 도 장로의 선동에 따라 감사보고서를 '기각'하는 촌극이 벌어진 것이다. "감사위원들을 교체한 뒤에 다른 감사위원들이 작성한 새로운 보고서를 제직회에서 채택하자"는 의견이 제직회에서 절대다수의 찬성으로 통과되었다. 다른 감사위원들에 의한 새로운 보고서라는 도 장로의 말은 결국 "사랑의교회 담임목사 오정현이 원하는 감사위원들을 선정해서 그의 마음에 드는 보고서를 채택하자"는 것이다.

감사위원들의 회계감사 능력과 자질에, 또는 객관적인 사실에 문제가 있기 때문에 감사보고서의 거부를 종용하고, 감사위원들의 교체를 주장한 것일까? 회계사나 회계학박사들로 구성된 사랑의 교회 감사위원들은 대부분 회계분야 전문가들이며, 이미 수년 동안 감사에 참여했던 교인들이었다.

더욱이 그들은 오 목사를 반대하는 갱신위원회 소속 교인들이 아니기 때문에 오히려 객관적인 감사가 가능했다. 자질과 능력, 그리고 객관성의 문제가 아니라 오정현의 재정전횡을 밝힌 '사실'이 세상에 알려질까 두려워서 오정현의 사랑의교회는 '진실'을 외면한 것이다.

감사위원회는 당회 소속이다. 따라서 감사위원회에서 작성한 보고서는 당회의 권한을 위임받은 감사위원들이 작성한 공적인 보고서이다. 그럼에도 보고서가 당회를 거치지 않았다고 말하는 것은 감사위원들이 당회에 보고서를 제출하지 않았기 때문이 아니다. 부정적인 감사의견을 제시한 보고서를 추인하지 않기 위해서 당회에서 의도적으로 보고서를 받아들이지 않았을 뿐이다.

다시 말해 감사보고서에 하자가 있었던 것이 아니라 '오정현의 당회'가 원하는 대로 보고서를 입맛에 맞게 작성하지 않았기 때문에 의도적으로 거부한 것이다. "감사위원들을 교체해서 새로운 감사보고서를 작성하자"는 말의 숨은 뜻은 분명하다. 그들이 의도하는 대로 보고서를 작성하면 제직회에서 다수 제직들이 승인할 것이라는 의미이다. 이는 그야말로 전형적인 '다수의 폭력'이다.

도 장로가 말하는, "교회 재정과 관련해서 소송 중이기 때문에 오정현에게 불리한 감사보고서를 거부해야 한다"는 것은 무엇을 의미하는가? 이는 오정현의 불법적인 재정집행에 관한 내용이 보고서에 담겨있다는 말이며, 결국 부당한 재정집행이 있었다는 뚜렷한 반증이다. 그럼에도 불의를 고치기는커녕 진실을 왜곡해서라도 소송에 이겨야 한다는 말이며, 이는 새로운 불법으로 이전의 불법을 덮자는 속셈에 지나지 않는다.

어떤 조직이든 감사가 독립적인 역할을 수행하지 못하면 재정이 권력에 장악되면서 조직은 타락하기 마련이다. 오래 전부터 재정의혹이 불거졌고, 감사보고서를 통해 오정현의 부당한 재정집행이 밝혀졌음에도 그를 두호하는 장로들의 유일한 관심은 '오정현 지키기'였다.

도송준 총무 장로만이 아니라 사랑의교회의 감사위원장이었던 백복수 장로는, "2012년 감사보고서는 담임목사를 표적으로 한 일방적이고 왜곡된 보고서"라고 주장했다. 반면에 회계 전문가이며 이미 여러 차례 사랑의교회 재정 감사를 맡았던 감사위원들은 이구동성으로, "어떤 선입견도 없이, 제출된 회계자료에 근거해서 사실에 대한 감사만 했다"고 반박했다.

오 목사 지지파와 반대파가 이처럼 서로 다른 주장을 하고 있다면 제직회가 감당해야 하는 역할은 더욱 분명해진다. 감사보고를 무턱대고 거부할 것이 아니라 오히려 보다 면밀하게 살펴보고 문제점들을 파악해서 분명한 사실을 밝히는 것이 교인 사이의 갈등과 반목을 해소하는 것이며, 그것이 제직회의 역할이며 의무이다.

'목사교인'이 아니라 진정한 그리스도인이 되고자 한다면 사랑의교회 교인들은 오정현에 얽힌 의혹들을 숨기거나 두호하지 말고 차라리 의혹을 해소할 수 있도록 진실규명에 앞장서야 한다. 한국교회가 처참하게 타락하고 있는 이유는 목사의 일방적인 불의에 기인하는 것이 아니라 이처럼 목사를 둘러싼 교인들과 암암리에 결탁된 '검은 커넥션'이다. 결국 오정현의 최측근인 도 장로가 발언한 대로 감사보고가 거부되었고, 오정현의 불법적인 재정집행을 부분적으로나마 교인들에게 알릴 수 있는 기회가 완전히 무산되고 말았다.

감사보고서 내용

도대체 무슨 내용이 담겨있기에 사랑의교회 당회는 교인들을 선동하면서까지 감사보고서를 기각시키려 했을까? '2012년 사랑의교회 재정 감사보고서'에 기재된 감사위원들의 '의견'이 눈길을 끈다. "재정 집사가 장부를 공개하지 않아서 감사를 제대로 진행할 수 없었다"는 것과, 기업회계기준에 따라 '한정'의견을 냈다는 것이 그것이다. '한정' 의견에 대해 회계전문가는 "'한정'은 '부적정' 의견과 같으며, '있을 수 있는 감사의견 중에서 최악의 의견'이다. 상장기업이라면 즉각 폐지될 일이다"라고 말했다.

상장기업이 폐지된다면 기업은 주식시장에서 즉각 퇴출되며, 해당 기업은 투자자들에게 막대한 손실을 입힌 채 문을 닫아야 할 만큼 심각한 상황을 의미한다. 그렇다면 교회는 어떤가? 다른 곳도 아닌 교회에서, 세상의 빛과 소금의 역할을 오롯이 감당하며 세상에 '본'을 보여야 하는 교회에서 오히려 세상의 타락과 부패를 그대로 답습하고 있는 것이다.

보고서에서 감사위원들은, "발견된 문제점의 상당 부분은 담임목사의 교회행정 관련 자의적 의사 결정 및 불투명한 경비 집행과 연관돼 있다"는 의견을 제시했다. 요컨대 감사위원들은 객관적인 사실에 입각해서 오정현의 독단적인 재정집행을 문제 삼았음에도 오히려 그것이 제직회에서 거부당하는 빌미가 된 것이다. 실제로 오정현은 규정에 어긋나게 자의적으로 '전결권'을 행사했다. 외부 단체의 지원이나 외부 강사의 사례비 지급을 교회의 공적인 결정이 아니라 오정현의 개인적인 판단에 따라 제멋대로 결정, 집행하는 경우가 많았다.

물론 교회는 외부단체를 지원할 수 있고, 외부강사에게 강사료를 지급할 수 있다. 그리고 부당한 재정지원, 다시 말해 불법적인 사용이나 재정남용이 아니라면 교회에서 공적으로 재정을 집행하지 못할 이유가 없다. 그럼에도 오 목사가 회계원칙을 무시한 채 교인들의 헌금을 '쌈짓돈'처럼 사용한 이유는 간단하다. 사랑의교회라는 초대형교회의 '당회장'인 오정현이 돈을 이용해서 자신의 영향력을 키우려는 음흉한 의도가 분명하기 때문이다.

감사보고서에는 이외에도 '아이티난민 구호헌금'을 거두고도 실제로 집행하지 않았던 사실이 기록되었다. 또한 오 목사가 새 예배당 건축비의 10%에 해당하는 120억을 거둬 영세 교회들을 지원하겠다며 기자회견까지 열어 공개적으로 약속했던 '희망펀드'의 부적절한 사용에 대한 기록이 있다.

사랑의교회 호화예배당 건축에 대한 교회와 사회의 거센 비판으로 부임 이후 최대의 위기를 맞았던 오정현은 '희망펀드'를 조성해서 가난한 교회를 지원하겠다고 공개 약속했었다. 그리고 희망펀드라는 이름으로 교인들에게 실제로 125억을 거둬들였지만, 전액을 새 예배당 건축비로 전용하면서 기자들 앞에서 공언했던 약속을 전면 파기한 것이다.

특별새벽기도회 찬양 CD 수익금 2억 3000만원2006년부터 20011년까지과 사랑의교회 서점 '사랑플러스'의 판매수익금 일부도 교회재정에 입금하지 않고 오정현의 개인통장으로 입금한 뒤에, '목회활동비'라는 명목으로 그가 임의대로 집행한 것도 밝혀졌다. 사랑의교회 당회에서는 "CD 판매 수익금과 서점 수익금의 일부를 교역자 격려금, 이웃 사랑 후원금, 선교 후원금 등으로 사용했다"고 주장하지만, 감사는 "사실 여부를 확인할 수 있는 증빙 자료가 없는 경우가 많았다"고 지적했다.

오정현의 개인적인 재정사용만이 아니라 새 예배당 부지의 고가 매입과 건축비 대폭 증액을 비롯해서 교인들이 제대로 알지 못하는 재정집행으로 사랑의교회의 재정의혹은 좀처럼 가라앉지 않았다. 하지만 자료제출을 거부하는 재정집사의 의도적인 방해로 감사위원들은 사랑의교회에서 별도로 관리하는 재정에 대해서는 전혀 감사를 할 수 없었다. 감사에 적극적으로 협조해야 하는 재정집사가 협조는커녕, 재정집사로서 자신의 역할과 의무를 망각하고 담임목사를 두호하기 위해서 도리어 감사를 방해한다는 것은 상상조차 할 수 없는 배역이다. 그럼에도 한국의 초대형교회인 '오정현의 사랑의교회'에서는 이조차 대단한 일이 아니었다.

교인들이 장부를 열람할 수 없는 이유?

사랑의교회에서는 교회정관에 따른 합법적인 회계감사를 방해하고, 전문가들로 구성된 감사위원들의 객관적인 보고서마저 거부하는 비정상적인 상태가 지속되었다. 이에 갱신위원회 소속 교인들은 '회계장부를 공개하라'며 여러 차례 집행부에 요청했지만 교인들의 정당한 요구를 계속 묵살했다. 재정의혹이 빗발치는 상황임에도 집행부의 반대로 내역을 알 수 없게 되자 갱신위원회 소속 28명의 교인들이 법적 대응에 나섰다. 그들은 연대해서, 2006년부터 2012년까지 교회의 재정장부를 열람할 수 있게 해달라며 법원에 '재정장부열람 가처분' 신청을 제기했다. 입으로 떠도는 의혹이 아니라 구체적인 증거를 통해 오정현의 재정전횡을 사랑의교회 전체 교인들에게 밝히려는 것이다.

교인은 교회를 구성하는 주체이다. 따라서 교인이 재정장부를 볼 수 있게 해달라는 것은 지극히 상식적인 요구이다. 그럼에도 명백한 이유를 밝히지 않은 채 계속해서 거절하던 교회 측은 법원에 제출한 반박자료를 통해서 교인들의 장부 열람을 거부하는 이유를 밝혔다. 답변서에 나타난 거부 사유를 읽어보면 구시대적인 종교주의, 성직주의에 사로잡힌 사랑의교회 교역자들, 중직들, 그리고 맹신도의 우매한 신앙이 여지없이 드러난다.

요점을 간단히 정리하면, "교인들은 헌금하는 의무만 있을 뿐 자신들이 교회에 낸 헌금에 대해서 관리하고 감독할 권한이 없다"는 것이다. 이들의 논리는 "헌금의 점유와 사용권은 담임목사와 교회 집행부에 있기 때문에 교회에서 헌금을 어떻게 사용하든 문제가 되지 않는다"는 자신들의 일방적인 논거에 따른 것이다. 도대체 어떤 근거로 이런 말을 하는지 속내를 알 수 없지만, 그것이 목사교회의 사금고에서는 '정상'으로 통용되는지 모르되 성경적인 지침에 전혀 부합하지 않는다는 것은 분명하다.

성경을 샅샅이 뒤져봐도 신약시대에는 하나님께 돈을 바친다는 의미의 헌금獻金이 존재하지 않는다. 다만 초대교회의 연보가 있을 뿐이며, 바울의 경우에서 보듯이 초대교회에서 연보는 가난한 교회와 이웃을 돕는다는 분명한 목적이 있다. 사랑의교회에서 허투루 주장하는 것처럼 "헌금은 내는 것으로 목적을 달성한 것"이 아니라 가난한 이웃과 형제, 그리고 교회를 위해서 바르게 사용하는 것이 헌금 또는 연보의 진정한 목적이다.

따라서 담임목사나 교회 집행부가 헌금을 본래의 목적에 맞지 않게 사용했다면 교인들은 잘못 사용한 자에게 마땅히 책임을 물어야 한다. 또한, 사용목적에서 벗어나지 않도록 교인들은 자신들의 헌금이 바로 사용되는지 관리하고 감독하는 의무와 권한을 지니며, 그것이 바로 제직회가 담당하는 주된 사역이다. 만약에 자신들이 낸 헌금이 담임목사나 집행부에 의해 '불의하게' 사용되었다면 자기가 원했든 원하지 않았든 결국 불의에 동조한 것이며, 신자로서 믿음을 제대로 지키지 못한 것이다.

사랑의교회가 법원에 제출한 자료를 보면, "자신들의 기대와 다른 방법으로 헌금이 사용되었다고 해서 교인은 이에 분노하거나 이의를 제기할 필요가 없다"고 주장하는가 하면, "기독교 교리에 따르면 헌금이란 하나님에게 하는 것이지 교회에 하는 것이 아니기 때문에 자신의 기대와 다르게 사용되더라도 자신이 헌금한 사실을 하나님이 부정하지 않는다"고 자신만만하게 말한다. 궤변도 이런 황당한 궤변이 없다.

만유의 주재이신 하나님이 물질이 부족해서 자녀들에게 돈을 요구하시는가. 교인들은 분명히 알아야 한다. "헌금은 교회에 하는 것이 아니라 하나님에게 하는 것이다"는 주장은 허접한 말장난에 지나지 않는다. 분명히 말하건대 예수 그리스도의 새 언약 시대는 '영이신 하나님'께 헌금하는 것이 아니며, 신약시대의 제사장을 자처하는 목사에게 '쌈짓돈'처럼 찔러주는 것이 아니다. 예수 그리스도의 계명에 따라 교회가 "이웃을 사랑하라"는 계명을 실천할 수 있도록 교인들이 자발적으로 교회에 헌금하는 것이다.

모세의 율법주의 시대와 예수 그리스도의 신약시대의 근본적인 차이도 모르며, 기독교 교리가 무엇을 의미하는지조차 모르는 치명적인 무지이며 불신앙이 아닐 수 없다. 기독교란 그리스도교, 다시 말해 예수 그리스도를 믿고 따르는 종교를 말한다. 따라서 기독교는 구약시대의 율법주의와 달리 예수께서 말씀을 통해 세상에 전하신 신약시대의 복음을 듣고 실천하는 종교이다.

그렇다면 신약시대와 신약시대를 구별하는 결정적인 기준이 무엇인가? 사마리아 여인이 예수께 물었던 질문과 예수의 분명한 답변에서 우리는 구약시대와 신약시대의 뚜렷한 차이를 알 수 있다.

> 우리 조상들은 이 산에서 예배하였는데 당신들의 말은 예배할 곳이 예루살렘에 있다 하더이다. 예수께서 이르시되 여자여 내 말을 믿어라 이 산에서도 말고 예루살렘에서도 말고 너희가 아버지께 예배할 때가 이르리라 … 아버지께 참되게 예배하는 자들은 영과 진리로 예배할 때가 오나니 곧 이

때라. 아버지는 자기에게 이렇게 예배하는 자들을 찾으시느니라. 하나님은 영이시니 예배하는 자가 영과 진리로 예배할지니라 요4:20-21, 23-24

여기서 말하는 '이때'는 예수 그리스도의 새로운 시대를 말한다. 예수 시대는 유대인들이 예루살렘 성전이나, 사마리아인들이 그리심 산에서 '하나님께' 제물을 바치며 물질로 예배드리는 구약시대가 아니다. 물질이 아니라 마음을 다해, 이를테면 성령과 진리로 예배드리는 '새 언약의 시대'라는 것이다.

교인들의 헌금이 교회가 아니라 하나님께 바치는 것이기 때문에 헌금을 내는 것으로 이미 목적을 달성했다는 참담한 궤변, 그것으로 하나님의 인정을 받았다는 회유는 성경해석과 적용의 중대한 오류이며, 이는 그리스도 신앙의 본질을 깨닫지 못한 영적 무지인 동시에 어리석은 맹신의 뚜렷한 증거이다.

덧붙여 말하면, 신약시대에 하나님은 교인들의 헌금을 수령하는 '종교적인 신'이 아니라 영과 진리로 진실한 예배를 받으시는 '영적인 하나님'이다. 다시 강조하지만, 교인들은 하나님께 헌금을 바치는 것이 아니라 하나님의 뜻에 따라 재물을 바르게 사용하기 위해서 '성도의 신앙공동체'인 교회에 헌금하는 것이다.

교회는 헌금을 담임목사나 교회 집행부가 헌금을 제멋대로 사용하도록 방치하지 않고 반드시 하나님의 뜻에 합당하게 사용되도록 관리와 감독에 소홀하지 말아야 한다. 헌금이 잘못 사용된다면 하나님의 뜻을 거역하는 것이다. 만약에 교회가 헌금을 하나님의 뜻과 달리 목사의 자의적인 판단에 따라 제멋대로 사용한다면 교인들은 교회에 헌금하지 않는 것이 오히려 교회의 타락을 막는 것이며 하나님의 뜻을 오롯이 지키는 것이다.

사랑의교회에서 법원에 제출한 자료를 보면, "교인이 교회재정을 감시하겠다는 것은 집행부 목사들을 의심하는 것"이라며 심지어 '불경'이라는 말까지 서슴지 않았다. 불경은 상하의 근본적인 서열을 의미하며, 종교적인 용어로서 하나님과 인간의 수직관계를 전제한다. 하나님 외에 감히 불경이라는 말을 사용할 수 없다는 말이다. 동등한 성도인 목사와 교인을 자의적으로 차별하며, 목사에 대한 '불경' 운운하며 목사를 교인 위에 존재하는 특별한 계급으로 인식하는 것이 바로 타락한 한국교회의 '목사성직주의'에서 볼 수 있는 전형적인 모습이다.

올해가 종교개혁 500주년이다. 중세 가톨릭 시대에 창궐했던 '사제 성직주의'의 불의와 타락에 저항하며 종교개혁을 일으켰던 개혁운동가들은 교인의 평등을 전제하는 '만인제사장주의'를 기치로 내걸었다. 그리고 개신교는 종교개혁의 저항정신프로테스탄티즘을 이어받은 후손이다. 사랑의교회에서 흘러나오는 말들을 들어보면 실로 음울하기 이를 데 없다. 개신교회인 그곳에 정작 프로테스탄트 정신은 오간데 없이 사라지고 다시 중세 가톨릭 시대의 성직주의로 퇴행해서 목사성직주의로 부활한 암울한 느낌을 지울 수가 없다.

재정 장부를 열람할 수 없는 이유를 사랑의교회는 "교인 수 1/3이상에, 전체 헌금액 대비 1/3 이상일 때 비로소 열람을 요구할 수 있기 때문"이라고 주장한다. 이는 "개별교회가 교단에서 탈퇴할 때 전체교인의 2/3 이상이 동의하는 쪽으로 교회재산이 귀속된다"는 대법원의 '교회파산'에 기준한 판례를 제멋대로 '재정열람'에 맞춰 아전인수로 해석한 것이다.

재정열람은 개교회의 파산이나 교단 탈퇴 때문이 아니라 건강한 교회를 세우기 위한 전제로서 투명하고 건전한 재정운영을 위해 반드시 필요한 것이다. 따라서 교인들이 원하면 수시로 열람할 수 있어야 한다. 교단 탈퇴의 특별한 경우를 재정열람으로 일반화시키면서 최소한 1/3 이상의 동의가 있어야 장부를 열람할 수 있다는 주장은 오정현의 사랑의교회가 대법원의 판결을 자기 입맛에 맞춰 임의대로 적용한 중대한 오류이다.

더욱이 재정열람의 조건으로 제시한 '전체 교인 1/3 이상의 동의'는 처음부터 불가능한 수이다. 예를 들면 사랑의교회에 등록된 전체 교인 수는 8만 명이며 그 중에서 실제로 출석하는 교인은 2만 명 미만이라고 한다. 그렇다면 2만 명 미만의 교인들이 100% 참석해서 한 명의 이탈 없이 전원이 장부열람을 요구해도 전체 교인 8만 명의 1/3에 미치지 못한다. 그 말은 결국 어떤 경우에도 장부를 열람할 수 없다는 것이며, '교인 1/3이상의 동의' 조항은 결국 재정열람을 원천적으로 봉쇄하자는 것과 다르지 않다.

정감운동을 주창하며 '정직'을 그리스도인의 미덕으로 내세웠던 사랑의교회라면 최소한 거짓 꼼수는 부리지 말아야 한다. 교회는 성도이며 교회의 운영주체는 목사나 집행부가 아니라 교회를 구성하는 교인이다. 교인 수와 헌금액을 방패막이로 내세우며 교회가 장부열람을 막을 것이 아니라, 교인들이 원하면 언제든지 열람해도 전혀 문제가 없도록 투명하고 정당하게 재정을 운영하는 것이 올바른 태도가 아닌가.

오정현의 재정전횡

재정의혹, 나아가 전횡으로 세상과 교회의 거센 비판을 받고 있는 사랑의교회 오정현의 목회를 '귀족 목회'라고 말하는 것은 괜한 조롱이나 언어유희가 아니다. 사랑의교회 감사보고서를 보면 '재정사용의 불투명'이라는 한국교회의 고질적인 병폐 외에도 오정현에 의한 교회재정의 독단적인 집행과 남용, 그리고 개인적인 사치와 과시가 밝히 드러나 있다. 불과 1년의 회계연도에 대한 감사에 지나지 않기 때문에 실제 의혹과 전횡의 규모는 이에 비할 수 없겠지만, 보고서에 담긴 구체적인 내역들을 중심으로 오정현의 재정전횡을 살펴본다.

1) 장로가 헌납한 6억 5000만원 목적헌금의 행방

사랑의교회 한 장로가 '목적헌금'으로 6억 5000만원을 오정현에게 건네주었다. 그러나 사랑의교회 공식계좌에 입금되지 않았던 거액의 헌금에 유용 의혹이 불거졌다. 단초는, 목적헌금이든 무엇이든 교인이 공적으로 교회에 헌금하지 않고 목사에게 개인적으로 주면서 문제가 발생한 것이다. 목사에게 돈을 직접 주면서 목사에게 특별히 인정받으려 하고, 목사를 축복의 통로로 생각하는 한국교회의 기복주의적인 맹신의 오류를 먼저 지적한다.

어쨌든 오정현이 목적헌금을 용도에 맞게 사용했다면 최소한 법적으로는 문제가 되지 않는다. 유용의혹에 맞서 오정현은 목적헌금 용도에 맞게 북한에 '사랑의교회 문화센터'를 짓기 위한 부지 마련에 전액을 사용했다고 주장하면서, '북한교육위원회'에서 발행했다는 '확인서'와 '의향서'를 당회에 제출했다. 하지만 이번에는 제출된 서류에 대한 진위 논란이 일면서 횡령, 또는 유용의혹은 좀처럼 가라앉지 않았다.

사랑의교회 안수집사회에서 김일성 종합대학을 졸업한 북한 전문가에게 문의한 결과, 확인서와 의향서 모두 '위조일 가능성이 많다'는 답변을 들었다. 북한에서는 국가 도장을 찍을 때 파란색을 사용하는 반면에 두 서류에 찍힌 국장은 빨간색이며, 북한에서는 미국화폐를 달러라고 표기하는 반면 오정현이 당회에 제출된 서류에는 '불'이라고 표지되었다고 한다.

또한 자체字體의 출처를 확인하기 위해서 폰트 전문가에게 의뢰한 결과, 북한에서 발행한 서류가 아닐 수 있다는 답변을 들었다. '의향서'에 사용된 글씨체는 한국에서 사용하는 것이 아니라서 정확한 출처를 알 수 없지만, '확인서'에 사용된 글씨체는 한컴 오피스에 있는 '신명조체'로 작성됐다는 것이다. 그렇다면 한컴 오피스를 사용하지 않는 북한에서 발행하지 않은 서류일 가능성이 크다.

분명 합리적인 의심이지만 사랑의교회에서는 즉각 부인했다. 교회 공식 계좌에 입금하지 않았던 것은 그럴 만한 이유가 있었다며, "이자 수입을 염두에 두고 재정을 보다 효율적으로 운영하기 위해서 일정한 기간 다른 계좌에 입금했다"고 해명했다. 덧붙여, 목적헌금 6억 5000만원 전액이 북한 교육위원회에 송금되었고, 확인서와 의향서 외에 북한에서 받은 영수증까지 보관하고 있다고 주장했다.아직 사실 여부가 명백히 밝혀지지 않은 상태이며, "국가정보기관에 의뢰한 결과, 오정현 측이 제시한 영수증은 가짜라는 통보를 받았다"는 말이 들리고 있다

오정현에 얽힌 의혹들이 대부분 그렇지만, 이번에도 진실이 무엇인지 여전히 '오리무중'이다. 분명한 것은 교회가 아니라 목사에게 직접 돈을 주었기 때문에 이런 문제가 발생했으며, 오정현은 규정과 원칙에 따라 마땅히 교회계좌에 입금해야 하는 교인의 헌금을 임의대로 관리하면서 재정의혹을 부추겼다는 사실이다.

교회재정은 목사이든 누구이든 개인이 함부로 다룰 수 없는 공적인 자금이며, 목사가 쌈짓돈처럼 임의대로 사용할 수 없다. 또한 감사위원들이 회계장부를 제대로 감사할 수 있었다면 이런 의혹은 처음부터 발생하지 않았을 것이다. 결국 재정의혹이 불거진 것은 공적인 교회재정을 오정현이 사적으로 운용하고 불투명하게 관리한 결과이다.

초대교회에서 사도들이 재정에 관한 전권을 '일곱 집사'를 비롯한 교인들에게 맡겼듯이, 교회사역자로서 목사의 자리는 모름지기 말씀을 있는 그대로 전하는 '말씀사역자'의 자리이며, 교회의 재정과 인사, 행정에서 거리를 둘 때 목사는 비로소 말씀사역과 기도에 전념할 수 있다는 사실을 명심해야 된다.

2) 연 10회의 부부동반 해외여행

감사보고서에 의해 사랑의교회 재정내역이 외부에 구체적으로 알려진

2012년을 예로 들면, 오정현은 한 해에 무려 10번 해외여행을 다녔다. 교회재정으로 해외여행을 한다면 당연히 교회의 공적인 사역과 연관이 있어야 한다. 그러나 '해외선교'라는 오정현의 주장에 대해 감사위원회는 선교라고 말하기에는 '설득력이 떨어진다'고 지적했다. 오정현이 아내와 함께 2008년 7월 7일부터 8월 7일까지 한 달 간 해외여행을 하면서 미국, 영국, 캐나다를 두루 돌아다녔던 것이나, 아내와 여비서를 동반해서 수차례 해외여행을 다닌 것을 해외선교라고 볼 수 없다는 것이다.

감사보고서는 특히 오정현이 아내와 한 달 동안 해외여행을 하면서 일등석 항공편을 비롯해서 항공료로만 2386만 원을 사용했던 것에 대해 해외선교가 목적이 아니라 부부여행이 목적인 '재정남용'으로 보았다. 부부가 동반해외여행을 했던 한 달 동안에 하루나 이틀 정도 사역을 위한 일정이 있었지만, 대부분은 공적인 사역과 무관하게 사적인 관광이 목적이었기 때문이다.

사실 이 문제는 오정현만의 문제가 아니라 한국교회의 대다수 목사들에게서 볼 수 있는 공통적인 문제이기도 하다. 그들에게 '해외선교'는 그야말로 이현령비현령이다. 가족동반여행, 해외출장, 해외쇼핑에 심지어 '해외원정도박'까지도 그들은 전부 '해외선교'로 둔갑시키기 때문이다. 특히 오정현은 2012년 10번의 해외여행에 아내와 7번, 여비서와 6번 동행하면서 교회재정을 크게 낭비했다. 이렇게 아내나 여비서와 함께 오정현이 해외여행을 다니는 동안 사랑의교회는 주일예배에 외부강사를 불러들여 매주 수백 만 원의 사례비를 지급하면서 이중삼중의 재정낭비가 불가피했다.

담임목사의 불필요한 해외여행 때문에 교인들의 소중한 헌금이 마치 깨진 항아리에 물 새듯이 줄줄 새나간 것이다. 아내와 여비서를 동반한 해외여행, 더욱이 방문지를 보면 사실상 관광목적이 뻔히 드러나는 해외여행을 오정현은 '해외선교'로 둔갑시키면서 교회재정을 허투루 낭비한 것이다.

해외선교를 위한 여행이라면서 이렇듯 엄청난 경비를 들여가며 아내와 여비서를 동반하는 것이 과연 정당한 행동인지 묻지 않을 수 없다. 더욱이 아내와 여행하면서 '일등석 항공권'을 이용하며 이른바 '1% VVIP'를 위한 '호화여행'을 즐긴 사실까지 드러났다. 오정현에게 따라붙는 '귀족 목회'라는 말이 괜한 말이 아니다.

3) 4억짜리 오크밸리 '골프 빌리지'

'재충전을 위한 휴식과 깊이 있는 설교를 준비하기 위해서'라는 명분을 내세우며 오정현은 2011년부터 2013년까지 2년 동안에 '오크밸리 골프 빌리지'46평형, 풀 구좌를 107일간 사용했다. 어림잡아 계산하면 매주 하루를 빠짐없이 '골프 빌리지'에서 보내면서, 콘도 사용일수의 95% 이상을 혼자 사용한 것이다. 골프 빌리지가 형식상 사랑의교회 소유이지만, 사랑의교회 다른 목사나 장로, 또는 교인들 가운데 사용한 사람이 없기 때문에 사실상 오 목사를 위한, 오정현의 '개인 별장'인 셈이다.

2015년, 한국교회 부자 목사들의 재정전횡을 비판했던 당당뉴스의 칼럼 '나사렛 예수와 부자 예수'의 일부 내용을 문제 삼아 오정현이 저자를 고소했던 적이 있다. 당시 칼럼을 일부 수정·발췌해서 독자에게 소개한다.

> 사랑의교회 오정현 목사는 어떤가? 심각한 수준의 논문표절로 여론의 도마에 올랐던 그는 거듭되는 거짓말로 사랑의교회 교인들뿐만 아니라 한국교회의 수많은 교인들에게 씻을 수 없는 상처를 안겨주었다. 여론에 떠밀려 외유하듯이 잠깐 강단을 떠났던 그는 매년 수억의 연봉을 받고 있으며, 별도의 목회활동비와 더불어 해외선교 명목으로 해마다 십여 차례 해외여행을 즐기고, 명의는 사랑의교회이지만 교인들과는 상관없이 사실상 거의 혼자 사용하는 골프 빌리지를 소유하고 있다.

내가 썼던 칼럼은 오정현에 대한 개인적인 비판이 아니라 한국교회 부자 목사들의 지나친 소유욕과 일탈에 대한 공적인 비판이었다. '나사렛 예수의 종'이라고 자처하는 자들이 '예수의 이름으로' 부를 축적하거나 향유할 수 없다는, 성경적 기준에서 볼 때 지극히 당연한 내용이었다.

과도한 해외여행과 골프장 이용을 비판한 칼럼에 대해 오정현은 법정에 대리인을 출석시켜 자신은 "골프채를 들고 골프장을 거닐어 본 적이 없다"고 주장했다. 하지만 그가 했던 말이 그대로 제목이 되어 기독교 언론에 보도되면서 오정현은 세상과 교회의 비웃음을 자초했다.

계약서에 명시된 오크밸리 회원권 명칭이 '골프 빌리지'이다. 골프를 하지 않을 거라면 값비싼 골프 빌리지에서 무려 107일을 사용할 이유가 없다. 대부분 실명이 아닌 아이디를 사용하기 때문에 본인이 부인하면 실제로 골프를 쳤는지 확인하는 게 쉽지 않지만, 107일을 골프 빌리지에 갔던 사람의 입에서 "골프채를 들고 골프장을 거닐어 본 적이 없다"는 말이 나오자 많은 사람들이 냉소를 퍼부었던 것이다.

단호한 부인에도 불구하고 오정현은 목회활동비 명목으로 자신은 골프 레슨을 받았고 그의 아내에게 드라이버를 사준 것이 감사결과 밝혀졌다. 그는 교회에서뿐 아니라 사회법정에서도 버젓이 거짓말을 했던 것이다. 2006년에 사랑의교회에서 3억 9000만원에 매입한 뒤에 사역에 쓸모가 없어서 2010년에 '비사역용 자산'으로 분류된 오크밸리 회원권46평형, 풀 구좌에 대해 사랑의교회 감사는 매각을 권유했었다. 그러나 매각은커녕 오정현은 '이용 건별 대금지급' 방식에서 연간회비 '일괄납부' 방식으로 변경하면서, 오히려 빈번한 사용의사를 분명히 드러냈다.

목사가 1년에 10회 해외여행을 다니고 2년에 107일 동안 골프 빌리지를 사용한 것은 무엇을 의미하는가? 목사의 사역은 다른 무엇보다 설교를 통해 하나님의 말씀을 '있는 그대로' 교인들에게 전하는 것이다. 그러기 위해서 목사는 자신에게 주어진 시간과 열정을 바쳐 설교준비에 전념해야 한다.

하나님의 말씀은 살아있고 생명력이 있다. 그러나 그 자체가, 다시 말해 문자에 능력이 있는 것이 아니라 하나님의 뜻이 교인들에게 오롯이 전해질 때 비로소 능력의 말씀, 은혜의 말씀이 될 수 있다. 예를 들면, '광야의 시험'에서 보듯이 사탄도 예수를 유혹하기 위해서 하나님의 '말씀'을 인용하지만, 사탄이 자신의 숨은 의도로 말씀을 왜곡하는 순간 그것은 하나님의 말씀이 아니라 사탄의 '교언영색'일 뿐이다.

마찬가지로 목사가 강단에서 하나님의 말씀을 인용해서 설교할 때도 설교 자체가 하나님의 말씀이 아니다. 하나님의 말씀을 깨닫고, 말씀하신 그대로 메시지가 전달할 때 비로소 하나님의 말씀이 되는 것이다. 하나님의 말씀을 가감 없이 교인들에게 전달하는 것이 생각처럼 쉬운 일이 아니다.

우리가 종종 보듯이 성경의 같은 구절을 두고 각 사람에 따라 전혀 다른 해석이 있는가 하면, 해석의 차이에 따라 서로 상반되는 교리가 생기고 교파가 갈라진다. 이른바 사람마다 주관적으로 판단하는 성경의 자의적인 해석 때문이다. 목사가 말씀을 있는 그대로 전달하기 위해서 목사는 말씀 외에 다른 잡다한 일들에 시간을 낭비하지 않고 모름지기 말씀에 천착해야 한다.

감사보고서에서 밝히 드러난 것처럼 오정현은 가족·비서를 동반해서 빈번하게 해외여행을 다니고, 수시로 골프 빌리지에서 소중한 시간을 낭비했다. 도대체 언제 설교 준비를 하겠는가? 잘 알려진 것처럼 옥한흠 목사는 설교의 중요성을 강조하며 "목사는 설교에 목숨을 걸어야 한다"고 외쳤다.

그는 매주 한 편의 설교를 준비하기 위해서 30시간 이상을 할애하며, 극도로 긴장한 상태에서 설교를 준비하고 교인들에게 말씀을 전했던 것으로 유명하다. 이 같은 수고와 헌신을 발판으로 옥한흠 목사는 말씀에 근거한 제자훈련을 주도했던 것이다.

강해설교로 유명한 존 맥아더 목사는 '그레이스 커뮤니티 교회'에 부임하면서 "설교 이외의 모든 교회 업무를 맡지 않는다"는 약속을 받는 것이 청빙을 수락하는 유일한 조건이었다고 한다. 그 역시 30분의 설교를 준비하기 위해서 일주일에 최소한 20시간 이상을 설교준비에 매달리며 말씀사역에 전념한 결과 '최고의 성경교사', '강해설교의 대가'라는 소리를 들으며 많은 교인들로부터 사랑과 존경을 받고 있다.

그만큼 목사에게 설교는 본연의 역할인 동시에 중대한 의미와 가치를 지니는 것이다. 반면에 오정현처럼 허구한 날 해외여행을 다니고 골프를 즐기는 목사, 설교는 뒷전이고 대외행사에 혈안인 목사가 과연 설교에 전념할 수 있는가.

그가 강단을 비우고 해외여행을 다니는 동안, 그리고 대외행사로 바쁘게 외부로 돌아다니는 동안 다른 목사들에게 설교를 맡기면서 사랑의교회 주일예배에는 2014년을 전후해서 3년 동안 외부강사가 57번 주일설교를 맡았다. 목사가 자리를 지키고 있었다면 사용하지 않을 수 있었던 사례비가 그로인해 무려 1억 3000만원이나 남용되었다. 두루 해외여행을 다니면서 쓸데없이 강단을 비우지 않았다면 이렇게 재정을 허투루 낭비할 이유가 없지 않는가. 거액의 사례비를 받는 오정현이 이렇게 강단을 비우면서 사랑의교회에 재정적인 손실을 끼쳤다면 엄밀히 말해서 그는 '배임'을 저지른 것이다.

4) 특별새벽기도회 CD 수익금 개인전용

감사보고서를 보면 5년 반 동안 걷힌 특별새벽기도회 CD 판매수익금 3억 9000만원이 교회계좌로 입금되지 않고 오정현의 비서실 계좌에 따로 입금되었다. 그 돈은 교회의 어떤 제재도 없이 오정현의 개인금고처럼 사용되었다. 그가 지시하면 비서가 지시된 계좌로 이체하거나 현금으로 인출해서 오정현에게 전해주었기 때문이다.

교회에서는 "CD 수익금이 오 목사 비서실로 입금되었지만, 개인적으로 사용한 적은 없고 교역자 격려금, 이웃 사랑 후원금, 선교 후원금 등으로 사용되었다"고 주장했다. "교단에서 가장 큰 교회의 담임목사로 한국교회의 주목을 받고 있는 오정현은 교계는 물론 사회에서도 많은 후원요청을 받기 때문에 목회활동비로 책정된 월 800만원으로는 턱 없이 부족하다"면서 "오정현의 CD 수익금과 기타 수입의 전용은 정당하다"고 변론한 것이다.

덧붙여 사랑의교회 당회는 CD수익금을 오 목사가 임의대로 사용할 수 있다는 나름의 근거를 제시했다. 즉, 특새는 오정현이 개인적으로 기획·연출한 것이기 때문에 특새에서 발생한 수익금 전액이 그에게 돌아가는 것이 당연하다는 것이다. 이곳이 과연 교회인지 의문이 생길 만큼 한 치의 오차가 없이 전형적인 자본주의 기업논리이다.

당연히 법원의 판단은 달랐다. 사랑의교회에서는 특새 CD를 '기획·연출한 게 오 목사이기 때문에 수익금도 당연히 오정현의 소유라'고 주장했지만 법원은 "특별한 사정이 없는 한 제작자인 교회에 귀속되는 것이지 담임목사에게 귀속된다고 볼 수 없다"고 판시했다. 당연한 판단이다. 교회가 영리 목적의 장사치들이 득실대는 강도의 소굴이 아닌 한, 교회의 공식적인 행사를 통해 생긴 수입을 개인에게 귀속하는 것은 전혀 이치에 맞지 않기 때문이다.

> 그들에게 이르시되 기록된바 내 집은 기도하는 집이라 일컬음을 받으리라 하였거늘 너희는 강도의 소굴을 만드는도다 하시니라 마21:13

CD 수익금 가운데 일부가 사랑의교회 교역자를 격려하기 위해서, 그리고 영세교회의 가난한 목사를 후원하기 위해서 사용했다고 주장한다. 하지만 대부분 증빙이 없기 때문에 오정현 측의 주장을 사실로 받아들일 수 있는 근거가 없다. 뿐만 아니라 오정현이 주장하는 목회활동과 전혀 상관이 없는 사적인 지출내역들이 허다하다.

예를 들면, 오정현의 '서울대 AFP과정최고지도자 인문학과정의 등록금과 회비'로 각각 280만원과 400만원이 사용되었다. 그리고 '사모님 부탁'으로 200만원을 자산신탁회사에 송금했는가 하면, '동생월급절반'이라는 항목으로 150만원이 지출되었고, '가족모임식사'로 82만원, '아버지'에게 100만원 등이 모두 목회활동비라는 명목으로 지급되었다.

잡다한 지출일망정 오정현에게 지급되는 사례비에서 정상적으로 지출되었다면 전혀 문제될 일이 아니다. 그러나 억대의 사례비는 그대로 받으면서 목회와 연관이 없이 다만 오정현 개인의 '스펙'을 과시하기 위한 서울대 '최고지도자과정'이나, 마땅히 자기가 받는 사례비로 지출해야 되는 '가족의 생활비'로 목회활동비를 유용한 것은 분명 심각한 문제가 있는 것이다.

이런 지출내역들은 계좌이체로 송금했기 때문에 그나마 기본적인 증빙자료라도 남아있다. 그러나 특새 CD 수익금 가운데 80%에 해당하는 2억 5500만원은 증빙자료 없이 현금으로 인출해서 도처에 사용되었다. 단지 "격려비, 후원금, 선교비로 사용했다"는 오정현의 말만 믿고 사후에 목회활동비라고 기재한 것이다. 격려비나 후원비라고 하면 언뜻 정당한 지출로 보이지만, 개인이 자신의 이름으로 공적 재정을 사용한다는 점에서 결코 적지 않은 문제가 있다.

외부의 후원요청이 있다고 해서 목사가 원하는 대로 후원할 수 없다. 그리고 외부의 후원요청이 정당하다면 사랑의교회에서 공정한 심사를 거쳐

교회재정을 통해 공적으로 후원하면 된다. 3000억이 넘는 거금을 들여 '세계에서 가장 비싼' 예배당을 지을 만큼 재정이 풍부한 사랑의교회에서 하고자 하면 능히 할 수 있는 일이 아닌가.

오정현이 공금을 임의대로 사용하면서 특정한 개인이나 단체에 자신의 이름으로 후원하게 하면서 교회의 공적인 역할을 개인에게 전가할 일이 아니라는 것이다. 자신의 이름을 드러내며 외부의 후원요청에 응하는 것은 교회 사역자로서 결코 바람직한 처사가 아니다. 모름지기 구제하는 자는 자신을 드러내는 자, 이를테면 '외식하는 자'가 되지 말아야 한다. 구제를 통해 자기 의를 자랑하는 자가 되지 말라는 것이 예수의 준엄한 명령이다.

> 사람에게 보이려고 그들 앞에서 너희 의를 행하지 않도록 주의하라 그리하지 아니하면 하늘에 계신 너희 아버지께 상을 받지 못하느니라. 그러므로 구제할 때에 외식하는 자가 사람에게서 영광을 받으려고 회당과 거리에서 하는 것처럼 너희 앞에 나팔을 불지 마라. 진실로 너희에게 이르노니 그들은 이미 자기 상을 받았느니라. 너는 구제할 때에 오른 손이 하는 것을 왼손이 모르게 하여 네 구제함을 은밀하게 하라. 은밀한 중에 보시는 너의 아버지께서 갚으시리라 마6:1-4

이처럼 구제할 때 다른 사람이 모르게 하라는 것은 선행을 빙자해서 특정한 개인이 돋보이게 하지 말라는 말씀이다. 구제와 후원이 필요한 곳에 구제하고 후원하되 개인을 드러내지 않고 당연히 교회의 이름으로 하는 것이 성경의 가르침에 부합하다는 것이다. 더욱이 오정현이 구제와 격려, 후원에 사용했다고 주장하지만 증빙자료 없이 개인의 일방적인 지시에 따라 교회의 재정이 사용되었다면 그것이 어떤 목적이든 개인적인 판단에 따라 오정현이 공금을 사적으로 유용한 것이다.

사랑의교회 당회에서 주장하는 것처럼 실제로 "교역자를 격려하고 이웃을 후원하며 선교에 사용했다"면 공적인 재정집행이기 때문에 CD 수익금을 일단 교회계좌에 입금하고 일정한 회계절차를 거쳐 용도에 맞춰 사용하면 될 일이다. 사례비 외에 매년 1억에 달하는 '목회활동비'와 심방비, 하계휴양비 등을 추가로 사용하는 오정현이 그와 별도로 수억의 CD수익금을 지출증빙조차 없이 제멋대로 사용한 재정전횡에 거센 비난이 쏟아진 것은 당연한 일이다.

5) 희망을 저버린 '희망펀드'

호화예배당 건축으로 물의를 빚은 오정현은 세상과 교계의 빗발치는 비난을 피하기 위해서 2010년 1월에 서둘러 기자간담회를 열었다. 그 자리에서 오정현은 마치 십일조라도 내듯이, 당시에 예상했던 총건축비의 10%에 해당하는 120억 규모의 '희망펀드'를 만들어 '미자립 교회'를 지원하겠다고 말했다. 물론 돈이 많은 대형교회에서 재정형편이 열악한 미자립교회를 돕는 것은 바람직한 일인 동시에 마땅히 해야 되는 일이다.

그러나 사재가 아니라 교인들로부터 120억 원을 걷기 위해서는 오정현은 마땅히 교인들의 의견을 수렴하고 다수의 동의를 얻어야 한다. 말과 생색은 오정현의 공이지만, 정작 돈을 내는 것은 교인들의 짐이 아닌가. 더욱이 사랑의교회 교인들은 호화예배당 건축으로 큰 짐을 져야하기 때문에 희망펀드까지 떠안는 것은 힘겨운 '이중과세'이다. 그럼에도 오정현은 120억 정도는 목사의 '전결'이라고 생각했는지 기자들 앞에서 희망펀드'를 일방적으로 공언했다.

더욱 심각한 문제는, 희망펀드에 모인 125억을 오 목사가 공언했던 본래의 용도로 사용하지 않았다는 것이다. 기자들에게 말했던 미자립교회 지원은 오간데 없이 사라지고 호화예배당 건축헌금으로 전액 전용되었다. 이는 가난으로 고통 받고 있는 미자립교회 목사들을 우롱하는 처사인 동시에 '희망펀드'라는 미명으로 기자들과 교인들을 속이면서 결국 하나님을 속인 것이다.

6) 두 자녀 유학비 지원

감사보고서에 오정현의 두 아들에 대한 과다한 유학비 지원이 지적되었다. 2003년에 사랑의교회에 부임한 뒤부터 2013년까지, 두 아들의 미국 학비와 체재비용 일체가 교회에서 지급되었다. '목회자 장학금'이라는 명목으로 매월 3000달러씩 지급된 금액이 자료를 통해 밝혀진 2006년부터 2011년까지 70개월 동안에 2억 3000만원이었다.

"원래 한 명의 자녀학비만 지원하기로 했다"는 일부 교인들의 주장에 대해 사랑의교회 당회는 전혀 근거가 없는 억지라고 반박했다. 오정현을 청빙하면서 당회원들은 사랑의교회를 대표해서 오정현의 "사역에 필요한 모든 것을 성실하게 지원하여 목회하는 데 조금도 어려움이 없도록 할 것을 약속했다"며, 교회에서 오정현의 두 자녀의 학비와 체재비를 전액 부담하는 것이 당연하다고 주장했다. 항간에 소문으로 떠돌던 이른바 '충성서약서'를 사랑의교회 장로들이 오정현에게 바치면서 그를 담임목사로 청빙했다는 설이 사실로 밝혀진 것이다.

2억이 넘는 사례비를 받고 여기에 덧붙여 억대의 목회활동비, 그리고 수억의 CD 수익금과 서점 수익금, 나아가 외부에서 강사료까지 덤으로 챙기는 오정현이 '목회하는 데 조금도 어려움이 없도록' 두 아들의 유학비와 체재비까지 교회에서 모두 부담하는 것이 장로들의 말대로 과연 '당연'한 것인지 좀처럼 이해가 되지 않는다.

예수께서 제자들에게 작은 자가 되고 섬기는 자가 되라고 하셨다면 오늘날 주의 종을 자처하는 목사는 겸손하고 청빈한 삶을 살아야 한다. 스스로 겸손과 청빈의 본을 보이지 않으면서 "가난한 자에게 복이 있다"는 예수의 산상수훈을 어떻게 목사가 교인들에게 전할 수 있는가.

눈을 조금만 돌리면 세상에는, 아니 사랑의교회 안에도 돈이 없어 제대로 학업을 할 수 없는 교인들, 돈이 없어 병원조차 마음 편히 이용하지 못하는 교인들이 많다. 그들은 다른 것은 못해도 헌금은 빠뜨리지 않으며 신앙에 의지해서 삶의 고통을 삭이는 경우가 허다하다.

정작 주의 종을 자처하며 제자훈련을 부르짖는 교회의 목사가 두 자녀를 해외에 유학 보내고 대학원까지 학비와 생활비 일체를 지원받으며 초호화 생활을 향유하는 것이 과연 예수의 계명에 순종하는 그리스도 신앙이며 제자의 삶일까? 아니다. 그것은 분명 '부자 교회'의 일탈이며 '부자 목사'의 타락인 동시에 세상의 재물을 탐하는 거짓 사역자의 가증한 외식이 아닐 수 없다.

주께서 제자들에게 "하나님과 재물을 동시에 섬길 수 없다"고 하셨다. 그렇다면 최소한 목사들은 세상의 재물에 대한 탐욕을 멀리 하는 것이 기본적인 도리이다. 이른바 강남에 있는 부자교회의 부자목사로 세상의 VIP들이 누리는 재물의 향연이 아니라 가난하고 겸손한 순종의 본을 보이며 제자의 검소한 삶을 사는 것이 목사가 마땅히 가야하는 순종의 길이다.

그러나 오정현의 행태를 보면서 겸손한 주의 종이 아니라 돈을 사랑하는 맘몬의 사제가 떠오르는 것은 나만의 생각일까. 그럼에도, 일부 교인들이 오정현의 사치를 비판하자 사랑의교회 당회는 "오정현은 절대로 그런 사람이 아니라며 물질적인 면에서 어느 교인보다 더 크게 헌신했다"면서 그를 두호하기에 급급했다.

나아가 "오정현 목사는 한국교회사에 기록될 정도의 성공적인 목회를 해왔다"면서 오정현 담임목사에 대한 비판은 그를 반대하는 소수 교인들이 의도적으로 흠집 내려는 악의라고 주장한다. 물론 한국교회에 파란을 일으킨 오정현은 '한국교회사에 기록될 정도'로 길이 이름을 남길 것이다.

그러나 거짓말과 허세, 그리고 축복신앙을 가장한 비루한 맘몬이즘에 물든 그의 이름은 결코 아름다운 사역자의 명성으로 기록에 남는 것이 아니라 비루하기 이를 데 없는 자, 이를테면 '외식하는 자'의 오명으로 역사에 이름을 남길 것이다. 그를 두고 '맘몬의 사제'라는 말이 심심찮게 들리는 판에 사랑의교회 맹신도가 더욱 열심히 오정현의 이름에 연연하는 모습을 보면서 사랑의교회, 나아가 한국교회에 팽배한 목사의존신앙과 '개교회주의'의 처참한 폐해에 대해 깊이 생각하지 않을 수 없다.

7) 차량유지비 1년에 4000만원

감사보고서 작성 당시에 오정현은 두 대의 고급 승용차 체어맨과 그랜저를 타고 다녔다. 두 대의 차량 유지비로 교회에서 지불한 돈이 매년 3000만 원가량이며, 2006년부터 2012년까지 총 2억 1680만원이 사용되었다. 차량유지비가 3000만원이라면 웬만한 교회의 부교역자 연봉에 버금가지만, 교회에서 지급한 3000만원으로도 차량유지비가 모라자서 목회활동비에서 추가로 지급되었기 때문에 실제로 차량유지비로 사용된 금액을 합산하면 4000만원이 훌쩍 넘는 돈을 오정현은 개인의 차량유지비로 사용했다.

과다한 차량유지비 비판에 대해 사랑의교회는 '그만큼 오정현의 목회활동이 활발했다'는 증거라며 오히려 자랑거리로 홍보한다. 사랑의교회 전임사역자인 담임목사가 그렇게 도처를 누비면서 대외활동에 열중인 것은 '정치목사'의 뚜렷한 증거일 수는 있을망정, 시간을 아껴 설교준비와 교육에 열중해야 하는 말씀사역자로서 결코 내세울 만한 자랑거리가 아니다.

목회활동비라는 명목으로 교회재정이 남용된 내역을 보면 회계원칙은 고사하고 상식적으로도 도무지 이해가 되지 않는 지출이 도처에 널려 있다. 목회활동비란 말 그대로 목회를 위해서 사용하는 공적인 비용이라는 점에서 당연히 사역을 위한 것이 돼야 한다. 그러나 사랑의교회 오정현의 목회활동비 내역을 보면 전혀 공사 구별이 없을 뿐만 아니라 공적인 사역비와 사적인 생활비가 전혀 구별되지 않는다.

일부 목사들은 "목사 개인의 삶이 목회와 떨어질 수 없기 때문에 목사의 사생활과 목회활동을 정확히 구별할 수 없다"는 궤변을 목사의 광범위한 활동을 지지하기 위해서 마치 전가의 보도처럼 휘두른다. 그러나 목사의 사생활과 교회의 공적인 사역을 구별할 수 없다는 주장은 결국 목사라는 개인을 공적인 교회와 동일시하는 '목사성직주의'의 치명적인 오류에서 비롯되는 것이다.

목사라는 직분 자체가 성서 어디에도 존재하지 않는 – 에베소서 4장 1절의 '목사'는 번역의 오류이다 – 비성서적인 직분이기도 하지만, 설령 교회 사역자로서 목사의 역할을 인정한다 해도 목사는 교회를 구성하는 성도 가운데 하나이며, 결코 교인들을 통치하는 '교회의 주인'이 아니다.

중세 가톨릭의 사제성직주의라는 반성경적 일탈에 맞서 만인제사장주의를 전면에 내세웠던 종교개혁의 후손 개신교는 소수의 교회권력자들이 교권을 전횡하는 성직자주의를 인정하지 않는다. 설령 목사를 전문적인 지식과 경험을 지닌 교회 사역자로 인정한다 해도 목사는 종교개혁정신과 개신교의 기본정신에 비춰볼 때 말씀을 전하고 교육을 담당하는 사역자이며 결코 교회의 '성직자'로서 평신도 위에 군림하는 지배자일 수 없다. 목사의 개인적인 사생활과 교회의 공적인 사역을 구별하지 못하는 자는 '어떤 사이비 종교'의 열혈신자일 수는 있을망정 결코 개신교의 프로테스탄트일 수 없다.

기본적인 상식을 지닌 사람이라면 누가 봐도 사랑의교회 감사보고서에서 밝혀진 오정현의 '목회활동비' 내역은 오정현이라는 개인과 그 가족들의 '호화생활'을 즐기기 위한 방편일 뿐, 결코 교회의 공적인 사역을 위한 정상적인 지출이 아니라는 것을 즉각 알 수 있다. 예를 들면 오정현은 목회활동비라는 명목으로 자신의 골프 레슨비와 아내의 골프 드라이버를 구입했다. 점심 한 끼에 25만원의 '황제식사'를 즐기고, '양복 수선비'로 100만원, '맞춤 와이셔츠'에 60만원, '안경' 구입에 160만원을 사용했다. 이것이 과연 목사에게 합당한 지출인가.

덧붙여, 오정현 동생의 학자금과 아내의 신탁계좌에 자금이체 등, 이런 지출이 사역을 위한 목회활동비라면 오 목사가 먹고, 마시며, 즐기고, 움직이는 모든 것, 나아가 가족의 재테크와 개인의 취미활동을 포함한 모든 것이 교회의 공적인 사역이라는 말과 무엇이 다르며, 그 말은 '오 목사가 곧 교회'라는 말과 도대체 무엇이 다른가.

은연중일망정 종교적인 관점에서 '목사가 곧 교회'라고 주장하는 것은 정치적인 관점에서 루이 14세가 절대왕권을 향유하며 '짐이 곧 국가'라고 말했던 것과 본질상 다르지 않다. 그것은 예수의 제자도, 이를테면 낮은 자가 돼야 하는 제자의 길에 역행하는 것이며, 반성경적·반기독교적 오류일 뿐이다. 요즘 들어 '목사성직주의'라는 말을 종종 듣지만, 오늘날 목사들의 전횡을 보면 단순히 '성직주의'라는 말로는 한참 부족하다. 바리새인들이 모세의 자리에 앉아서 유대인들의 종교지배자로 군림했던 것처럼, 목사가 예수의 자리에 앉아서 교인들을 통치하는 것과 전혀 다르지 않기 때문이다.

2억이 넘는 사례비로도 분에 차지 않아 억대의 목회활동비, 자녀 학자금, 수억의 CD수익금과 서점 수익금, 외부 강사 수입과 인세 수입까지 알뜰살뜰 '자기 주머니'에 챙기는 오정현이야말로 예수께서 무섭게 질타하신, 이른바 '돈을 사랑하는 바리새인'의 전형적인 모습이다.

그를 비롯해서 돈을 사랑하는 한국교회의 저명한(?) 목사들은 예수께서 그들에게 '화있을진저!' 라고 하신 무서운 심판을 명심해야 한다. 재물을 사랑하는 자, 이를테면 재물을 주인으로 섬기는 자는 하나님을 사랑할 수도 섬길 수도 없다는 것이 성경의 뚜렷한 명제이다.

> 한 사람이 두 주인을 섬기지 못할 것이니 혹 이를 미워하고 저를 사랑하거나 혹 이를 중히 여기고 저를 경히 여김이라. 너희가 하나님과 재물을 겸하여 섬기지 못하느니라 마6:24

8) '용팔이 지원금' 과 폭력 사주

'사랑의교회 김용남 집사' 라고 하면 모르는 사람들이 대부분이지만, 조직폭력배 두목이자 정치깡패로 1987년 통일민주당 창당방해 사건의 주역 '용팔이' 라고 하면 많은 사람들이 알뿐 아니라 고개를 설레 흔든다. 그 사건은 전두환 정권의 지시로 안기부가 개입한 대표적인 정치공작의 하나로, 한국정치사에 오점으로 남아있는 추악한 정치테러였다.

사랑의교회 김용남 집사가 바로 그 사건의 주인공인 '용팔이' 로, 폭력배들을 동원하여 통일민주당의 20여개 지구당에 난입하여 기물을 부수고 당원들을 폭행하는 등 난동을 부렸던 정치폭력배 두목이었다. 그 사건으로 수년간 복역했던 김용남은 수십 년이 지난 뒤에 오정현의 추종자가 되어 사랑의교회에 다시 등장했다.

과거의 철지난 사건에 대해서 다시 말하려는 것이 아니며, 사랑의교회 집사로, 그리고 '강남 사랑의교회' 담임목사로 변신한 용팔이 김용남의 과오를 새삼 들추자는 것도 아니다. 다만, 용팔이 김용남과 사랑의교회 오정현의 부적절한 관계를 말하려는 것이며, 그가 충성을 바친 오정현에게서 '응분의 대가' 로 재정적인 지원을 받았다는 사실을 밝히려는 것이다.

MBC 시사매거진 'PD수첩' 은 '사랑의교회' 편을 방영하면서, 2013년 6

월 30일에 '용팔이' 김용남 집사가 사랑의교회 당회에 불을 지르려 한 것과, 갱신위원회 교인들의 집회와 활동을 지속적으로 방해한 일을 보도했다. 그리고 제작진이 입수한 '소송단 회의록'이라는, 매우 충격적인 문서를 보여주었다. 사랑의교회 측에서는 즉각 부인했지만, PD수첩이 공개한 문서에는 '활동하다가 다치신 분 치료/격려비, 김용남 집사 450만원, 위로금 100만원, 계 550만원'이라는 기록이 버젓이 남아있다.

논문표절 사건이 불거진 뒤부터 오정현 담임목사를 비판하는 교회 내 분위기에 불만을 품었던 김용남은 오정현의 거취문제를 논의하는 당회가 열렸던 2013년 3월 17일에 행동에 돌입했다. 그는 장로들에게 '똑바로 하라'고 고함치며, 석유통을 꺼내들고 분신하겠다며 오정현의 표절문제를 논의하는 장로들에게 협박을 서슴지 않았다.

뿐만 아니라 그 뒤에도 김용남은 오정현의 독단적인 목회를 비판하던 갱신위원회 교인들이 모인 마당 기도회를 찾아가 종종 위협을 가했다. 그리고 6월 30일에는 당회 간담회가 열리는 사랑의교회 4층 회의실 앞에서 석유를 뿌리고 분신하겠다며 난동을 피웠다. 회의실에는 장로 40명 정도가 있었지만 감히 저명한(?) 정치깡패 출신 '용팔이'의 위세를 꺾지 못했다.

사랑의교회는 백주에 교회 안에서 험악한 폭력을 행사했던 김용남을 교회법에 따라 징계하기는커녕, 오히려 치료비와 격려금 명목으로 그에게 상당한 돈을 주었다. 이는 용팔이의 폭행을 오정현과 사랑의교회를 위한 충정으로 감싸면서, 위기에 처한 오정현을 지킨 공로로 인정한 것이다.

또한, 김용남의 폭행에 도리어 금전적인 보상을 하면서 오정현을 지지하는 교인들을 은연중에 선동하며 반대파 교인들에 대한 폭력을 사주한 것이다. 불을 지르겠다며 당회를 위협하고, 자기 몸을 분신하겠다며 교인들을 협박한 공로를 은밀히 '보상'했던 '사랑의교회'를 방영한 PD수첩을 보면서 어떤 사람들은 '오정현의 사랑의교회'를 맹비난했고, 어떤 사람들은 더러운 오물통에 던져진 한국교회의 추한 모습을 떠올리며 비통한 심정을 가누지 못했다.

9) 뇌물인가, 보험료인가?

사적인 지출을 목회활동비로 사용한 것 외에도 오정현이 '외부 강사료'를 지급하면서 교회재정을 부당하게 사용한 사실이 드러났다. 총신대 교수들 가운데 특정한 몇 명에게 오정현이 강사 사례비를 비롯해서 회비 명목으로 수억의 비용을 지불한 것이다. 물론 외부 강사가 설교하는 경우에 교회에서 일정한 사례비를 지급하는 것을 섣불리 문제 삼을 수 없다.

그러나 총신대의 수많은 교수들 가운데 소수의 특정한 교수들에게 재정지원이 집중되고, 그들이 오정현과 '특별한 관계'라면 단순히 외부강사의 설교 사례비라고 보기에 의심쩍은 문제가 있다는 것이다.

예를 들면 총신대 김정우 교수에게는 후원금과 7회 설교로 2억 1050만원, 박용규 교수에게 후원금과 3회 설교로 6819만원, 김지찬 교수에게 5300만원이 설교비와 후원금 등의 명목으로 지급되었다. 총신대 교수로 적지 않은 수입이 있는 네 명의 강사들이 주일에 4회 설교하면서 매회 100만원씩, 하루에 400만원이 지급된 것은 아무리 '부자 교회'라 해도 지나치다는 비난을 듣기에 마땅하다.

이는 갱신위원회 소속 교인들이 재정장부를 열람하면서 밝혀진 표면상 액수이며, 사실은 설교회수가 이보다 많았기 때문에 실제 수령한 금액은 분명히 이보다 많을 것이다. 장부에 나타난 수치가 아닌 각 교수의 실제 설교회수를 보면, 김지찬 교수의 경우는 장부에서 밝혀진 14회의 두 배가 넘는 31회를 설교했고, 김정우 교수도 7회가 아닌 17회, 박용규 교수의 경우는 장부에 기록된 3회가 아니라 10회 설교한 사실이 드러났다. 결국 그들에게 실제로 지급된 사례비는 장부에 기재된 금액보다 두 배 이상 많다는 추론이 가능하다.

1억에 가까운 연봉을 받는 교수들이 '부수입'으로 사랑의교회에서 한 번 설교할 때마다 100만원, 하루에 무려 400만원을 수령한다는 기사를 보고 많은 사람들이 눈살을 찌푸렸다. 교인들의 소중한 헌금을 마치 '눈 먼 돈'처럼 끼리끼리 나눠먹는 추악한 행태를 보면서 한국교회의 암울한 현실에 절망감을 느끼지 않을 수 없었기 때문이다.

그들에게 지급된 내역을 보면 단지 '설교 사례비'만이 아니다. 김정우 교수는 자신이 설립한 '한국 신학정보 연구원'에 오정현을 이사장으로 앉히고는, '이사회비' 명목으로 사랑의교회로부터 매년 3000만원에서 6000만원을 후원받았다. 2007년부터 2011년까지 4년 동안 그런 식으로 김정우 교수는 사랑의교회에서 대략 1억 9000만원을 수령했다. 박용규 교수 또한 설교 사례비 외에 '이단소송 후원금'이라는 명목으로 5500만원을 받았고, 자신의 암 투병을 위해서 사랑의교회에서 570만원을 특별히 지급받았다.

언뜻 보기에는 신학연구와 이단소송에 후원한 것이기 때문에 별다른 문제가 없는 것 같지만, 총신대의 수많은 교수들 가운데 특별히 세 명의 교수에게 후원이 집중된 이유가 석연하지 않다. 자료를 보면 실제로 2001년부터 총신대 교수들이 사랑의교회에서 총 61회 설교하는 동안 세 명의 교수가 58회를 맡아 설교를 독점했기 때문이다. 객관적인 수치에서 엿보이듯이, 설교를 독점한 세 명의 교수에 대한 '특혜 의혹'이 고개를 쳐들었다.

특혜의혹의 중심은 김정우를 비롯한 세 명의 총신대 교수와 오정현의 '검은 커넥션'이다. 기독교언론의 보도로 널리 알려진 것처럼, 2002년 오정현의 총신대 편목과정 입학에 '특혜 의혹'과 '부정 입학' 논란이 끊이지 않았다. 다른 응시생들과 달리 오정현은 한국에 있는 면접시험장에 참석조차 하지 않은 채 미국에서 팩스로 시험을 대체하고서도 '수석입학'의 영예를 누리는가 하면, 총신대 신학대학원 편목과정수업에 출석하지 않고도 우수한 성적으로 졸업하는 기이한 사건이 일어났다.

오정현이 총신대 신학대학원 편목과정에 응시하는 2001년에 김정우 교수가 총신대 신학대학원 교무위원회 위원장이었다는 사실이 밝혀지면서 당연히 위원장 김 교수와 응시생 오정현의 유착관계에 대한 특혜논란은 단순한 의혹을 넘어 분명한 사실로 드러나기 시작했다.

수석입학의 남다른 영예를 누리며 총신대 편목과정을 무사히(?) 마친 오정현이 마침내 사랑의교회 2대 담임목사로 부임하면서 김정우 교수는 '협동목사'로 위촉되어 매달 상당한 월급을 받았다. 또한, 앞서 말한 것처럼 그가 설립한 '한국 신학정보연구원'의 후원금, 그리고 설교 사례비까지 두루 지원받았다. 이쯤 되면 당사자들의 부인과 달리 '보은報恩 특혜'라는 비판과 조롱을 피할 수 없는 것이다.

그들의 긴밀한 유착은 여기서 끝나지 않았다. 오정현의 입학취소 결정을 파기하기 위한 사전모의를 했던 정황이 기독교언론의 보도를 통해 백일하에 드러났다. 오정현 목사에 대한 '위임결의무효확인' 소송이 진행되는 동안에 발생했던 총신대의 '입학무효결정'으로 궁지에 몰린 오정현을 구하기 위해서 세 명의 교수들이 '비밀 메일'을 보냈던 것이다.

당사자들은 비밀 메일의 성격에 대해 '개인의 의견 진술일 뿐'이라고 주장하지만, 이미 오래 전부터 특혜를 주고받으며 유착관계를 맺었던 사실에 비춰 볼 때 그들의 주장은 공허한 말장난에 지나지 않는다. 결국 사랑의교회 교인들의 소중한 헌금이 특정한 '한 사람' 오정현의 자리보전을 위해서 마치 보험료처럼, 그리고 뇌물처럼 악한 도구로 이용된 것이며 사랑의교회, 나아가 한국교회의 부패와 타락을 부추긴 것이다.

5장 • 예배당은 성전이 아니다

오정현의 야망

오정현은 2003년에 사랑의교회 2대 담임목사로 부임했다. 그때부터 옥한흠 목사와 공동목회를 하던 오정현이 명실공히 사랑의교회 주역으로 올라선 계기가 '특별새벽기도회'였다. 어둠이 채 가시기도 전, 이른 새벽에 특새에 참석하기 위해서 수많은 교인들이 강남예배당 앞에서 장사진을 쳤던 일화는 지금도 교계의 전설처럼 회자된다.

옥한흠 목사의 말씀사역과 확연히 구별되는 오정현의 열띤 찬양사역이 청중을 사로잡았다. 그가 회심의 역작으로 기획하고 연출했던 특별새벽기도회의 폭발적인 성공에 교인 수는 배가 되었고, 그때부터 오정현은 뒤에서 기회를 보며 옥한흠의 후광을 좇는 2인자가 아니었다.

특새를 계기로 기하급수적으로 증가한 교인들, 이를테면 '오정현의 교인들'로 잔뜩 고무된 그는 '글로벌 미니스트리'국제사역을 전면에 내세우면서 그때까지 옥한흠 목사와 분리할 수 없었던 기존의 사랑의교회 울타리를 뛰어넘어 '오정현의 사랑의 교회'로, 이를테면 한국교회를 대표하는 초대형교회로 성장시키겠다는 야심을 불태웠다.

사랑의교회에 부임한 오정현이 가장 심혈을 기울인 사역이 바로 초대형 예배당 건축이었다. 겉으로 환히 드러내지는 않았을망정 처음 부임하면서부터 이미 '건축'에 마음을 쏟았던 오정현에게 특새의 대대적인 성공은 마침내 '성전건축'에 절호의 기회를 준 것이다. 오정현은 새 예배당 건축의 명분을 일단 '비좁은 강남예배당'에서 찾았다. 교인이 수만 명에 이른 상태에서 더 이상 성전건축을 미룰 수 없다는 '대의명분'이었다.

교인이 500명일 때 지었던 옛 예배당이 너무 좁고 복잡해서 크고 넓은 새 예배당을 지을 수밖에 없다는 것이, 그리고 사랑의 교회 교인들의 투표결과 95%라는 절대다수가 건축을 원한다면서 새 예배당 건축의 당위성을 강조했다.

하지만 영적 제자훈련으로 명성을 쌓은 옥한흠의 사랑의교회를 기억하는 사람들은 오정현의 초대형 예배당 건축을 달갑게 받아들이지 않았다. 호화예배당 건축논란과 특혜시비로 한바탕 홍역을 치렀던 오정현이 LA 부흥회에서 '건축의 변'을 이렇게 늘어놓았다.

> 이번에 6개월 동안 전쟁을 치르고 왔다. 아니 교회 짓는다는 데 왜 그렇게 말이 많나. 교인이 4만 5천인 데, 백 배 큰 교회가 됐다. 그래서 교인들이 전부 기쁨으로, 오죽하면 교회 짓는 것 때문에 투표까지 다 했다. 그래서 교인들이 정성을 다해서 헌금하고 교회를 짓겠다는 데 … 세상에 무슨 사치한 교회를 짓는다고? 강남에 땅이 비싸서 할 수 없이 그렇게 들어가는 것이다. 전병욱 목사가 말하길 교회 짓는 것을 공격하는 것은 영적인 공무집행방해라고 했다.

언뜻 들으면 오정현의 말에 나름 일리가 있어 보인다. 500명일 때 지었던 예배당에서 수 만 명이 모여 함께 예배를 드리는 것이 상식적으로 판단해도 무리라고 생각되기 때문이다. 그러나 자세히 들여다보면 그의 주장에는 논리적인 모순이 있다. 500명일 때 지었던 예배당이 500명의 수용인원을 예상하고 지었던 건물이 아니기 때문이다.

옥한흠 목사 시절에 이미 사랑의교회 교인은 1만 5천 명에 달했고, 다소

불편은 있었을망정 그들은 강남예배당에서 기쁜 마음으로 예배를 드렸다. 그때까지 1만 5천 명의 교인들이 강남예배당에서 예배를 드렸다면 오정현이 말한 '500명을 위한 예배당'이라는 말은 새 예배당 건축의 명분을 만들기 위해서 과장된 수사일 뿐 전혀 이치에 맞지 않는다.

오정현의 주장대로 좁고 복잡해서 예배당을 다시 지어야 한다면 도대체 그 끝은 어디인가? 한국교회가 그리스도의 참 복음은 뒷전인 채 예배당 건축에 혈안이 된 이유가 있다. 대부분의 목사들은 "넓고 멋진 예배당을 지으면 그만큼 많은 교인들이 많이 몰려든다"는 양적 교회성장론을 굳게 믿기 때문이며, 실제로 한국교회가 교회건축을 통해 양적으로 팽창했기 때문이다. 하지만 그것은 교회의 본질적인 가치인 '영적 성장'이 아니라 오늘날 한국교회를 처참하게 망가뜨린 외형주의의 타락한 '양적 성장'이며 '몸집 부풀리기'에 지나지 않는다.

그들의 생각처럼 '화려한 예배당'에 마음을 빼앗긴 타 교회 교인들이 철새가 날아들 듯이 사랑의교회로 수평이동하면서 교인수가 대폭 증가하면 그때마다 예배당을 새로 지을 것인가. 인간의 욕망이 끝이 없는 것처럼 대형예배당 건축에 대한 욕망도 끝이 없다. 오정현이 공개적으로 밝힌 명분은 명목상의 구실에 지나지 않으며, 그의 마음속에 품은 이유와 목적은 분명했다.

최고와 최대를 추구하는 오정현의 불타는 욕망, 이를테면 '글로벌 교회'를 통한 '성공목회'의 걷잡을 수 없는 야심에 있다. '사랑의교회 건축기공 헌신예배'에서 1만 명의 교인들과 교계 인사들 앞에서 오정현이 밝힌 포부에서 그의 잠재의식이 여실히 드러났다.

> 3년 내 건축을 완공하여 글로벌 교회로서 준비하고, 5 년 내에 중국 교회에 대한 소명을 감당하고, 7년 내에 통일을 준비한다. … 앞으로 경인 운하가

> 완공되면 중국 교회 본부가 있는 상해에서 기독교 지도자들이 배를 타고 반포에서 내려 사랑의교회에서 예배하게 될 것이다.

굳이 이름을 붙인다면 '3·5·7 플랜'이라고 부를 만한 초대형 프로젝트였으며, 이른바 '글로벌 교회'를 향한 오정현의 탐심과 정욕을 그대로 드러낸 연설이다. 이처럼 사랑의교회라는 지역교회의 경계를 넘어 '세계적인 교회'를 꿈꾸는 오정현 목사에게 무엇보다 절실했던 것이 있었다.

그것은 눈에 보이지 않는 그리스도의 영성이 아니라 교인들, 특히 '글로벌'에 걸맞게 외국인들의 이목을 집중할 수 있는 멋진 건물이었다. 새 예배당의 이름을 '사랑 글로벌 미니스트리 센터'SGMC라고 명명했던 오정현은 교회건축의 불가피성을 이렇게 설명했다.

> 오늘 외국에서 손님들이 많이 오셨는데, 교회가 복잡하다고 기가 막혀 했습니다. 우리 교회 건축을 비난하는 사람들은 여기 한 번 와 보면 건축해야 되는 이유를 압니다.

익히 알려진 대로 옥한흠 목사의 사랑의교회가 한국교회에 제시한 특별한 영적 가치는 "교회의 본질은 건물이 아니라 그리스도의 훈련 된 제자"라는 교회의 바른 정체성과 말씀에 입각한 제자훈련에 있다. 초대형건물을 짓는 것이 과연 제자훈련의 근본정신에 부합하는 지 사방에서 의문을 제기하자 오정현은 "우리 교회가 제자훈련을 잘 감당하는 교회가 되기 위해서는 영적·물적 인프라가 필요하다"면서 오히려 교회건축의 필요성을 재차 역설했다.

오정현이 수천억의 막대한 자금을 들여 호화예배당을 짓겠다는 이유가 다름 아닌 사랑의 교회 '영적 브랜드'인 제자훈련을 보다 발전시키기 위해서 '물적 인프라'를 갖추겠다는 것이다. 사랑의교회 교인들의 마음을 온통 빼앗을 만한 명분이며 미끼였다. 하지만 그의 주장은 시작부터 오류이다. '물적 인프라'를 갖춘다는 구실로 초대형예배당을 짓는 물질적인 욕망은 맘몬이즘의 천박한 유혹일 뿐, 결코 '그리스도의 제자를 양성하자'는 제자훈련의 본질일 수 없다.

'사랑의교회'라는 개교회의 울타리 안에 수많은 교인들을 끌어들이려는 것이 제자훈련의 진정한 목적이 아니라면, 그리고 '오정현의 제자들'을 우리에 가둬 사육하려는 것이 아니라면 제자훈련의 원칙은 예수께서 제자들에게 행하셨던 구체적인 경험과 가르침에서 출발해야 한다.

언제 예수께서 사역을 위해서 넓고 화려한 공간을 원하셨던가. 예수는 들판에서, 산과 광야에서, 바닷가에서, 그리고 세리와 죄인의 집에서 무리를 만나고 무리와 소통하며 그들을 '그리스도의 참된 제자'로 훈련시켰다.

예수는 집이든 회당이든 어떤 한 곳에 머물지 않았다. 많은 사람들이 오해하고 있지만, 예수께서 "인자는 머리 둘 곳이 없다"고 말씀하신 것은 가난해서 머물 집이 없다는 의미가 아니다. 가버나움에 거처할 집이 있었지만, 예수께서 사역을 위해서 한 곳에 정착하지 않겠다는 말씀이었다. 이처럼 예수는 하나님의 뜻에 오롯이 순종하기 위해서, 그리고 '가난한 자들에게 생명의 복음을 전하기 위해서' 온 곳을 두루 다니셨다. 제자훈련이 정녕 그리스도의 제자를 세우고 훈련시키기 위한 것이라면 마땅히 예수의 사역에서 '제자훈련의 본'을 찾아야 한다.

> 어떤 사람들이 성전을 가리켜 그 아름다운 돌과 헌물로 꾸민 것을 말하매 예수께서 이르시되 너희 보는 이것들이 날이 이르면 돌 하나도 돌 위에 남지 않고 모두 무너뜨려지리라 눅21:6

태생적으로 그리스도 신앙은 한 곳에 머무는 정적인 신앙이 아니며, 건물에 갇혀 끼리끼리 수행하는 종교의식에 연연하는 수행이 아니다. 호화예배당을 바라보며 웅장한 예루살렘 성전의 위용에 감탄하는 사람들에게 예수께서 "너희가 무엇을 보고 있느냐? 이것은 돌 위에 돌 하나도 남지 않고 모두 무너뜨려지리라"고 하시면서 당시 유대인들의 '성전중심주의', 이른바 외형주의 거짓신앙을 호되게 질타하셨다.

우리는 예수 그리스도의 영성을 '가난한 영성, 겸손의 영성'이라고 한다. 이는 세상에서 보다 많은 것을 소유하려는 것이 아니라 있는 것마저 내어주는 영성, 생명까지 아끼지 않고 주저 없이 내어주는 예수의 진정한 영성을 의미한다.

말로는 교인들을 훈련시켜 그리스도의 제자로 키우겠다면서 정작 '그리스도의 영성'과는 전혀 상관없는 탐욕과 외식의 '거짓 신앙'을 주입하는 것이 과연 하나님의 뜻인가. 그것은 결코 성경적인 관점에서 말하는 그리스도 신앙이 아니며, 진정한 제자를 양성하기 위한 영적 제자훈련일 수 없다.

성경역사를 돌이켜보면 로마 시대 카타콤 지하교회를 비롯해서 방주 교회, 천막 교회, 광야 교회에서 예배드렸지만 복잡하다고 불평하는 사람도, 시설과 환경이 열악하다고 예배를 기피하는 사람도 없었다. 예배는 좋은 공간에서, 좋은 시설로 즐기며 드리는 감정놀음이 아니라 어떤 환경과 처지에서도 '마음을 다해' 드리는 신앙의 순종이다.

교인들이 시설 좋은 예배당을 찾는 이유는 영적인 신앙을 위한 것이 아니라 육적인 감정을 고취하기 위한 것일 뿐이다. 외형주의신앙, 그것은 예배를 받으시는 하나님을 위한 것이 아니다. 요컨대 예배를 드리는 사람의 감정적인 쾌락과 심리적인 자극을 위한 충동이라는 점에서 그것은 결코 바른 신앙이 아니다.

오정현은 '제자훈련의 성공을 위해서'라는 수사를 헛되이 구사하며 초대형예배당을 지어 자기 의를 과시할 것이 아니었다. 강남예배당에서 수용할 수 없을 만큼 교인이 증대했다면 더 이상 양적 성장에 매달릴 것이 아니다. 차라리 사랑의교회를 분립시켜서 제자훈련으로 양육된 교인들을 다른 교회로 파송했어야 한다. 제자훈련의 본질은 모름지기 '제자도'를 지키는 것이며, 예수께서 말씀하신 제자의 길은 그리스도의 복음을 세상에 전하기 위해 고난의 길을 마다하지 않는 것이 아닌가.

"3년 후에, 5년 후에, 7년 후에"라며 3·5·7전략을 야심차게 수립했지만, '3년 후에' 그가 오랫동안 마음에 품었던 초대형건물을 지은 것 외에 정작 어떤 비전도 이루지 못했다. 그가 공언했던 '5년'이 훨씬 지났다. 하지만, 마치 예언가처럼 장담했던 중국선교는 전혀 진척이 없으며, '7년'이 지났지만 남북통일은커녕 남북 사이에 가녀린 대화의 가능성조차 보이지 않고 있다. 의도했든 아니든 허튼 '예언'을 남발했던 그는 초대형예배당 건축을 짓기 위해서 결과적으로 교인들을 예언이 아닌 거짓말로 속인 것이다.

오정현의 맘몬이즘과 '제자훈련'의 변질

"나는 사랑의교회가 대형교회가 되는 것이 싫어요." 이 말은, 수많은 사람들의 가슴을 울렸던 옥한흠 목사의 처절한 절규이다. 물론 옥한흠의 제자훈련은 사람마다 바라보는 관점과 자신들이 처한 입장에 따라 공과功過에 대한 생각이 다를 수 있다.

그러나 양적 성장주의에 매몰되었던 1980년대 한국교회의 참담한 현실을 생각할 때, 옥한흠 목사의 사랑의교회는 분명 새로운 모습을 보여주었다. 한국교회의 물질중심적인 외형주의에 견줘 사뭇 궤를 달리 하는 '제자훈련'과 더불어 사랑의 교회는 신선한 충격을 주었으며, 한국교회사에 새로운 지평을 열었다는 공공의 찬사를 들었다.

이처럼 옥한흠 시대의 사랑의교회는 '한국교회의 모범'이었다. '교회의 본질은 건물이 아니라 그리스도의 훈련된 제자'라며 교회의 본질적 가치를 추구하던 옥한흠의 제자훈련은 비단 사랑의교회만이 아니라 한국교회 전반에 지대한 영향을 끼쳤다.

그러나 밝게 빛나는 햇빛의 이면에는 항상 어두운 그늘이 생기기 마련이다. 옥한흠 목사는 교회의 본질적 가치를 주창하며 '사람이 중심'인 제자훈련의 영적 의미와 가치를 강조했음에도 교인 수가 점점 늘면서 사랑의교회에 메가 처치의 전형적인 모습들이 나타나기 시작했다. 이를테면, 외형이 크게 성장하면서 '한 사람'을 중시하는 사람 중심의 제자훈련은 점점 본래의 궤도에서 이탈하고 있었다. 결국 말씀을 통한 그리스도인의 양육과 '한 사람'을 중시하는 제자훈련의 기본정신을 유지하기 어려운 지경에 이르고 말았다.

양적 성장에 부담을 느낀 옥한흠 목사는 울부짖듯 "나는 사랑의교회가 대형교회가 되는 것이 싫다"고 외쳤다. 그러나 악화가 양화를 구축驅逐하듯이 이미 메가 처치로 외형이 비대해진 사랑의교회는 그리스도 신앙의 본질에서 점점 멀어지며 지속적인 성장의 수렁에 빠져들기 시작한 것이다.

그때부터 사랑의교회는 초대형건물이 필요한 대형종교집단으로 서서히 변하고 있었다. 미처 깨닫지 못하는 사이에 옥한흠 목사가 저지른 치명적인 잘못이 있었다. 그것은, 사랑의교회가 더 이상 제자훈련의 본질을 지킬 수 없는 초대형교회로 '양적 성장'이 일어나도록 은연중에 방치한 것이다.

옥한흠 목사는 "사랑의교회가 대형교회가 되는 것이 싫다"고 부르짖을 것이 아니라 "한국교회가 대형교회가 돼서는 안 된다"고 외쳤어야 했다. 그리고 사랑의 교회가 메가 처치가 되기 전에 단호한 결단을 내렸어야 했지만 때를 놓치고 말았다. 다시 말해 옥 목사가 사랑의교회를 자신의 분신인 양 '생명보다 소중히' 여기는 순간, 역설적으로 그는 개교회주의의 덫에 걸려 사랑의교회의 양적 성장을 막을 수 없었다.

그리고 교회가 공룡처럼 커져 몸을 제대로 가누지 못할 만큼 비대해진 순간, '한 사람의 영혼'을 살리는 진정한 제자훈련은 결코 성공할 수 없다. 그것이 바로 메가 처치의 결정적인 폐해이다.

"옥한흠 목사의 제자훈련이 절반의 성공미완의 사역에 머물렀다"고 보는 결정적인 이유가 바로 이것이다. 요컨대 그가 설립한 사랑의교회를 예수교회 이전에 자신의 교회처럼 사랑하면 할수록 그는 개교회주의의 무서운 유혹에서 벗어날 수 없었다. 물론 이는 옥 목사만의 문제가 아니라 한국의 대형교회 목사들의 공통적인 문제이다.

그럼에도, '두고두고 칭찬받을 만한 교회'라던 사랑의교회의 아름다운 명성을 한 순간에 무너뜨리게 만든 근본적인 원인이 바로 옥 목사가 오정현을 후임으로 불러들인 것이며, 그 배경에 옥한흠 목사가 끝내 벗어나지 못했던 '개교회주의'가 도사리고 있었다는 점을 밝힌다. 분명한 것은, '개교회주의'는 본질상 목사의존신앙에서 결코 벗어날 수 없으며, 목사의존신앙에 매몰된 개교회는 성장의 명분을 앞세우며 건축, 세습, 재정 등 모든 분야에서 타락할 수밖에 없는 근본적인 문제를 안고 있다는 것이다.

> 예수께서 이르시되 네 마음을 다하고 목숨을 다하고 뜻을 다하여 주 너의 하나님을 사랑하라. 이것이 크고 첫째 되는 계명이요 둘째도 그와 같으니 네 이웃을 네 자신같이 사랑하라 하셨으니 이 두 계명이 온 율법과 선지자의 강령이니라 마22:37-40

하나님은 "한 사람의 생명이 천하보다 귀하다"고 하셨고, 그리스도 신앙의 본질은 세상의 어떤 외형 가치보다 마음을 다해 하나님과 이웃을 사랑하는 것이다. 그러나 태생적으로 대형교회는 '한 사람'의 가치가 아니라 '다수의 교인들을' 관리하기 위한 조직과 이념이 우선일 수밖에 없다. 그곳에서 한 사람은 교회를 섬기는 지체로서 소중한 그리스도인이 아니라 '익명의 소외된 교인'으로 전락한다.

교회지도자라는 목사가 정작 교인의 마음은커녕 얼굴과 이름조차 모르는 대형교회에서 '한 사람'의 가치는 외형을 갖추기 위한 한낱 부속에 지나지 않기 때문이다. 그리스도를 사랑하는 옥한흠 목사의 순수한 열정, 한 사람을 소중히 여기는 바람직한 신앙관, 말씀 중심의 목회가 지니는 영적 가치를 의심하지 않는다.

그러나 사랑의교회가 메가 처치의 허울을 쓴 순간부터 제자훈련은 그리스도 신앙의 본질을 지키는 영적 훈련이 아니라 '목사교회'의 성공을 이루기 위한 이념적인 종교제도로 변질되는 것이다. 물론 제자훈련의 한계를 두고 옥한흠 목사의 일방적인 잘못으로 단정할 수 없다. 제자훈련을 주창한 그에 못지않게 제자훈련을 받았던 사랑의교회의 수많은 교인들에게 동일한 책임이 있기 때문이다.

"나는 제자훈련을 받았다"고 헛되이 자랑할 것이 아니다. 진정 제자훈련의 본질을 깨달았다면 그들은 '그리스도의 제자'로서 사랑의교회가 메가 처치로 변질되지 않도록 지속적인 외형성장의 유혹을 떨쳐야 했다. 하지만 그들에게 제자훈련은 그리스도의 제자로 변화하는 '영성훈련'이 아니라 사랑의교회라는 '명문 교회'의 충성스러운 교인들을 만드는 '양성훈련'이 되고 말았다.

옥한흠 목사는 메가 처치의 가중한 폐해를 이미 깨닫고 있었다. 오래 전의 일이지만, 한국교회의 수많은 목사들과 교인들이 아직까지 생생하게 기억하는 옥한흠 목사의 '비장한 설교'가 가슴에 남아있다. 2007년 7월 8일, 서울 상암운동장에서 무려 10만의 성도들이 운집한 '성령강림 100주년 기념예배'에서 옥한흠 목사는 교회의 양적 성장에 혈안이 된 한국교회 목회자들을 향해 '회개하라!'고 일갈했다.

교회성장을 위해 목사들이 교인들에게 전하는 메시지는 '사탕발림 복음'이라고 외쳤다. "교회를 상장시키는 것은 말씀에 순종하는 행위는 빼놓고, 믿기만 하면 천국에 간다고 설교하면 교회는 양적으로 성장하게 마련입니다"라고 말하면서 거짓복음의 오류를 고발했다. 그리고 회개의 눈물을 흘리며 "우리 중에 그렇게 편파적으로 변질된 복음을 설교해오지 않은 사람이 몇이나 됩니까? 우리 모두 회개합시다"라며 그 자리에 모인 목사들의 양심을 울렸다.

옥한흠 목사는 사랑의교회가 초대형교회로 비대해지면서 교인들에게 가까이 다가설 수 없는 목사의 한계에 통탄하며 10만의 기독교인들 앞에서 가슴 저린 고백을 했던 것이다. 그러나 성장주의 이념에 사로잡힌 한국교회 목사들을 향해 '우리 모두 회개하자'던 그의 처절한 고백과 외침이 결실을 맺기 전에 사랑의교회는 후임 오정현과 더불어 좌초하고 만다.

오정현의 제자훈련과 '물적 인프라'

옥한흠의 뒤를 이어 오정현이 부임하면서 사랑의 교회 제자훈련은 새로운 국면을 맞는다. 옥한흠 목사가 섣불리 '제자훈련의 목회철학으로 무장'했다고 믿었던 오정현이 담임목사로 부임하면서 제자훈련은 이전에 사랑의교회에서 보았던 그것이 아니었다.

'영혼의 울림'이 있는 말씀은 오정현의 등장과 더불어 사랑의교회 강단에서 흔적도 없이 사라지고, 육신의 오감을 자극하는 음향과 영상, 연기로 대체되었다. '한 사람'의 영혼을 위한 영적 제자훈련은 종적을 감추고, 다수의 군중심리를 부추기는 '종교 이벤트'로 대체되었다.

결국 오정현에 이르러 사랑의교회의 제자훈련은 더 이상 '그리스도의 제자'로 양육하는 영성훈련이 아니라 개교회로서 '목사교회의 부흥'을 위한 종교적인 도구로 변질되고 말았다.

맘몬이즘에 오랫동안 길들여진 오정현이 마침내 마각을 드러내며, "제자훈련의 성장과 발전을 위해서 영적, 물적 인프라를 갖춰야한다"는 구실로 초대형예배당 건축을 추진했다. 제자훈련의 '물적 인프라'와 초대형예배당의 연계는 사랑의교회뿐 아니라 한국교회의 진정한 개혁을 위해서 결코 간과할 문제가 아니다.

요컨대 오정현이 제기한 '초대형예배당을 매개하는 제자훈련의 성장론'은 결국 옥한흠 목사의 제자훈련의 전면적인 파기선언이다. 이른바 '물적' 제자훈련은 옥 목사의 제자훈련이 성장주의에 사로잡힌 한국교회에 제시한 진정한 가치에 맞선 전면부정이다. 이를테면 "교회의 본질은 건물이 아니라 그리스도의 훈련된 제자"라는 영적 제자훈련의 기본정신을 송두리째 무너뜨리는 도발이다.

영적 인프라가 영의 양식인 '말씀'에 기반을 둔다면, 오정현이 말하는 물적 인프라는 교인을 끌어 모으기 위한 초대형, 초호화예배당 건축이 최우선이다. 입으로는 옥 목사와 오 목사 두 사람이 모두 동일한 '제자훈련'을 말하고 있지만 내용은 전혀 다르다는 말이다.

말씀과 사람이 중심인 교회는 그리스도의 계명을 따르는 영적인 교회이다. 반면에 건물과 외형이 중심인 교회는 세상의 속된 욕망을 추구하는 물적인 교회로서, 둘은 결코 양립할 수 없는 모순관계이다. 예컨대 예수께서 '두 주인을 섬길 수 없다'고 말씀하신 것과 같은 맥락이다.

> 한 사람이 두 주인을 섬기지 못할 것이니 혹 이를 미워하고 저를 사랑하거나 혹 이를 중히 여기고 저를 경히 여김이라. 너희가 하나님과 재물을 겸하

여 섬길 수 없느니라 마6:24

결론적으로 말해서 사람이 중심인 교회에서는 '물적 인프라'를 갖추겠다는 허튼 구실을 내세우지 않으며, 수천억짜리 초대형예배당을 짓기 위해서 교회의 소중한 자원을 허투루 낭비하지 않는다. 예수의 계명에 따라 교회는 한 사람의 영혼을 오롯이 살리기 위해서, 그리고 예수께서 말씀하신 대로 '지극히 작은 자'를 섬기기 위해서 주어진 자원을 온전히 사용해야 하는 것이다.

공룡처럼 몸집이 비대해진 초대형교회는 자기가 먹고 살기에 급급할 뿐이며, 그곳에서 그리스도의 영성은 화려한 수사에 지나지 않는다. 초대형교회, 이른바 메가 처치는 본질상 교회가 아니라 사이비교회로서 종교집단이기 때문이다. 메가 처치에서 그리스도의 영성은 뒷전이며, 다만 교인들을 가두기 위해 가축의 우리를 짓듯이 건물을 높고 크게 짓는 것이 우선가치이다. 공룡이 멸종한 이유가 바로 거대한 몸집에 있었다는 사실을 오늘날 그리스도인은 반드시 가슴에 새겨야 된다.

예배당과 성전

'물적 인프라'를 주장하는 오정현의 거짓 담론에 담긴 치명적인 오류를 지적하지 않을 수 없다. 그 자체로는 건물에 지나지 않는 예배당을 오정현은 주저 없이 하나님이 임재하시는 '성전'이라고 말한다. 따라서 크고 넓은 성전건축이 하나님의 영광을 위한 것이라며 호화예배당 건축을 독려한다. 하지만 그가 말하는 '성전'은 신약시대에 존재하지 않는 제사를 전제하며, 구약시대 율법주의자들의 옛 유물에 지나지 않는다.

"내 교회를 세우겠다"고 선언하신 예수 그리스도의 신약시대에 교회는 구약시대의 '옛 성전'이 아니라 부활하신 그리스도의 몸인 '새 성전'이다. 또한 신약시대의 '새 성전'은 돌로 지은 건물이 아니라 그리스도의 지체인 성도의 연합이다. 많은 사람들이 구약시대 율법과 성전을 불가분의 하나로 생각하며 성전의 존재를 절대가치로 인식하지만, 구약시대 역시 하나님이 머무실 곳을 마련하기 위해서 성전을 지었던 것이 아니다.

다만, 하나님이 선택하신 유대인들에게 종교적인 일체감을 주시기 위해서 '한시적으로' 허락하신 종교제도일 뿐이다. 하나님은 성전에 갇혀있는 분이 아니라는 사실을 직시해야 한다. 하나님이 '자기 집'처럼 성전에 계시기 때문이 아니라 제사를 위한 장소인 동시에 하나님의 임재의 상징으로 성전이 필요했을 뿐이다.

> 그러나 지극히 높으신 이는 손으로 지은 곳에 계시지 아니하시나니 선지자가 말한바 '주께서 이르시되 하늘은 나의 보좌요 땅은 나의 발등상이니 너희가 나를 위하여 무슨 집을 짓겠으며 나의 안식할 처소가 어디냐 이 모든 것이 다 내가 지은 것이 아니냐함과 같으니라 행7:48-50

다시 말하지만 교회는 성전이 아니다. 성령과 진리로 예배드리는 신약시대에는 예배당이 짐승제물을 바쳐 제사를 드리는 성전이 아니기 때문이다. 설령 교회가 부분적으로 성전의 속성을 지닌다고 해도 교회와 성전은 엄연히 다르다. 본문이 제시하는 것처럼 성전에 하나님이 '계시지 아니' 하신다면 예배당을 지으면서 하나님이 '계시는' 성전 운운하는 것은 성경적인 관점에서, 그리고 그리스도 신앙의 본질적인 관점에서 명백한 오류이다.

유대 성전중심주의 신앙이 지니는 치명적인 오류가 있다. 유대인들은 '언약궤'가 보관된 성전의 지성소에 '하나님이 임재 하신다'고 주장한다. 그러나 언약궤가 있다는 것이 임재의 상징적인 의미일망정, 하나님이 계시는 특정한 장소로서 사실적인 의미일 수 없다.

"지성소에 하나님이 계신다"는 주장은 역설적으로 "지성소가 아닌 곳에 하나님이 계시지 않는다"는 말이 아닌가. 그렇다면 영이신 하나님, 우주 만물의 주재이신 하나님이 성전에 갇혀있다면 우리는 그런 하나님을 만유의 주재이며 천지만물을 창조하신 '신'이라고 말할 수 없는 것이다.

유대인들의 성전중심신앙은 율법주의적인 신앙의 표현으로, 유대인들을 위한 배타적인 종교의 산물이었다. 유대인들에게 성전은 그 자체가 신앙의 대상이었다. 예수께서 십자가의 처형을 앞두고 대제사장의 심문을 받았을 때, 예수의 유죄를 주장하는 유일한 증언이 바로 "예수가 하나님의 성전을 헐고 사흘 동안에 지을 수 있다 하더라"마26:61는 것이다.

이 말은 예수가 성전을 사흘 동안에 지을 수 있다는 말로 자신의 초월적인 능력을 과시하며 사람들을 현혹했다는 것이 아니다. '성전의 붕괴'를 말씀하신 예수께서 성전이 상징하는 하나님의 거룩한 신성을 모독했기 때문에 죽여야 한다는 것이다. 유대인들만이 아니라 예수의 제자들도 예수의 부활을 보기 전까지는 유대교의 성전중심신앙에서 벗어나지 못했었다.

> 예수께서 성전에서 나가실 때에 제자 중 하나가 이르되 선생님이여 보소서 이 돌들이 어떠하며 이 건물들이 어떠하니이까. 예수께서 이르시되 네가 이 큰 건물들을 보느냐 돌 하나도 돌 위에 남지 않고 다 무너뜨려지리라 하시니라 막13:1-2

이 구절에서 의문형 '어떠하니이까'로 기록된 것은 번역의 오류이다. 영어의 'How'가 의문 부사인 동시에 감탄부사로 사용되는 것처럼 본문은 감탄문으로 번역해야 한다. 즉, 제자가 예루살렘 성전 건물의 멋진 위용에 감탄하자 예수께서 그 제자에게, "예루살렘 성전의 '아름다운 돌'눅21:5은 때가 되면 모두 무너지고 말 것이다"라고 선언하신 것이다.

만약에 하나님이 성전에 계신다면, 성전이 하나님의 거룩한 집이라면 어떻게 성전이 처참하게 무너질 수 있는가. 자기 집조차 지키지 못하는 이를 어떻게 '전지전능하신 하나님'이라고 말할 수 있는가. 성전은 유대인들의 율법주의적인 신앙을 고취하기 위한 종교적인 건물이며, 실제로 그 안에 하나님이 임재하시는 '신령한' 장소가 아니다. 영이신 하나님은 온 우주에 두루 편재하시는 분이기 때문이다.

너희가 이 성전을 헐라. 내가 사흘 동안에 일으키리라

다시 강조하지만, 예수께서 하신 이 말씀의 의미는 분명하다. 신약시대의 성전은 더 이상 구약시대의 '이 성전', 다시 말해 돌로 지은 옛 성전이 아니라 사흘 만에 부활하신 예수 그리스도의 몸이 새 성전이라는 것이다. 요컨대 신약시대 성경이 말하는 성전은 오직 두 가지이다. 하나는 앞서 말했던 것처럼 '그리스도의 몸'이며, 다른 하나는 '성도의 몸'이다. "너희는 너희의 몸이 성령이 거하시는 거룩한 전임을 알지 못하느냐?" 요컨대 예수 그리스도와 연합한 성도가 바로 신약시대의 성전이다. 호화예배당을 짓고 거룩한 성전 운운하는 것은 참담한 무지인 동시에 그리스도 신앙의 왜곡에 지나지 않는다.

'성전신앙'은 맘몬이즘의 발현이다

"기독교 역사상 이보다 더한 타락은 없었다"는 오늘날 한국교회의 비루한 모습을 비판하면서 가장 널리 쓰는 말이 '맘몬이즘'이다. 타락한 한국교회의 상징인 맘몬이즘의 구체적인 모습이 바로 성전이라는 미명으로 '더 넓고', '더 높게', '더 멋진' 예배당을 짓고, 온갖 값비싼 장식들로 외형을 치장하는 것이기 때문이다.

말하자면, 외형주의에 물들고 '가시적인 신앙'에 얽매이는 것이 성전건축을 강조하는 '한국형' 맘몬이즘의 전형적인 모습이다. 성전신앙에 사로잡힌 유대인들에게 예루살렘 성전의 붕괴를 선언하신 예수께서 세상의 외형적인 가치에 연연하지 말고 "보물을 하늘에 쌓아두라"고 말씀하신 것은 가벼이 간과할 수 있는 수사가 아니다.

> 너희를 위하여 보물을 땅에 쌓아두지 말라. 거기는 좀과 동록이 해하며 도둑이 구멍을 뚫고 도둑질하느니라. 오직 너희를 위하여 보물을 하늘에 쌓아두라. 거기는 좀이나 동록이 해하지 못하며 도둑이 구멍을 뚫지도 못하고 도둑질도 못하느니라. 네 보물 있는 그 곳에는 네 마음도 있느니라 마6:19-21

여기서 말하는 하늘은 '우주적인 개념'의 천상天上이 아니라 예수께서 구원의 실제로 말씀하신 '하나님 나라'이다. 그것은 하나님의 통치가 이루어지며 계명이 실현되는 별세別世:다른 세상를 말한다. 다시 말해 "보물을 하늘에 쌓아두라"는 말씀은 성전의 제단에 제물을 바치라는 말이 아니라 하나님의 계명이 바르게 실현될 수 있도록 재물을 올곧게 사용하라는 의미이다.

돌로 지은 성전은 물리적인 건물이며 하나님 나라의 영적 처소가 아니다. 화려한 성전 또는 예배당을 짓기 위해 교회에 보물을 쌓아두는 것은 세상에 보물을 두어 '좀과 동록이 해하게' 내버려두는 어리석은 짓이다. 반면에 '이웃을 사랑하라'는 계명에 따라 가난한 형제와 이웃을 위해서 재물을 사용하는 것이 진정 하나님 나라에 보물을 쌓는 것이다.

오정현은 초대형예배당을 지어 물적 인프라를 구성해야 제자훈련을 성공적으로 이끌 수 있다고 주장했다. 이는 그리스도 신앙의 본질을 깨닫지 못한 영적 무지에서 비롯된 명백한 오류이다. 그가 말하는 제자훈련, 이른바 '오정현의 제자훈련'은 결코 그리스도의 제자를 양육하는 제자훈련이 아니라 맘몬의 종들을 살찌우는 사육일 뿐이다.

그리스도의 제자는 화려한 궁전에서 희희낙락하며 '육신의 정욕, 안목의 정욕, 이생의 자랑'을 즐기는 자가 아니다. 그들은 모름지기 거친 광야와 들판에서, 무너져 내리는 쪽방과 달동네의 허름한 판잣집에서 그리스도의 복음을 전하고 실천하는 '작은 자'이다.

"구약시대의 성전과 신약시대의 예배당을 구별하라"는 말이 결코 구약시대와 단절된 신약시대의 완전한 분리를 주장하는 것이 아니다. 신약시대의 소중한 영적 가치인 복음을 강조한다는 명분으로 섣불리 하나님의 말씀인 구약의 율법을 부정할 수 없다. 또한, 구약시대의 하나님과 신약시대의 예수 그리스도를 '다른 신'으로 여기는 치명적인 오류에 빠지지 않도록 주의해야 한다.

하나님은 한 분이시며 성령이 하나이듯이 성경도 하나의 일관된 계시이다. 하나님이 한 분이라면 구약시대의 하나님과 신약시대의 하나님이 다를 수 없다. 그리고 하나님과 '동일본체'이신 예수의 가르침이 하나님의 가르침과 다를 수 없다. 그것이 바로 예수께서 구약성경을 하나님의 말씀으로 인용하신 뚜렷한 근거이다. 그것이 또한 "자비가 제사보다 낫다"는 말씀을 제자들에게 전하신 이유이며, 율법의 강령이 '사랑'이라고 말씀하신 명백한 이유이다.

구약 시대에도 대선지자 예레미야가 외식에 사로잡힌 유대 성전중심주의 신앙의 오류를 밝히 지적했다는 사실을 기억해야 한다.

> 너희는 이것이 여호와의 성전이라, 여호와의 성전이라 하는 거짓말을 믿지 말라. 너희가 만일 길과 행위를 참으로 바르게 하여 이웃들 사이에 정의를 행하며 이방인과 고아와 과부를 압제하지 아니하며 무죄한 자의 피를 이곳에서 흘리지 아니하며 다른 신들 뒤를 따라 화를 자초하지 아니하면 내가 너희를 이곳에 살게 하리니 곧 너희 조상에게 영원무궁토록 준 땅에니라. 보라 너희가 무익한 거짓말을 의존하는 도다 렘7:4-8

신약시대의 예배당이 그 자체로 거룩한 성전이 아니다. 예배당은 다만 종교적인 필요에 따라 성도가 모여 성령과 진리로 예배드리는 장소로서 종교적이며 물리적인 건물이다. 반면에 유대 성전주의 신앙에서 말하는 성전은 하나님의 임재를 나타내는 성소이며, 성전은 하나님의 임재를 가리키는 신앙 자체이다. 따라서 구약시대에 성전은 그 자체로 신적 의미를 지니기 때문에 성전에 대해 헛되이 말하는 것은 분명 신성모독이었다.

문제는, 성전을 우상처럼 섬기는 성전중심주의 신앙이 오늘날 한국교회에 잘못 전해지면서 그리스도 신앙의 본질이 덩달아 왜곡되는 것이다. 다시 말해 성전중심주의는 율법시대나 오늘날에 공이 성전의 외형이 신앙의 본질에 앞서는 중대한 외식이다. 예수께서 장엄한 예루살렘 성전을 바라보시며 "돌 위에 돌 하나도 남지 않고 다 무너뜨려지리라"고 종말을 선언하신 이유는 분명하다. 외형을 강조하는 성전중심주의가 신앙의 본말을 전도하는 '외식'이기 때문이다. 화려한 성전을 자랑하고 종교적인 자기 의를 과시하면서 정작 사랑을 실천하지 않는 자, 겉은 깨끗하되 속은 더러운 자에게 예수는 성전의 종교행위 이전에 '구제'를 통해 속을 먼저 깨끗이 하라고 말씀하셨다.

예수 그리스도의 신약시대에 예배당을 성전이라 부르고 예배당의 화려한 장식을 바라보며 '하나님의 영광'이자 '하나님의 은혜'라고 말하는 것은 유대 성전주의 신앙으로 퇴행이며, 그리스도 신앙에 대한 무지이자 배역이다. 이것이 바로 수천억의 돈을 들여 번들대는 건물을 짓고 '거룩한 성전' 운운하며 '하나님의 은혜'라고 주장하는 오정현의 맘몬이즘이 보여주는 치명적인 문제이다.

건축을 반대하는 이유

1) 개교회주의의 폐단

대부분 차이를 두지 않고 말하는 교회는 형태와 역할을 고려할 때 '무형교회'와 '유형교회'로 구별할 수 있다. 대부분 유형교회를 교회라고 부르지만, 유형교회 외에 예수께서 '내 교회'My Church라고 말씀하신 하나의 공교회로서 우주적인 교회를 무형교회, 또는 하나의 公교회라고 부를 수 있다. 하지만 교회를 가리키는 두 개념은 서로 모순되는 것이 아니라 보완적인 의미를 지니고 있다. 유형교회는 무형교회의 본질을, 무형교회는 유형교회의 제도와 형식을 받아들일 때 비로소 하나의 구체적인 교회가 올곧게 세워지는 것이다. 그러나 건물과 조직·제도 등, 외형적 요소들로 이루어진 유형교회를 일방적으로 강조하면서 교회는 본질에서 벗어나 이른바 '개교회주의'의 물리적인 개체로 변질된다.

오늘날 개신교에서 흔히 볼 수 있는 '개교회주의'는 사실상 목사가 교회의 주인이 되는 '목사교회'로서, 목사성직주의와 목사의존신앙이라는 핵심 오류의 근원이다. 중세 가톨릭의 사제성직주의가 교회를 통치하는 절대적인 지위와 권한을 사제에게 주었다면, 개신교에서는 담임목사가 개별교회의 성직자로 제반권력을 장악한 것이다.

"오늘날 개신교회에는 개별교회의 수만큼 교황이 존재한다"는 말은 괜한 말장난이 아니다. 실제로 개교회주의의 오류, 이른바 탐욕과 외식에서 벗어나지 못하는 한국교회는 기독교를 전대미문의 타락으로 몰아넣었던 중세 가톨릭 시대의 사제성직주의를 그대로 답습하고 있는 것이다.

호화예배당 건축을 반대하는 교계와 사회의 거센 비판에 오정현은 '개교회주의'로 맞섰다. "아니, 교회 짓는다는 데 왜 이렇게 말이 많아?" 라며, 마치 내 돈으로 내가 밥 사먹고, 우리 돈으로 우리가 교회를 짓겠다는 데 무슨 문제가 있느냐는 것처럼, 오정현은 거침없이 불평을 퍼부었다. "우리가 건축하든 무엇을 하든 참견하지 말라" 는 그의 독선은 개교회주의의 전형적인 아집이다. LA부흥회에서 오정현은 초대형예배당 건축에 대한 비판의 목소리에 이렇게 항변했다.

> 이번에 6개월 동안 전쟁을 치르고 왔다. 아니 교회 짓는다는 데 왜 그렇게 말이 많나. 지금은 교인이 4만 5천명인데, 이전보다 백배 큰 교회가 됐다. 그래서 교인들이 전부 기쁨으로, 오죽하면 교회 짓는 것 때문에 투표까지 다 했다. 그래서 교인들이 정성을 다해서 헌금하고 교회를 짓겠다는 데, 세상에 무슨 사치한 교회를 짓는다고? 강남에 땅이 비싸서 할 수 없이 그렇게 들어가는 것이다. 전병욱 목사가 말하길 교회 짓는 것을 공격하는 것은 영적인 공부집행방해라고 했다.

그의 말을 간단히 요약하면, 사랑의교회 교인들의 헌금으로 짓는 '성전' 건축에 다른 사람들이 나서서 왈가왈부하지 말라는 것이다. 땅값이 비싸서 부득불 3000억이 넘는 비용이 들었지만, 강남의 비싼 땅값을 고려하면 그렇게 '사치한 교회'가 아니라는 주장이다. 3000억을 사치가 아니라고 당당히 말하는 그의 배짱과 야망이 놀라울 뿐이다.

한국교회 내부에는 지금 이 순간에도 80%가 넘는 영세교회들이 1년에 1

억 이하의 예산으로 어렵게 운영하고 있으며, 대다수 목사들은 기초생계비에도 미치지 못하는 사례비로 가족들과 힘겹게 살고 있다.

그가 말하는 대로 다른 교회 교인들은 사랑의교회 새 예배당 건축에 가타부타 말할 수 없는 것인가. 사랑의교회 교인들이 초대형예배당 건축을 지지하면 그것으로 충분한가? 외부의 격렬한 반대에 부딪친 오정현이 위기에서 벗어나기 위해서 마침내 비장의 카드를 빼들었다. 사랑의교회 교인들에게 찬반 의견을 물어서 과반수 교인의 뜻에 따라 새 예배당 건축 여부를 결정하겠다는 것이다.

언뜻 듣기에는 "교인들의 의견에 따르겠다"는 그의 결정이 매우 합리적이라는 생각이 들 수 있다. 건축에 대해 찬반으로 의견이 갈라졌다면 과반수 의견을 따르는 것이 민주적 의사결정의 기본인 동시에 합리적인 판단이라는 생각이 들기 때문이다. 더욱이 개신교가 '만인제사장주의'의 기치를 내걸었던 종교개혁의 후손이라면 개신교 교회의 '민주적인 의사결정'에 반론의 여지가 없음직 하다.

문제는 오정현의 진정성이다. 다수결로 결정하려면 교인들이 바르게 판단할 수 있는 공정한 자료와 기회를 제공해야 한다. 과반수 교인들의 반대가 예상되었어도 과연 오정현이 새 예배당 건축 여부를 공동의회에 붙였을까. 개교회주의의 질긴 사슬에 매인 오늘날 한국교회 교인들은 교회의 주인인 목사의 말에 무조건 복종하는 것을 믿음의 순종으로 오해하는 심각한 맹신에 길들여 있다.

그들에게 하나님의 뜻, 그리고 성경 해석은 오직 목사의 세치 혀에 달려 있다. 목사가 옳다고 주장하면 빚을 내서라도 호화예배당을 짓는 것이 하나님의 뜻인 양 말씀이 왜곡된다. 반면에 목사가 아니라고 하면 성경의 진리마저 이단의 사설로 치부되는 것이 목사교회의 적나라한 실상이다.

오정현의 의도대로 공동의회에 '건축에 관한 안건'을 상정했고, 결과는

95%가 넘는 절대다수의 찬성이었다. 95%의 수치가 예상 밖의 결과라며 짐짓 놀라는 사람들이 많았지만 사실은 이미 예견된 결과이다. 한국의 대형교회에서 담임목사가 주도하는 사업에 관한 안건이 부결된 적이 거의 없다. 개교회주의의 특징은 목사권력에 다소곳이 안주하는 것이다. 목사에게 복종하지 않는 교인들은 대부분 교회를 떠났거나, 나름의 이유 때문에 남아있는 교인은 교회의 공적인 의사결정에 영향을 끼치지 못하는 소수이며 약자에 지나지 않는다.

민주주의 원칙은 단순히 다수결로 의사를 결정하는 것이 아니다. 히틀러의 나치시대에도 독일국민의 절대다수가 그를 지지했지만, 어떤 사람도 나치즘을 민주주의라고 말하지 않는다. 과정이 공정하지 않으며 진실이 왜곡되었기 때문이다. 마찬가지로 교회에서 다수결로 의사를 결정하려면 교인들에게 정보를 정확하게, 그리고 공평하게 제공해야 한다.

교회건축을 지지하는 자료나 정보만이 아니라 비판하며 반대하는 것까지 고루 제공돼야 한다는 말이다. 그때 비로소 교인들은 문제를 제대로 인식하고, 인식한 정보에 따라 분명한 의사표현을 할 수 있기 때문이다.

사랑의교회에서 교인들에게 어떤 자료와 정보를 제공했는지 정확히 알 수 없지만, 이미 건축을 결정했던 오정현과 사랑의교회 집행부에서 교인들에게 제공하는 자료가 어떤 내용일지 미루어 짐작할 수 있다. 다수결에 따른 결정을 제안한 것은 민주절차를 가장한 오정현의 자신만만한 꼼수이다. 그의 셈대로, 95%라는 절대다수의 찬성으로 공동의회에서 건축 안이 통과된 뒤부터 사랑의교회 건축에 반대하는 목소리는 뚜렷이 잦아들었다. '남의 잔치에 감 놔라 배 놔라 하지 말라'는 사랑의교회 교인들의 거침없는 몽니에 '주변인들'은 할 말을 잃었기 때문이다.

사랑의교회에서 짓겠다는 초대형예배당 건축에 대해 다른 교회의 교인들은 가타부타 말할 수 없다는 발상은 한국교회 타락의 근원인 '개교회주의'의 치명적인 오류에서 비롯된 것이다. 물론 개별교회 자체를 반성경적인 오류라고 무턱대고 비난할 수 없다. 초대교회에도 예루살렘 교회, 안디옥 교회가 있었으며, 그 외에도 바울이 개척한 고린도교회, 에베소 교회 등, 수많은 개별교회들이 존재했다. 그러나 중요한 것은, 그 교회들은 다만 지명을 따서 이름을 정했을 뿐, 각각의 교회가 별개의 독립된 개교회로 존재했던 것이 아니라는 사실이다.

예를 들면, '예루살렘 교회'라고 말하는 것은 특정한 개별교회를 가리키는 고유명사가 아니라 예루살렘에 있는 여러 교회들을 가리키는 일반적인 호칭이다. 이처럼 지역교회는 초대교회부터 존재했지만, 그것은 예수께서 말씀하신 '내 교회'로서 공교회에 속한 교회공동체의 일원이다. 이를테면 '예수교회'로서 하나의 유일한 교회인 '우주적 교회'에 속한 구체적인 지역교회이며, 그 자체가 하나의 독립된 개체로서 독자적인 결정을 내리는 사교회가 아니었다.

지역교회인 사랑의교회가 '목사교주'를 모시는 사교집단으로서 목사교회가 아니라면, 사랑의교회 역시 예수교회의 일반적인 규범에서 벗어날 수 없다. 다시 말해 공교회의 일반규범을 제시하는 성경의 본령本領에서 벗어날 수 없다는 것이다. 사랑의교회에서 발생한 문제는 사랑의교회 교인들만의 일방적인 결정이 아니라 예수교회의 성도가 참여해서 함께 해결해야 하는 '교회의 일반적인 문제'이다.

그렇다면 사랑의교회에서 추진했던 새 예배당 건축이 과연 성경적 규범에 합당한지 먼저, 그리고 주의 깊게 살펴봐야 한다. 교회건축에 반대하는 의견에 오정현의 사랑의교회는 반성경적인 개별교회주의를 방패삼아 무턱대고 비난할 것이 아니다. 건축에 반대하는 사람들의 의견에 귀를 기울이며 과연 무엇을 받아들이고, 무엇을 받아들일 수 없는지 깊이 고민해야 한다.

대형교회의 호화예배당을 반대하는 데는 분명한 이유가 있다. 화려한 건물과 외형을 자랑하는 것은 눈에 보이는 가치, 이를테면 세상의 재물을 사랑하는 '거짓신앙'이며 타락한 맘몬이즘의 대표적인 행태이다. 이는 화려한 예배당을 하나님이 주시는 특별한 은혜의 증거라며 교인들을 거짓신앙으로 호도하기 때문이다. 또한 물질적인 성공을 진정한 축복의 증거인 양 교인들에게 탐욕과 교만을 부추기며 그리스도 신앙의 본질을 무참히 파괴하는 독소이기 때문이다.

초대형예배당이 보여주는 외형주의 신앙의 결정적인 오류는, 그것이 그리스도 신앙에 정면 위배된다는 것이다. 눈에 보이는 화려한 외형은 상대와 자신을 비교하며, 경쟁적으로 더 크고, 더 높고, 더 좋은 것을 바라는 탐욕의 수렁에 빠져들게 만든다. 호화예배당은 우리가 마땅히 추구해야 하는 성경적인 교회의 모습이 아니라, 예수께서 무섭게 질타하신 '외식'에서 비롯되는 '타락한 교회'의 전형적인 모습이다.

2) 천문학적 건축비용

'국내 교회 가운데 가장 값비싼 예배당을 보유하고 있는 서초동 사랑의 교회'. 이 말은 결코 과장이 아니다. 이른바 '강남의 노른자' 서초동에 있는 사랑의교회가 교인 수로는 신천지나 하나님의 교회 따위 이단을 제외하고 한국교회에서 10위권이다. 하지만 예배당의 금전적인 가치는 단연 1등이다. 오정현이 말로는 '가난하고, 소외받는 이웃들이 마음 편하게 드나들 수 있는 교회'를 만들겠다고 주장하면서 정작 건물 둘레를 온통 번쩍이는 '크리스탈'로 휘감은 예배당, 가난한 사람들이 부담을 느낄 수밖에 없는 '가장 값비싼 예배당'을 짓는 이유가 무엇일까?

사랑의교회 호화예배당 건축에 세상과 교계의 비판이 쇄도했던 이유가 있다. 우선, 다른 교회가 아닌 사랑의교회의 새 예배당 건축에 반대하는 사람들의 주장은 무엇보다 '과도한 낭비'이다. 새 예배당을 짓기 위해서 무려 3000억이 넘는 돈을 들이는 것이 예수께서 말씀하신 교회의 본질에 전혀 부합하지 않기 때문이다.

"신약시대는 구약시대와 달리 예배당이 필요하지 않다"는 일부의 주장에 나는 선뜻 동의하지 않는다. 물론 신약시대의 교회는 건물이 아니라 성도를 가리키는 말이기 때문에 교회와 예배당을 일치시킬 수는 없다. 하지만, 복수의 교인들이 있으면 그들이 한 자리에 모일 수 있는 장소가 반드시 필요하다. 즉, 예배당이 구약시대의 성전일 수 없고 건물이 교회의 본질일 수 없을망정 교인들이 모이는 공간으로서 건물이나 장소가 필요하다는 점은 인정해야 한다.

문제는 규모의 적절성이다. 만약에 교인들이 모이는 수에 비례해서 예배당을 지어야 한다면 어떤 교회는 나날이 증가하는 교인들을 수용하기 위해서 예배당의 규모가 점점 커질 수밖에 없다. 한국 사회만이 아니라 '성공주의' 가치관에 물든 한국교회도 빈익빈 부익부 현상이 뚜렷해지고 있다.

교인들이 몰리는 교회는 날이 갈수록 교인이 기하급수적으로 늘어나는가 하면, 설립한지 10년이 넘도록 교인이 네댓 명에 지나지 않는 영세교회도 즐비하다. 그리고 초대형교회가 뿜어내는 휘황찬란한 빛에 가려져 영세교회는 있는지조차 모르는 경우가 대부분이다.

사랑의교회처럼 수만의 교인들이 예배당을 가득 메운 교회에서 여전히 '더 많은' 교인들을 불러들이기 위해서 초대형예배당을 건축해야 한다면 도대체 그 한계가 무엇이며 그 탐욕의 끝은 어디인가. 어떤 교회에 불특정 교인들이 대거 몰리는 이유는 그 교회의 담임목사가 지니는 '카리스마'가 주된 요인이라고 한다.

그렇다면, 카리스마가 차고 넘치는 멋진(?) 목사가 퇴임한 이후는 도대체 어떻게 할 것인가. 목사와 함께 교회도 문을 닫을 것인가? 그럴 수 없기 때문에 '대를 이어 충성하듯이' 교회를 세습하는 것이며, 세습으로 교회가 사유화되면서 교회가 타락하고 마침내 사사로운 목사교회로 변질되는 것이다.

본질에서 일탈한 교회는 타락하기 마련이며, 한국교회가 '기독교 역사상 가장 타락한' 데는 그럴 만한 이유가 있기 때문이다. 교회가 본질을 지키기 위해서는 그리스도 신앙의 근본을 준수해야 한다. 예수께서 교회에 주신 절대계명은 사랑이며 사랑의 전제조건은 소통과 섬김이다. 목사가 교인을 모르고, 교인들이 서로를 모르는 교회는 소통과 섬김이 있을 수 없으며, 소통과 섬김이 없는 교회는 이미 교회가 아니다.

교인 수가 일정한 규모를 넘어서면 교회는 주저 없이 분립이나 '파송'을 생각해야 한다. 예수는 제자들에게 "예배당에 모이라"고 하신 것이 아니라 각각 흩어져 "땅 끝까지 가서 복음을 전하라"고 말씀하셨다.

교회에 모여서 예배하고 찬송하며 봉사하는 것이 그리스도 신앙의 전부인 양 많은 사람들이 착각하고 있다. 물론 그리스도교는 개인 명상이나 산상 기도에 연연하는 이방종교들과 달리 교회로, 그리고 교회에 모이지 않고는 제대로 신앙생활을 할 수 없다. 교회는 본질상 신앙공동체이기 때문이다. 그러나 교회에 모이는 것이 그리스도 신앙의 목적이 아니다. 다시 말해, 모여서 훈련받고 훈련받은 제자는 다시 흩어져서 사랑과 구원의 복음을 세상에 전파하는 것이 그리스도 신앙의 진정한 목적이다.

이를테면 교회는 무한대의 양적 성장을 추구하는 '어떤' 사이비 종교집단이 아니며, 때가 되면 울타리를 떠나 세상에서 사역을 감당하는 '그' 교회가 돼야 한다. 오정현의 사랑의교회가 불러일으킨 결정적인 문제는 단순히 대형 예배당을 짓는 것이 아니다. 영적인 제자훈련을 하겠다는 교회가 물적인 '건물 교회'로 역행하고 있는 것이 문제의 본질이라는 사실을 오정현과 사랑의교회는 명심해야 한다.

3) 사랑의교회에 대한 '기대'가 무너지다

건축을 반대한 또다른 이유는 사랑의교회가 한국교회에서 지니고 있는 '특별한 상징성' 때문이며, 오정현의 탐욕으로 사랑의교회가 지녔던 상징적인 가치가 송두리째 무너지기 때문이다. 과거에도 대형교회들의 무리한 교회건축에 대한 비난이 있었지만 사랑의교회만큼 소요와 분란을 일으킨 경우는 없었다.

이유는 역설적이다. 사랑의교회를 많은 사람들이 '한국교회의 모범'으로 생각하며 특별히 사랑했고, 맘몬이즘에 물들어가는 한국교회의 타락한 풍토에서 사랑의교회가 본질을 지켜 주리라고 기대했기 때문이다. 하지만 오정현의 탐욕과 외식으로 사랑의교회가 지녔던 영적 가치가 3000억짜리 호화예배당에 매몰되는 순간, 사랑과 기대가 처참하게 무너지면서 많은 사람들이 실망하며 사랑의교회에서 마음을 돌이켰기 때문이다.

1980년대, 너나없이 '양적 성장주의'에 사로잡힌 한국교회의 전반적인 현실에서 옥한흠 목사가 주창했던 '제자훈련'은 평신도 사역을 강조했을 뿐만 아니라 교회의 본질적인 가치를 오롯이 담고 있었다. '교회의 본질은 건물이 아니라 그리스도의 훈련받은 제자'라는 제자훈련의 모토는 양적 성장주의에 매몰된 기존 한국교회에 신선한 충격을 주었으며, 그리스도 신앙의 본질을 생각하는 이들에게 새로운 희망을 주었다.

분명 옥한흠의 사랑의교회는 한국교회 대다수 목사들의 종교주의적인 목회에 맞서 제자훈련을 통한 '평신도 사역'을 부르짖었다. 그리고 그리스도 신앙의 본질에서 벗어난 '건물 교회'에 맞서 그리스도의 제자가 교회의 중심이 되는 성경적인 교회를 주창했다. 그것이 바로 사랑의교회가 위기에 처한 한국교회에 전했던 소중한 메시지였다.

이처럼 제자훈련을 통해 교회의 영적 가치를 주창한 것이 사랑의교회가 무릇 '사랑받는 교회'로 자리매김할 수 있었던 든든한 배경이다. 그것이 또한 '두고두고 자랑할 만한 교회'이며 '모범교회'로서 사랑의교회가 지니는 '브랜드 가치'이기도 했다.

하지만 오정현이 사랑의교회의 전면에 등장하면서 가치의 대반전이 일어났다. 그는 제자훈련의 '양면성'을 강조하며, 제자훈련이 지속적으로 성장·발전하기 위해서는 '물적 인프라'를 갖춰야 한다는 나름의 논리를 펼치며 초대형예배당 건축의 당위성을 주장했다.

그러나 예수께서 "하나님과 재물을 동시에 섬길 수 없다"고 말씀하셨듯이, 교회의 본질은 영적·물적 가치의 기계적인 혼합을 결코 인정하지 않는다. 제자훈련이 추구하는 '그리스도의 제자'는 성도로서 교회의 핵심인 반면, 오정현이 추구하는 호화예배당은 물리적인 건물로서 세상의 부요를 상징하는 '외형'에 지나지 않기 때문이다.

교회의 특징은 무엇보다 '세상과 구별되는 것'이다. 예루살렘 성전의 위용을 자랑하는 제자들에게 "이 모든 것이 돌 위에 돌 하나도 남지 않고 모두 무너뜨려지리라"고 하신 말씀의 의미는 명백하다. 성전중심신앙의 외형주의에 사로잡힌 자들이 예수께서 전하시는 그리스도 신앙의 본질을 깨달을 수 없다는 것이다. 오정현의 사랑의교회, 이를테면 수만의 교인에 수천억 원의 예배당, 그것이 바로 맘몬이즘에 함몰된 메가 처치의 구체적인 모습인 동시에 반성경적인 일탈의 적나라한 실상이다.

제자훈련이 있던 자리에 호화예배당이 세워지는 모습을 바라보면서 많은 사람들이 '한국교회의 자랑스러운 모델'이라던 사랑의교회가 머잖아 '돌 위에 돌 하나도 남지 않고 모두 무너지는' 반전의 모습을 떠올리게 되었다. 그들은 오정현이 갈망하는 '성전신앙'은 더 이상 이전의 사랑의교회가 아니라는 사실을 깨닫고 처절한 안타까움과 함께 울분을 터뜨린 것이다.

'제자훈련을 위한 물적 인프라' 운운하는 오정현의 제자훈련은 옥한흠 목사가 주창했던 영적 제자훈련에 대한 전면 부정이며, 그리스도의 몸인 '교회'를 바로 세우기 위한 제자훈련이 아니기 때문이다.

호화예배당을 제자훈련의 '인프라'라고 주장하는 오정현은 '사이비 제자훈련'의 지도자이다. 입으로 제자훈련을 내세웠지만 사실상 그는 사랑의교회의 '아름다웠던' 이름을 '시체 썩은 냄새가 진동하는 교회'의 오명으로 덧칠했을 뿐이다. 다시 말하되, 초대형예배당의 진정한 의미는 다만 화려한 '건물교회'를 자랑하고, 교회와 목사 이름을 세상에 과시하려는 겉치레에 지나지 않는다. 수많은 사람들이 오정현의 '성전건축'을 반대한 것은 결국 사랑의교회의 가치를 퇴색시킨 오정현의 외식에 반기를 든 것이다.

4) 불법과 특혜 시비로 얼룩진, '수치스러운 건축'

절차상 하자

설령 예배당을 건축하지 않을 수 없는 상황이라고 해도 오정현은 교회 지도자로서 기본을 지켜야 했다. 예배당을 비롯해서 교회의 모든 재산은 교인의 총유재산이다. 따라서 사랑의교회 서초예배당을 건축하는 과정에서 그는 일방적으로 건축을 결정하기 전에 마땅히 교인들에게 알려야 했다. 그리고 교인들의 동의를 받아 자발적인 헌금으로 건물을 지어야 했지만 오정현은 비밀리에 건축을 추진하면서 교인들 몰래 부지를 매입했는가 하면, 그 땅을 담보로 은행에서 600억을 불법으로 대출받았다.

교회 정관상 대출을 받을 수 없었다는 것이 밝혀지자 뒤늦게 공동의회를 열어 정관을 뜯어고쳤다. 정관을 개정하면서 오정현은, "이 정관 시행 이전에 사랑의교회가 이미 시행한 제반 관련 행정 처리는 이 정관에 의하여 시행된 것으로 간주한다"는 소급입법 조항을 제멋대로 추가했다. 법적으로나 상식적으로 도저히 용인되지 않는 '절차상 하자'를 저질렀던 것이다.

사회이든 교회이든 소급입법에 대한 사후추인은 엄연한 불법이다. 새 예배당 건축에 혈안이 된 오정현은 건축과정에서 이처럼 교인들의 동의도 얻지 않았고, 부당하게 대출을 받는 등 불법을 저질렀지만 전혀 개의치 않았다. 걷잡을 수 없는 욕망에 사로잡힌 오정현은 '두 마음'을 품어 이미 '속'은 '탐심과 방탕'으로 더러워졌고, 마음이 더러워지면서 양심의 눈이 가려져 더 이상 진실과 정의가 보이지 않았기 때문이다.

"마음이 청결한 자는 복이 있나니 저희가 하나님 나라를 볼 것임이요"라는 예수의 말씀은 탐욕과 거짓으로 마음이 더러워진 자는 결코 하나님 나라를 볼 수 없다는 것이다. 탐심으로 눈이 가려진 오정현에게는 오직 화려한 성전이 하나님을 대신하는 우상이었다. 성전의 화려한 외형이 눈에 보이지 않는 하나님을 대체 하는 것, 그것이 바로 세상의 물신을 숭배하는 맘몬이즘이다.

이처럼 현행법을 어기면서 독단적으로 건축을 결정하고, 교인들의 동의를 얻기 전에 미리 대지를 매입한 오정현은 2000억의 공사비를 마련하기 위해서 교인들에게 건축헌금을 다그쳤다. 교인들의 건축 작정헌금 총액이 발표되는 날, 오정현은 들뜬 목소리로 외쳤다. "500억 이하면 '챌린지 데이'를, 500억-1000억이면 '빅토리 데이'를, 1000억 이상이면 할렐루야 주일을 선포할 예정이었는데 1400억 원이 약정되어 오늘은 할렐루야 주일입니다!"

교인들 모르게 대지를 매입하고, 매입한 대지를 담보로 600억을 불법으로 대출받고, 그 뒤에 수천억에 달하는 건축비를 헌금으로 충당하겠다는 오정현의 일방통행은 분명 부당한 행동이었다. 그럼에도 자기가 앞장서면 교인들은 무조건 복종한다는 자신감이 팽배했기 때문에 모든 것이 가능했다.

초대형예배당을 바라보는 교계의 차가운 시선에 아랑곳하지 않고 사랑의교회 교인들은 오정현의 의도대로 '세계에서 제일가는' 교회, '최고의 교회'라는 탐욕의 유혹에 덧없이 걸려들었던 것이다. 이것이 바로 '목사의존신앙'에 사로잡힌 한국교회의 전형적인 맹종이며, 탐욕의 거짓복음에 도취된 교인들을 유혹하는 기복신앙의 전형적인 마력이다.

5) 특혜 의혹과 불법 논란

새 예배당은 건축을 시작한 처음부터 준공하는 마지막까지 불법과 특혜 논란이 끊이지 않았다. 사랑의교회 새 예배당 기공 예배에 참석했던 박성중 전 서초구청장과 이혜훈 국회의원을 비롯해 지역에서 실권을 쥐고 있는 공직자들이 너나없이 자신들이 "사랑의교회 새 예배당 건축허가를 위해서 힘썼다"고 말했다. 건축허가에 막강한 영향력을 행사할 수 있는 그들의 고백(?)은 결국 오정현의 SGMC 건축이 정상적인 절차로 허가를 받은 것이 아니라, 권력을 지닌 자들의 뒷심을 통한 특혜가 있었다는 뚜렷한 방증이다.

특혜 논란의 구체적인 내용은 무엇인가? 많은 의혹이 잇따랐지만 가장 대표적인 의혹으로 '공공도로 지하점용'을 들 수 있다. MBC 시사 프로그램 PD수첩에서 '한국 건축사에 전례가 없는 특혜'라고 보도했던 것처럼, 사랑의교회가 사적으로 점유할 수 없는 공공도로 지하에 예배당을 건축할 수 있도록 허가받은 특혜가 마침내 엄청난 파란을 일으켰다.

공공재산인 도로에 사적인 건물을 지을 수 없음에도 사랑의교회는 공공도로의 지하를 점용해서 예배당 일부를 지었다. 공공도로 지하점용 자체가 유례가 없는 일로 명백한 불법이다. 따라서 건축허가가 불가능함에도 서초구가 사랑의교회의 도로점용을 허가하면서 특혜논란을 부추겼던 것이다.

2011년 3월 24, 25일자 한겨레와 24일자 조선일보 보도를 보면 특혜논란의 실상을 알 수 있다. 한겨레는 '강남 사랑의교회 기막힌 신축공사', 그리고 "공공도로 밑 종교 시설 불허 대법판례 확인하고도 서초구, 지하예배당 건축 허가 내줬다"라는 제하의 연속기사로 사랑의교회 예배당 건축의 특혜의혹을 강하게 제기했다. 기사내용을 보면, "'공공도로 아래에 종교시설을 지을 수 없다'는 대법원의 판례에도 불구하고 서초구가 건축을 허가해 주었다"고 특혜 의혹을 구체적으로 제기했다.

그와 동시에, "사랑의교회가 공공 도로 지하에 예배당을 지으면서 공사를 이유로 도로까지 폐쇄해 주민들이 불편을 겪고 있다"는 민원까지 자세히 보도했다.

특혜 논란이 일자 건축을 허가한 서초구청에서 반박자료를 내놓았다. "도로 점용을 허가한 대신에 사랑의교회는 매년 2억의 점용료를 지급하고, 폭 8m의 기존 도로를 12m로 확장해서 서초구에 기부 채납하기로 했다"는 것이다. 점용료 지급과 기부채납을 내세우며 특혜논란을 잠재우려 했지만 의혹은 좀처럼 가라앉지 않았다.

특혜의 구체적인 근거로 우선 형평성의 문제를 거론하지 않을 수 없다. 서울 동대문구에 있는 한 교회가 서울 동대문구청을 상대로 '건축 불허가 처분 취소 소송'을 낸 적이 있었다. 도로 양쪽에 마주한 두 교회건물을 연결하기 위해서 지하에 통로를 짓기 위한 소송에서 대법원은 기각결정을 내리면서, "지하도로 건설은 원상 복구가 어렵고 주민들에게 필요하지도 않음에도 공사를 허가하면 추후 유사한 경우에 공공 도로의 무분별한 사적인 사용이 우려된다"고 적시했다.

대법원 판례는 이른바 '판례법'으로서 중요한 의미를 지닌다. 더욱이 사랑의교회의 경우는 앞에서 말했던 교회처럼 '지하통로'가 아니라 특정한 종교집단의 '예배당'을 짓는 것이다. 일단 '반영구적인' 예배당의 원상복구는 비용이나 공사 측면에서 지하통로보다 훨씬 어려울 수밖에 없다. 또한 공공재산의 '사적인 사용'이라는 측면에서도 예배당은 지하도로와 비교조차 되지 않는다.

특별한 경우, 이를테면 '공공성을 담보하는 특별한 경우'에 도로점용을 허가하는 경우가 있지만 사랑의 교회는 당연히 이에 해당되지 않는다. 설령 예배당에 공공성이 있다고 가정해도 도로점용은 소유이전이 아니다. 따라서 도로점용은 정해진 기간 동안 일시적인 사용을 허가하는 것이다.

사실은, 사랑의교회라는 개별교회의 예배당 건설이 '공공성을 담보하는 특별한 경우'에 해당되지 않을 뿐만 아니라, 수 천 억을 들여 지은 예배당은 사실상 영구적인 사용을 전제하는 것이기 때문에 '일시적인 도로점용 허가' 요건에도 부합하지 않는다. 결국, 공공도로의 지하점용 허가가 명백한 특혜라는 언론의 지적과 비판에 오정현의 사랑의교회는 달리 반론할 수 있는 여지가 없다.

예배당은 지하통로와 비교할 수 없을 만큼 원상복구가 힘들다는 점을 고려하면 사랑의교회에 공공도로 지하점용을 허가한 것은 형평성을 잃은 특혜가 아닐 수 없다. 그리고 '기부채납'과 '점용료 지불'을 빌미 삼아 공공도로를 반영구적으로 점용한 사례가 없었다는 점에서 사랑의교회 새 예배당 건축은 이전에 볼 수 없었던 '신기록'을 남긴 것이다. 더욱이 사랑의교회에서 '점용허가'를 얻은 공공도로는 '참나리' 길로, 도로지하에 하수관을 비롯해서 가스, 전선 등 공공시설이 많이 매설되어 있기 때문에 원칙상 건축허가를 내줄 수 없는 곳이다.

지하점용 외에도 특혜의혹이 끊이지 않았다. 지하철 2호선 서초역의 3-4번 출입구를 폐쇄하고 새 예배당 안에 출입구를 새로 설치하는 것에 대해서도 의혹이 불거졌다. 나중에 서울시에서 출구 변경 사유는 서울시의 '도시계획안'에 따른 조처라고 설명하면서 일단락되었지만, 어쨌든 지하철 출구를 예배당에 연결시킨 사랑의교회 입장에서 특혜인 것은 분명했다.

뿐만 아니다. 두 개의 부지가 합쳐진 새 예배당 건축용지 사이에 '소로 3-3 보행자 도로'가 끼어 있어서 대형건물을 짓기 매우 곤란한 지형이었다. 그러나 서울시가 기존의 소로를 없애고 두 동의 예배당 건물 사이에 새로운 보행통로를 건설할 수 있게 허가하면서 사랑의교회가 계획한 대로 건축을 용이하게 만들었다. 만약에 기존 소로가 폐쇄되지 않았다면 사랑의교회가 원했던 대로 예배당을 지을 수 없었다는 점에서 이 또한 특혜논란에서 자유롭지 못하다.

특혜논란이 끊이지 않자 서초구 도시계획위원회는 기존 소로의 폐쇄와 대체 통행로 건설의 적절성을 심의하기 위해서 회의를 열었다. 회의에 참석했던 한 위원은 한겨레와 인터뷰하면서, "일개 교회가 서울시 지도를 마음대로 바꾸는 것에 대해 일부 자문위원들의 반발이 있었지만, 워낙 어마어마한 사람들이 많아서 우리의 목소리는 완전히 무시되었다"고 실토했다. 사랑의교회라는 특정한 교회의 예배당 건축을 위해서 소로가 폐지되고 대체 통행로가 건설된 것도 뒷손이 작용했다는 것이다.

특혜논란은 여기서 멈추지 않았다. 서초역 근처에 있는 예배당 부지는 강남에서도 노른자 땅이며 '강남의 강남'으로 불리는 곳이다. 여러 대기업에서 탐냈지만 군침을 흘릴 뿐, 대법원의 조망권 때문에 '스카이라인'이 대법원 건물의 고도 아래로 설정돼서 부득불 매입을 포기한 땅이다.

그러나 사랑의교회가 부지를 매입한 뒤에 예상하지 못한 일이 벌어졌다. 예배당을 대법원과 같은 높이로 13층까지, 고도 70m 높이로 건물을 지을 수 있도록 처음 허가가 났다. 만약에 이전에도 대법원 청사 높이만큼 건물을 지을 수 있었다면 다른 대형업체에서 이미 부지를 매입했을 것이라는 점에서 이것 역시 사랑의교회를 위한 특혜 논란을 부추겼다.

특혜시비가 불거지고 불법건축 논란이 끊임없이 일어났음에도 오정현은 전혀 개의치 않았다. 오히려 한 걸음 더 나아가 '제자훈련의 물적 인프라' 운운하며 사랑의교회 교인들의 전폭적인 지지를 얻기 위해 '제자훈련'을 이용하는가 하면, 비난 여론을 겨냥해서 "이 사역이 워낙 중요하다 보니 마귀의 공격이 많았다"고 에둘러 말하면서 외부의 정당한 비판을 마치 이교도의 공격인 양 왜곡하며 교인들을 대상으로 거짓선동마저 마다하지 않았다.

소요와 갈등으로 얼룩진 SGMC 건축과정

1) 서초구의회 조사특위 무산과 주민감사 청구

전례가 없는 공공도로 지하점용을 허가하고 스카이라인을 변경해서 건물고도를 높여주는 등, 사랑의교회 예배당 건축에 특혜의혹이 계속 불거지자 이에 부담을 느낀 서초구의회 일부 의원들이 앞장서서 사랑의교회 새 예배당 건축 허가 과정을 조사하기 위한 조사특별위원회 구성안을 구의회에 발의했다. 그러나 15명의 의원들로 구성된 구의회에서 당시 여당인 한나라당 소속 의원이 과반수를 차지했기 때문에 소수의 야당 의원들이 발의한 조사특위는 회의조차 열지 못하고 안건이 폐기되고 말았다.

건축허가 과정을 조사하기 위한 서초구의회 야당의원들의 노력이 일단 무산되었지만, 그것으로 상황은 끝나지 않았다. 일부 서울시민과 25개 시민단체가 '사랑의교회 건축허가 주민감사청구 준비위원회'를 구성했다. 곧이어 '준비위원회'는 시민 52000명의 서명을 받아 2011년 12월 7일, 서울시에 '사랑의교회 건축특혜의혹에 대한 주민감사'를 청구했다.

나중에 주민감사청구에 필요한 서초구민 362명의 서명을 받아 추가로 서류를 제출해서, 마침내 2012년 4월 9일 서울시 감사청구심의회의 심의를 거쳐 주민감사청구가 통과됐다.

심의를 통과한 사안에 대해 60일 이내에 감사를 마쳐야 하는 규정에 따라 서울시 감사팀은 특혜 의혹들 가운데 선별해서 "1)공공도로 지하에 사적 건물인 사랑의교회 예배당을 건설하도록 허가한 것 2)서초역 3-4번 기존 출구를 폐쇄하고 교회 입구에 새 출구를 건설하는 것 3)건축부지 안에 있던 소로를 폐지하도록 한 것"에 대해서 면밀히 조사했다.

보행자의 환경개선과 공익을 위해서 서울시는 2008년부터 사유지 내로 지하철 출입구를 만들도록 권장했기 때문에 사랑의교회 예배당 안으로 출구 이전은 부당한 특혜가 아니라 공익을 위해서 행정적으로 결정된 사항이었다는 조사결과를 발표했다.

그러나 사랑의교회 내부로 지하철 출구 이전이 특혜가 아니라는 주장에 선뜻 동의하기 힘들다. 불법적인 특혜를 받아서 출구를 이전하지 않았다 하더라도 출구가 이전되면서 사랑의교회는 결과적으로 특혜를 받기 때문이다.

예를 들면 대형 쇼핑몰이나 백화점에 지하철 출구를 연결하는 것이 다수의 이용자 편의를 위해서 바람직하다는 점은 부정하지 않는다. 그럼에도 출구가 영업장소에 연결되면서 해당업체가 영업상 혜택을 보는 것은 분명하다. 이와 마찬가지로 지하철역 출입구 이전으로 특정한 교회의 교인들이 혜택을 누리는 동시에 건물의 금전적 가치가 상승하기 때문에 이전이 불법은 아닐망정 특혜인 것은 자명하다.

소로 폐지에 대해서도 서울시는 '건축배치의 합리성'을 위한 행정적인 조처라고 보았다. 그리고 대법원 주변 건물들이 70m를 넘을 수 없는 조항에 대해서도 "지면 높이를 고려해 계산했으므로 문제가 되지 않는다"고 판단했다. 반면에, 처음부터 특혜의혹뿐 아니라 실정법 위반이라는 비판을 받았던 공공도로 지하점용에 대해서 서울시는 '위법하다'고 결론짓고, '공공도로 지하점용을 시정하라'는 행정명령을 내렸다.

사랑의교회는 건축부지 옆에 있는 참나리길 지하 1077.98㎡에 대한 점용허가를 받아 예배당 강단과 주차장을 지었다. 도로법에 따르면 "전선·수도관 등 모든 국민의 생활에 필요한 사회기반시설이거나 모든 사람이 이용할 수 있는 주유소·주차장 등 공익성이나 공공성의 범위 내에 있는 시설"에 제한해서 도로점용을 허가받을 수 있다. 이는 개교회의 예배당 건축과 전혀 상관이 없는 내용이다. 따라서 서울시는 "예배당 건물은 주민들이 반드시 필요로 하는 공익 시설이 아니므로 사랑의교회가 지하를 사용하는 것은 위법 부당하다"고 결론을 내린 것이다.

이처럼 새 예배당 건축을 시작한 때부터 일부 교인들과 서초구민들이 특혜의혹을 제기했고, 마침내 서울시 감사를 통해 위법·부당하다는 결정이 내려지자 사랑의교회 교인들 사이에서도 "공공도로 지하 부분을 포기하고 본당을 조금 줄이자"는 의견이 제기되었다. 그러나 의견은 즉각 묵살되었다. 2012년 6월에 내려진 서울시의 시정명령에 따라 사랑의교회는 마땅히 건축을 포기하거나 설계를 변경하는 것이 상식이지만, 오정현은 법과 상식을 버리고 '불복'과 더불어 '공사 강행'을 선택했다.

서울시의 감사결과가 나오고 얼마 지나지 않은 2012년 8월, 사랑의교회 안성 수양관의 교역자 수련회에서 일부교인들의 타협안을 반박하며 오정현은 "그건 하나님이 우리에게 주신 기회를 잘 감당하지 못하는 것이다. … 그 말은 결국 건축하지 말자는 말과 같다"며 불복을 선언했다. 그 자리에서 뜬금없이 오정현은 사랑의교회 교역자들에게 "사회법 위에 영적 제사법이 있다"고 주장했다. 달리 말해, 영적 제사법이 우월하기 때문에 실정법을 따르지 않겠다는 것이며, 설계도에 그려진 원안대로 건축을 강행하겠다는 의지를 분명히 밝힌 것이다. 당시 수련회에서 오정현이 교역자들에게 했던 말을 인용한다.

중요한 것은 완성된 후 우리가 어떤 일을 하는가가 중요하다는 것입니다. 아멘입니까? 그 준비를 잘 해야 하는 거야. 이미 배수진 쳤고 출사표를 던졌어요, 지금. 이제 더 이상 이런저런 얘기 나오면 안 되고 집중해서 나가야 합니다. 뭐 서울시가 뭐라 하든 누가 뭐라 하든, 우리는 늘 얘기하듯이 세상 사회법 위에 도덕법 있고 도덕법 위에 영적 제사법이 있다고. 100-200명이 그렇게 난리를 치고 행정소송 한다는 것이, 서초구에만 우리 등록교인이 2만 수천 명인데. 영적 공공재라는 게 있어요. 종자연종교자유정책연구원이 사적으로 사용한다고 하는데 그게 아니에요. 영적 공공재예요. 다시 한 번 말하지만, 출사표를 던졌고 배수진을 쳤다고요.

'영적 제사법'에 '영적 공공재' 운운하며, "배수진을 쳤고 출사표를 던졌다"는 오정현의 말은 결국 서울시의 행정처분에 맞서 영적 전쟁을 벌이겠다는 선전포고이다. 오정현은 사랑의교회 예배당이 '영적 공공재'라면서, 지하도로를 점용해서 부당하게 짓는 예배당 건축이 공익성을 지녔다고 주장했지만 터무니없는 소리가 아닐 수 없다.

동일한 경우를 상정해서 만약에 불교나 타 종교에서 공공도로를 점용해서 사찰이나 신전을 지으면서 '영적 공공재'라고 주장한다면 오정현은 순순히 받아들이겠는가. 교회는 되고 절은 안 된다는 아전인수식 해석과 자가당착의 궤변은 결코 사회적 공감을 얻을 수 없다.

공평과 법적 기준에서 벗어난 교만과 일탈이 과연 하나님의 뜻에 합당할 수 있을까. 성경에 기록된, '위에 있는 권세에 복종하라'는 말씀의 진정한 의미, 이를테면 권력자가 아니라 법과 질서를 존중하라는 의미를 깨닫지 못한 무지와 아집의 소치일 뿐이다.

서울시에서 공공도로 지하점용이 위법이라는 감사결과를 발표하자 대부분의 사람들은 공사 중단이 불가피하다고 생각했다. 법이 있다면 마땅히 지켜야 한다고 생각했기 때문이며, 설령 악법이라고 해도 폐기되기 전까지는 지키는 것이 시민으로서 올바른 태도라고 판단했기 때문이다. 법 앞에 모든 사람이 평등하다면 종교인이라고 다를 수 없다. 그러나 오정현의 사랑의교회는 감사결과를 정면으로 반박하면서 "공사를 지속하겠다"고 공개 선언했다. 6월 1일 서울시 감사결과가 나오기가 무섭게 사랑의교회는 6월 3일, 교회 홈페이지와 사랑의교회 소식지 '우리'에 반박기사를 실었다.

"공공도로 지하사용에 대해 이미 2010년에 국토해양부, 행정안전부, 서울시에서 '서초구의 재량'으로 판단하라'는 결정을 내렸다"며, 문제가 된 공공도로 지하점용허가는 서울시 소관이 아니라 '서초구 재량'이라고 주장했다. 서울시의 시정명령에 불복하는 한편, 오정현은 공공도로 지하점용에 따른 특혜 논란을 개신교에 대한 악의적인 공격으로 호도하며 상황을 반전시키려 애를 썼다.

나아가, 교인들의 동요를 막기 위해서 오정현은 "교회가 대법원과 대검찰청 앞에 있으면 안 된다고 주장하는 사람들이 있다"며, 건축을 방해하는 배후세력을 암시하는 발언을 했다. 특혜 논란을 아무런 근거도 없이 개신교에 대한 다른 종교의 방해공작으로 왜곡하며 사랑의교회 교인들을 '영적 말발'로 단속한 것이다.

결국 사랑의교회의 공사강행의지와 더불어 주무관청인 서초구에서 "사랑의교회 지하 골조공사가 이미 80% 이상 끝났다"는 이유를 들어 서울시 감사결과를 거부하면서 사태는 다시 원점으로 돌아가는 것처럼 보였다. 그러나 서초구에서 서울시의 시정명령을 거부했지만, 특혜의혹과 불법건축 논란은 오정현의 기대대로 간단히 마무리되지 않았다.

2012년 8월 29일에 서초구민과 일부 시민단체가 '주민소송단'을 구성해서 서울행정법원에 서초구를 상대로 '공공도로 점유취소', '사랑의교회 건축

허가취소', '손해배상' 청구소송을 신청했고, 9월에는 '건축 중지 가처분'도로점용 허가취소을 신청해서 공사를 막겠다고 발표했다.

하지만 서초구에서는 "지하골조공사가 상당부분 진행되었기 때문에 이제 와서 점용허가를 취소해서 공사가 중단되면 막대한 손실을 볼 수 있다"는 주장을 좀처럼 굽히지 않았다. 합리적인 주장처럼 들리지만 서초구의 설익은 주장에 중대한 오류가 있다. 불법이 드러났음에도 불법을 시정하지 않고 그대로 내버려두는 것은 이중의 불법을 저지르는 것이기 때문이다.

그리고 처음부터 서초구와 사랑의교회의 담합이 이런 사태를 부른 것이기 때문에 책임은 당연히 오정현의 사랑의교회와 서초구청에 있다. 불법을 범하고서 '막대한 손실' 운운하며 그대로 방치하자는 것은 결국 불법으로 손실을 막아 부당이익을 취하자는 검은 속셈과 다르지 않다.

처음에 서초구는 사랑의교회의 참나리길 지하 점유허가 요청에 대해 "중앙배관과 공공 하수 시설이 매설되어 있어서 공익에 반드시 필요하기 때문에 참나리길 지하의 점용을 허가할 수 없다"고 답변했었다. 그러다가 사랑의교회에서 참나리길 지하점용 대신에 유치원을 지어 서초구에 제공하겠다면서 허가를 다시 요청하자 불과 하루 만에 허가를 내주었다.

참나리길 공공도로 지하점용은 대법원의 판례에서 보았듯이 불법인 것은 이론의 여지가 없음에도 건축허가가 내려진 배경에 이처럼 양자의 부당한 담합이 있었다. 물질적인 보상을 바라는 서초구와 무슨 일이 있어도 예배당 면적을 넓히려는 오정현의 담합을 통해 불허가 졸지에 허가로 바뀐 것이다.

'80% 이상 공사 진전'을 강조하는 서초구 주장의 오류를 지적한다. 문제가 있는 건축물이라도 공사가 80% 이상 진행된 경우라면 사법부 판결에 영향을 미치는 것을 빌미로 서초구는 서울시의 시정명령을 거부했다. 그러나 지하골조공사가 80% 이상 진행되었을 뿐이며 전체 공사 진행상황은 20%

에 미치지 못했다.

서초구는 건축 시작부터 마지막 순간까지 사랑의교회와 공조하며 예배당 건축을 위해서 이처럼 온갖 특혜를 아끼지 않았던 것이다. 이런 특혜의 배경에 당시 여당의 유력한 인사들이 버티고 있었다는 것은 앞에서 이미 밝힌 바 있다. "교회가 정치·행정과 결탁하면 타락하지 않을 수 없다"는 것은 분명한 명제이다.

주민소송단이 제기한 행정재판은 더디 진행되었다. "공사를 중지하라는 판결이 나도 건축 대지를 원상 복구할 수 있다"는 서초구의 답변을 들은 법원은 판결을 서두를 이유가 없다면서, "이번 소송이 지방자치단체를 상대로 한 첫 주민 소송인만큼 신중해야 한다"고 했다. 공사 진척 정도에 따라 판결에 영향을 받을 수밖에 없는 상황에서 재판의 더딘 진행은 공사에 박차를 가하고 있던 오정현에게 유리하게 돌아갔다.

공공도로 점용허가 중지소송에 관한 심리를 마치고도 아무런 판결을 내놓지 않았던 재판부는 "참나리길 지하에 대한 '점용 허가'의 위법성 여부가 아니라, 서초구에 대한 주민소송단의 제소가 주민소송 대상에 해당하는지 먼저 살피겠다"고 했다.

'지자체를 상대로 한 첫 주민소송'이라는 재판부의 말대로 이전 판례가 없는 상태에서 피고 측은 "지자체의 재무회계와 관련된 내용이 아니면 주민 소송을 할 수 없다"는 일본 대법원의 판례를 제시하며 재판부에 '각하'를 주문했다. 재판부에서는 전문위원을 구성해서 사건의 적격성을 검토한 뒤에 3월 19일에 재판을 열겠다고 했다. 오정현으로서는 공사를 더욱 진척시킬 수 있는 두 달의 시간을 번 셈이었다.

우여곡절을 겪으며 더디 진행된 재판에서 마침내 행정법원은 주민소송단이 신청한 소송이 주민소송 대상에 해당되지 않는다면서 각하결정을 내렸고, 나중에 2심에서도 '각하' 결정을 내렸다. 주민소송단이 법원에 제출한 '공공도로 점유취소', '사랑의교회 건축허가취소', '손해배상' 청구소송이 모두 각하되고, 서울시 행정명령도 주무관청인 서초구에 의해 거부된 상태라서 불법건축을 막을 수 없는 최악의 상황이 눈앞에 펼쳐졌다.

그러나 몇 년이 지난 뒤에 대반전이 일어난다. 2012년 시작된 사랑의교회 공공도로 지하점용에 대한 주민소송은 1·2심에서 모두 각하됐으나 2017년 5월 27일, 대법원은 각하결정을 내린 원심을 파기하고 사건을 다시 1심 법원으로 돌려보내면서 새로운 국면을 맞는다.

2) 마침내 SGMC가 준공되다

주민소송단의 도로점용 허가취소 가처분 신청이 1·2심에서 모두 각하되면서 공사를 가로막는 장애물이 사라지자 사랑의교회는 새 예배당 건축에 더욱 박차를 가했다. SGMC[Sarang Global Ministry Center:사랑 국제사역센터]라는 거창한 이름의 초대형예배당 공사는 준공을 향해 일사천리로 진행되었다. 드디어 2013년 11월 30일, 3년에 걸친 소용돌이를 거쳐 오정현과 그의 추종자들은 꿈에 그리던 입당예배를 드린다.

3년 전, '건축기공 헌신예배'에서 오정현 목사가 1만 명의 교인과 교계 인사들 앞에서 "3년 내 건축을 완공하여 글로벌 교회로서 준비하겠다"고 자신만만하게 공언했던 대로 3년 만에 준공을 맞은 것이다. 우여곡절을 겪었던 사랑의교회 SGMC는 마침내 수많은 사람들의 찬사와 부러움을 받으며 '국내 교회 가운데 가장 값비싼 예배당을 보유하고 있는 서울 서초동 사랑의교회'의 화려한 자태를 세상에 밝히 드러냈다.

드디어 2013년 10월에 사랑의교회 새 예배당이 준공되었고, 11월 30일에는 '입당감사예배'가 있었다. 그날 사랑의교회 새 예배당 건물에는 '하나님이 다 하셨습니다'라고 쓴 대형현수막이 마치 개선장군이 치켜든 승리의 깃발처럼 힘차게 펄럭였다. 특혜 논란을 일으키며 건축비 총액 3000억이 넘는 엄청난 비용을 들인 사랑의교회 서초예배당은 '세계에서 가장 비싼 예배당 건물'이라는 칭송을 받는가 하면, 총 연면적 8,418m²에 최대수용인원 9380명을 자랑하는 예배당으로 '세계에서 가장 넓은 지하예배당'으로 기네스북에 당당히 이름을 올릴 만큼 새 예배당은 준공과 더불어 오 목사가 오매불망 바라던 '대성전'의 기염을 토했다.

예루살렘 성전의 위용을 바라보며 감탄하던 사람들처럼, 마치 보석을 두른 듯 전면을 번쩍이는 유리로 휘감은 사랑의교회 새 예배당의 화려한 모습을 바라보며 곳곳에서 찬사가 그치지 않았다. 입당예배에서 설교를 맡았던 예장합동 총회장 안명환 목사는 새 예배당을 솔로몬 성전에 견주며 "사랑의교회는 교단의 자부심, 한국교회의 자랑, 하나님의 영광이다. 솔로몬이 성전을 건축했을 때처럼 하나님의 축복이 있기를 원한다"며 사랑의교회의 앞날과 새 성전의 주역 오정현 목사를 한껏 치켜세웠다.

교인 수 10만을 자랑하는 명성교회 김삼환 목사는 새 예배당의 화려하고 멋진 위용에 감탄하며 "사랑의교회 성전이 우리 교회보다 훌륭합니다. 오 정현 목사님이 나보다 목회를 잘 하십니다"라며 극찬을 아끼지 않았다. 오정현이 오매불망 바라던 대로 새 예배당 준공은 마침내 한국교회에서 오정현 시대의 새로운 개막을 알리는 '오프닝 세레머니'처럼 보였다.

초호화예배당 준공과 더불어 지난 일들은 모두 흘러간 과거로 돌아가고 이제 새로운 출발이 시작되었다. 건축과정의 특혜논란을 비롯해서 오정현의 논문표절과 학력사칭, 안수의혹 등, 켜켜이 쌓였던 오정현의 모든 불의가 마치 '하나님이 영광을 나타내기 위해서' 그를 연단하시며 시련을 주신 '하나님의 은혜'로 둔갑되었다.

새 예배당 이름 'SGMC'가 시사하듯, '글로벌 교회'를 부르짖는 교회답게 사랑의교회 입당예배에는 외국의 유명한 종교계 인사들, 이를테면 세계적인? 목사, 성공회 주교, 신학대학 총장, 국제 선교협회 회장 등이 참석해서 사랑의교회 새 예배당 준공과 더불어 세계로 도약하는 오정현의 글로벌 사역과 성공목회를 칭송하는 축사를 맡았다.

마치 지난날의 모든 의혹과 갈등이 말끔히 해소되고 사랑의교회의 앞날에 은혜와 축복이 기다리는 듯, 입당예배는 사랑의교회의 새로운 기치이자 세계를 향한 오정현의 '글로벌 미니스트리'를 세상에 알리는 축제의 현장이었다.

3) 대법원의 판단

그러나 "끝날 때까지 끝난 게 아니다." 오정현 시대의 개막을 알렸던 새 예배당 준공은 사랑의교회 내부에서, 그리고 오정현의 반성경적 맘몬이즘을 비판하는 개혁성도의 거센 저항과 함께 새로운 불씨를 안고 있었다. 기공예배에서 오정현은 3년 후의 SGMC 완공을 말했을 뿐만 아니라 5년 후, 그리고 7년 후의 광대한 비전을 제시했었다.

거침없이 그는 "5년 내에 중국교회에 대한 소명을 감당하고, 7년 내에 통일을 준비한다. … 앞으로 경인운하가 완공되면 중국 교회 본부가 있는 상해에서 기독교 지도자들이 배를 타고 반포에서 내려 사랑의교회에서 예배하게 될 것이다"라고 공언했다. 하지만 5년이 지난 지금, 오정현의 사랑의교회는 건축 이전에 비해 오히려 교인이 절반 이하로 줄고 내외부에서 소송이 끊이지 않는 등, 심한 내홍을 겪고 있다.

사랑의교회 내부에서는 오정현의 거짓과 불의에 맞서 갱신위원회 소속 교인들이 반기를 치켜들었다. 사랑의교회 '설립목사'인 옥한흠 시대가 지나가고 오정현 시대의 새로운 개막을 알리는 'SGMC' 준공을 계기로 오히려 사랑의교회 갱신위원회 교인들의 저항이 더욱 치열해진 것이다.

그리고 교회 외부에서도 예기치 않았던 상황이 발생했다. 행정법원과 고등법원에서 각하 결정이 났던 '공공도로 지하점용 허가취소' 소송이 대법원에서 뒤집히며 전혀 새로운 국면을 맞게 된 것이다. 행정법원과 고등법원이 주민소송 대상이 아니라며 각하했던 주민소송단의 '도로점용 허가 무효 확인소송'에 대해 대법원은 이 사건이 "주민소송에 해당한다"며, "사랑의교회의 공공도로 점용을 공익적 성격으로 볼 수 없다"는 판단과 함께 원심을 파기환송해서 행정법원으로 다시 돌려보냈다.

만약에 사랑의교회 예배당이 '공익성'을 인정받지 못한다면 지하점용은 원천무효가 되는 상황이다. '종교건물'인 사랑의교회 지하예배당의 앞부분과 강단, 그리고 주차장 일부가 지하도로를 점용한 상태다. 하지만 '도로법 시행령' 제55조에 따라 공익성을 인정하는 공작물은 상하수도관, 가스관, 전선, 주유소, 지하상가, 지하실 등으로 제한된다. 따라서 대법원은 사랑의교회의 공공도로 지하점용이 '공익성'에 부합하지 않는다고 판단한 것이다.

오정현은 교회건물이 '영적 공공재'라며 지금까지 듣지도 보지도 못했던 신조어까지 구사하며 새 예배당의 공공성을 주장했다. 하지만 특정한 종교건물인 예배당을 공공재라고 말하는 억지는 어설픈 말장난에 지나지 않는다. 그의 말처럼 개교회인 사랑의교회 예배당이 '공공재'라면 세상에 공공재가 아닌 건물이 몇이나 있을까. 그런 논리라면, 개인 주택마저 이웃과 함께 더불어 살아야하기 때문에 '공동체적 공공재'라고 주장한들 어떤 사람도 쉽게 반박할 수 없을 것이다. 오정현의 궤변에 대한 대법원의 판결은 단호하다.

> 위 점용 허가의 목적은 특정 종교단체인 사랑의교회가 그 부분을 지하에 건설되는 종교 시설 부지로서 배타적 점유·사용할 수 있도록 하는 데 있는 것으로서, 그 허가의 목적이나 점용의 용도가 공익적 성격을 갖는 것이라고 볼 수도 없다.

대법원은 '특정한 종교집단'에 지나지 않는 사랑의교회의 지하도로 점용에 대해 공익성이 없다고 분명히 판단한 것이다. 그리고 지하점용에 대해서 대법원은 공익목적이 아니라 지자체에서 사랑의교회에 지하도로를 '임대'한 것과 유사한 행위로 보았다. 이처럼 지하점용을 임대와 유사한 행위로 판단한 대법원은 사랑의교회의 지하점용을 '재정에 관한 사항'으로 보고 주민소송에 해당한다고 판단했다.

결국 대법원은 사랑의 교회의 지하점용이 "지자체의 재산적 가치에 영향을 미치는 '재산의 관리·처분에 관한 사항'에 해당한다"면서, 행정법원과 고등법원의 각하결정이 부당하다고 판결한 것이다.

또한 서초구가 사랑의교회에 도로점용을 허가한 것에 대해서도 대법원은 서초구의 주장을 조목조목 반박하며 부당한 행정처분이라고 지적했다. 예를 들면, 예배당과 지하실은 용도가 다르기 때문에 상식적으로 판단해도 동일한 공간이 아님에도, 사랑의교회 예배당을 지하실로 보고 공공도로의 지하점용을 허가한 서초구의 처분은 법령의 취지나 내용에도 맞지 않는 위법·부당한 처분이라고 보았다.

나아가 "지하점용이 시민의 통행이나 도로 이용에 불편을 끼치지 않는다"는 서초구청의 주장에 대해서도 대법원은 "단순히 도로이용에 지장을 초래하지 않는다고 지하점용을 허가하면, 공유 재산 점용 허가에 나쁜 선례가 될 것이며, 다른 주민이나 단체가 도로 점용 허가를 신청할 경우 별다른 사유 없이 반려가 어렵다"면서 형평성의 문제를 적시했다.

대법원의 판결을 한 마디로 요약하면, 사랑의교회 새 예배당 건축은 전례가 없는 특혜이며 불법이라는 것이다. 대법원의 파기환송에 따라 재심을 맡았던 서울행정법원은 2017년 1월 13일, "서초구가 사랑의교회에 위법·부당하게 내준 '도로 점용 허가'를 취소하라"는 판결을 내렸다.

그 동안의 과정을 살펴본다. 처음에 특혜 의혹이 불거지면서 서초구의회 일부 의원들이 사랑의교회 건축 특혜를 조사하기 위한 '특별조사위원회 구성안'을 발의했다. 그러나 의원들의 구성안은 의회에 상정조차 되지 못한 채 폐기되었다. 이어서 진행된 주민감사마저 무위로 돌아갔다. 그 뒤, 2011년에 처음으로 주민소송이 시작된 후 원심인 행정법원과 고등법원에서 모두 각하 결정이 났다. 모든 상황이 오정현에게 유리하게 진행되었던 것이다.

이런 과정을 거쳐 마침내 대법원의 파기 환송으로 6년 만에 허가 취소라는 판결이 나온 것이다. 최종적으로 허가 취소가 확정되면 사랑의교회는 무려 391억 원을 들여 지하예배당의 일부를 헐고 지하도로를 원상 복구해야 된다. 당장은 변상금 제도에 따라 기존도로 점용료의 120%를 지급하면서 버티는 방법이 있지만 그마저 재판에서 승소한 원고가 재차 원상복구를 요구하면 패소한 피고는 계속해서 거부할 수 없다.

도로 점용 허가에 특혜 논란이 일면서 일부 교인들이 오정현 목사에게 지하도로 사용을 포기하고 예배당 건물을 조금 축소하자는 의견을 제시했음에도 그는 '영적 배수진'을 쳤다며 재고의견을 묵살하며 도리어 영적 전쟁을 선포했다. 그때 오 목사가 교인들의 의견을 진지하게 들었다면 세상의 모진 비난을 받았던 특혜논란도 멈추었을 것이며, 복구비로 수백억을 낭비해야 하는 사태도 발생하지 않았을 것이다.

결국 한국교회를 대표하는 초대형교회를 짓고야 말겠다는 오정현 '한 사람'의 탐욕과 교만, 그리고 외식으로 사랑의교회는 치유할 수 없을 만큼 심각한 영적·심적·물적 손실을 입은 것이다. 한국교회를 분열과 갈등의 도가니에 몰아넣었던 사랑의교회 새 예배당 건축, 3000억이 넘는 막대한 돈을 들인 초호화예배당의 운명이 어떻게 진행될지 알 수 없다.

그러나 분명한 것은, 불법과 편법, 특혜 논란으로 얼룩진 사랑의교회의 초대형예배당은 외형주의에 사로잡힌 한국교회의 일그러진 모습을 밝히 드러냈다는 것이다. 입으로는 예수를 말하고 그리스도의 제자와 복음을 말하면서 정작 마음은 온통 맘몬에 사로잡힌 한국교회의 적나라한 모습이며, 유리성의 찬란한 광채로 하나님의 영광을 덮어버린 이교신앙의 대표적인 상징으로 기억될 것이다.

오정현의 변명

강남의 금싸라기 땅에 유리 성처럼 세워지는 사랑의교회의 '호화예배당' 건축에 반대하는 여론이 비등하자 오정현은 사태를 수습하기 위해서 기자간담회를 열었다. 나중에 훨씬 커졌지만, 당시 예상했던 총 건축비의 10%에 해당하는 120억을 사회봉사와 구제에 사용하겠다는 약속이었다.

구체적인 실행으로 그는 '희망펀드'라는 것을 만들어 최우선적으로 '미자립 교회'를 지원하겠다고 공언했다. 덧붙여, 시간이 걸리는 희망펀드 이전에 '아이티 난민 구호금'으로 총 100만 불의 긴급구제헌금을 당장 내놓겠다고 약속했다. 두 가지 공약의 공통점은 건축 논란을 잠재우기 위해 급조된 약속이라는 것이다. 수천억의 예배당을 건축하는 것이 교회의 양적 성장에 연연하는 것이 아니라고 항변하면서 오정현은 "사랑의교회가 이전보다 더욱 사회적 책임을 다하기 위해서 구제와 봉사에 힘쓰겠으며, '교회의 윤리적 역할'을 결코 소홀히 하지 않겠다"고 다짐했다.

오정현은 자신의 생각과 판단이 문제의 본질에서 벗어났다는 사실을 전혀 깨닫지 못하고 있었다. 사랑의교회의 새 예배당 건축을 비판하는 사람들은 단지 '어떤' 교회의 예배당 건축을 반대한 것이 아니라 사랑의교회라는 특정한 교회의 호화예배당 건축을 반대한 것이다. 다시 말해, 사랑의교회의 '성전건축'을 반대하는 데는 특별한 이유가 있었다.

호화예배당을 짓겠다는 그 교회가 다름 아닌 제자훈련을 강조하는 사랑의교회이기 때문이며, 그리스도의 제자를 양성하는 영적인 제자훈련과 호화예배당 건축이 말하는 양적 성장주의는 결코 일치할 수 없다는 올곧은 판단 때문이다. 교회의 본질에서 일탈한 영적인 문제 제기를 다만 윤리적인 문제, 또는 재정적인 문제로 받아들인 오정현의 영적 무지에 따른 중대한 오류가 아닐 수 없다.

물론 오정현도 초대형예배당 건축을 바라보는 세상과 교계의 비판을 모르지 않았다. 마치 블랙홀처럼 빨아들여 주변의 영세 교회들을 초토화시키리라는 우려에 그는 교인들에게 방송된 동영상을 통해 다음과 같이 말했다.

> 나도 개척 교회 목사의 아들이었다. 나도 여러분처럼 개척이 뭔지 아는 사람이다. 사랑의교회가 크다고 해서 무슨 물량주의나 대교회주의로 나가지 않을 것이다. 이 건축이 한국교회 전체가 기뻐하는 길로 나갈 수 있도록 도와 달라.

그렇다. 오정현은 작은 개척교회 목사의 아들이었다. 따라서 그는 개척교회의 어려움을 누구보다 잘 알고 있을 것이다. 그러나 문제의 핵심은 그것이 아니다. 상대의 입장을 잘 알고 있는 것과 상대를 배려하는 것은 전혀 다른 차원이다. 다시 말해 오정현은 대형교회로 교인들이 썰물처럼 빠져나가는 영세교회 목사들이 겪을 수밖에 없는 절망감을 배려한 것이 아니었다. 오히려 그는 작은 개척교회 목사의 아들로서 자기가 겪었던 '초라한 과거'를 반복하지 않기 위해서 초대형교회를 건축하겠다고 다짐하고, 결심했고, 마침내 성취했던 것이다.

이제 그에게 남은 과제는 '초대형 예배당을 가득 채운 교인들'이라는 것쯤은 삼척동자도 뻔히 알 수 있다. 오정현은 '제자훈련의 물적 인프라를 갖추기 위해서'라는 명분을 앞세워 강남예배당을 비워두고 서초동에 호화예배당 SGMC를 새로 지었다. 당시에 이미 3만이 넘는 엄청난 교인들이 있음에도 '8만 성도' 운운하며 교인들의 수를 배가하겠다는 가증한 욕망이야말로 그가 선택하지 않겠다고 주장하는 '물량주의'이며 '대형교회주의'가 아니면 도대체 무엇인가.

세계에서 가장 비싼 예배당 건물, 그리고 '세계에서 가장 큰 지하예배당'으로 보란 듯이 기네스북에 이름을 올린 사랑의교회는 그 자체만으로 메가 처치의 상징이며, 물량주의의 전형적인 모델이다. 그럼에도 오정현은 사랑의교회의 '브랜드 가치'이기도 했던 제자훈련을 여전히 강조하는가 하면, 절대로 목회 본질을 잃지 않고 반드시 '정도'正道 목회를 하겠다고 굳게 다짐하는 '립 서비스'를 마다하지 않았다.

> 하나님 아버지. 제가 정도 목회를 하겠습니다. 제가 철저하게 한 영혼을 소중히 여기며 사랑의교회 사역의 본질을 위해 인생을 불태우겠습니다.

그는 자기 입으로 자기가 말하면서도 정작 그 말의 의미를 전혀 모르는 듯하다. 개혁성도들이 '메가 처치'를 반대하는 데는 뚜렷한 이유가 있다. 그것은 메가 처치의 치명적인 오류가 바로 그가 말했던 '한 영혼'을 돌보지 못하기 때문이며, 대형화·물질화·종교화된 메가 처치에서 한 개인은 교회의 살아있는 지체가 아닌 '익명의 죽은 교인'으로 소리 없이 묻혀버리기 때문이다.

사랑의교회 개척 시절부터 옥한흠 목사와 함께 사역했던 고직한 선교사의 말을 들어보면, '한 사람'을 소중히 여겼던 옥한흠 목사와 달리 교회의 양적 성장을 위해서라면 '한 사람' 따위는 전혀 아랑곳 하지 않고 오로지 '수많은 다수'를 추구하는 오정현 사이에서 극명한 차이를 알 수 있다.

주변의 반대에도 불구하고 개교회주의의 환상을 깨뜨리지 못해 오정현을 후임으로 결정한 옥한흠 목사 역시 한국교회를 비탄의 수렁에 빠뜨린 작금의 사태에 응분의 책임이 없지 않다. 그러나 옥한흠 목사의 미완의 성공에 비해 오정현은 옥한흠 목사의 '한 사람' 철학을 마치 자신의 것인 양, 자신의 교만과 외식을 제자훈련의 후광으로 덮으려 했다. 오정현의 외식에 대해 고직한 선교사는 이렇게 말했다.

> "옥한흠 목사님과 오정현 목사님의 근본적인 차이점은 다른 것이 아니라 목회자의 가치라든가 신념 체계에 대한 것입니다. 예를 들면 옥한흠 목사는 한 사람의 철학을 가졌어요. 그러나 오정현 목사는 많은 사람의 철학을 가졌어요. 오정현 목사는 눈물로 설교하면서 한 사람, 권영준 장로를 죽였습니다. 5부 예배 동안 똑같이 하면서... 그분은 잘못한 것이 없습니다. 그러나 수많은 사람을 위해서 잘못하지 않은 한 사람을 죽이는 그 철학과 그 가치관을 어떻게 봐야 합니까.
> 옥한흠 목사님은 정당한 필요에 의해 채워지는 것을 추구하셨습니다. 그러나 오정현 목사는 과도한 욕심을 갖는 것이 문제이거든요. 탐욕적인 것이 문제였던 것입니다. 그래서 저는 이것은 가치관과 신념 체계의 문제인 것이고, 홍정길 목사님이 사랑의교회 내부에서 시체 썩는 냄새가 난다라고 말한 것은 누구보다 그 내면을 잘 알고 계시고, 누구보다 오정현 목사를 잘 알고 있었기 때문에 그렇게 말한 것입니다."

'두고두고 칭찬받을 만한 교회'라던 사랑의교회에 이렇게 시체 썩는 냄새가 진동하는 것은 외식하는 '한 사람' 오정현의 사사로운 탐심과 정욕에서 비롯된 것이다. 온 몸과 마음으로 초대형교회를 추구하면서도 말로는 한 사람을 위한 정도正道 목회를 하겠다며 단단한 결의를 다졌던 오정현은 자신의 말이 끝난 지 얼마 되지도 않아서 '사람'을 죽이는 징벌 목회를 시작한다. 사랑의교회에 '평신도 소송단'을 결성해서 자기에게 비판적인 교인들을 한 사람, 한 사람 죽이기 위해서 고소와 고발을 남발한 것이다.

아니, 오정현은 한 사람 죽이는 것에 만족하지 않았다. 그는 초대형예배당 건축을 반대하는 모든 사람들에 대한 저주와 도발을 서슴지 않았다. 인터넷이 집집마다, 사람마다 갖춰진 오늘날 SNS를 통한 익명의 비판은 시대의 대세이다. 이를 두고 오정현은 '인터넷 실명제'를 주장하면서 거침없이 조롱을 퍼부었다.

> 어떤 사람은 비판의 은사를 받은 사람이 있다. 그런 사람들은 너무 정의롭다. 한국에는 정의를 독점하는 사람들이 너무 많다. 그것도 비겁하게 인터넷 익명이라는 그 밑에 숨어가지고. 한국사회에 내가 외치는 게 있다. 반드시 해야 할 것이 인터넷 실명제다. 실명제만 해서는 안 되고 사진까지 붙여야 한다. 왜? 건강한 공동체를 파괴하는 것은 소명자로서의 삶을 사는 것을 정말 힘들게 만든다. 여기에 회복의 영이 임하기를 바란다.

자신에 대한 올곧은 비판에, 그리고 불법과 불의를 고발하는 정당한 비판에 대해 오히려 오정현은 '다시는 재기하지 못하도록' 숨통을 끊어달라며 끔찍한 저주를 마다하지 않았다.

> 오늘부로 건축에 관한 모든 것들은 주님 정리하여 주시옵소서. 저 인터넷 세계도 주님께서 은혜의 물을 뿌려 주시옵소서. 강력한 물을 뿌려 주시옵소서. 한번 뿌림 받으면 다시는 재기하지 못하도록 뿌려 주옵소서. 하나님은 역사하셔야 합니다.

수많은 사람들이 인터넷뿐 아니라 언론매체나 그밖에 다양한 말과 글들을 통해 오정현을 비판하는 이유는 간단하다. 괜한 비난이나 허튼 비방이 아니라 정당한 비판이며, 그에게 명백한 잘못이 있기 때문이다. 그럼에도 오정현은 모든 책임을 자신이 아닌 다른 사람에게 돌리고, '교회를 흔드는 불순 세력'으로 매도하며 저주의 칼날로 난도질하는 것이다.

불법 건축과 특혜 시비, 재정 의혹으로 점철된 초대형예배당 건축에 관한 모든 문제의 근원은 오정현의 교만과 탐욕이며, 이는 그의 외식하는 거짓신앙에서 비롯되었다. 그러나 '목사성직주의'와 '개교회주의'의 사제 오정현에게 진실과 정의는 중요한 것이 아니다. 그에게는 다만 자신의 종교적 야망과 육신의 욕망이 우선일 뿐이다.

교회가 '세상의 빛과 소금'이 돼야 한다는 말은 세상의 법과 질서를 무시하고 단지 영적인 가치를 내세우며 목사의 사사로운 욕망을 충족하라는 것이 아니다. 세상의 법을 준행하지 않는 자는 하나님의 법과 계명을 준행하지 않는 것이다. "위에 있는 권세에 복종하라"는 말씀은 권세를 지닌 자, 이를테면 '권력자'에게 허투루 아부하라는 것이 아니라 세상의 법과 도덕, 질서를 존중하라는 것이다. 그리스도인으로서 우리가 그것을 따라야 하는 이유는 성경에 기록된 하나님의 말씀이기 때문이며, 하나님은 언제나 옳기 때문이다.

세상의 법을 따르지 않는 자가 어떻게 세상에서 '사람들'과 더불어 살면서 하나님의 말씀을 전할 수 있으며, '이웃을 사랑하라'는 절대계명에 순종할 수 있는가. 마치 자신이 제사장인 양 '영적 제사법' 운운하며 세상의 법을 무시하는 자는 "권세에 복종하라"는 하나님의 말씀을 정면에서 거역하는 자이다. 다시 강조한다. 타락한 '종교의 영'에 사로잡혀 왜곡된 자기 의를 드러내는 자, 하나님의 말씀을 무시하며 자신의 말이 진리인양 교인들을 호도하는 '목사'는 결코 주의 종일 수 없으며 교회의 사역자로서 '목사'일 수 없다.